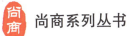

尚商系列丛书

本书由上海商贸业知识服务中心（项目编号ZF1226）项目资助出版

上海商业发展报告
SHANGHAI BUSINESS DEVELOPMENT REPORT
（2018）

冯叔君 吴文霞 主编

復旦大學出版社

序
PREFACE

2017年是中国经济推进结构性改革的攻坚之年,去产能、去库存、去杠杆、降成本、补短板五大任务,让"供给侧改革"的信息频频"刷屏"。上海位于我国经济发展最前沿区域,是我国重要商业代表城市之一,在经济新常态、上海自贸区、"互联网+"以及供给侧结构改革等背景下,上海商业在高速发展的同时,所面临的转型升级任务依然任重道远。

消费平稳增长,需求结构不断改善。2017年以来,绿色消费成为市场热点,服务消费继续快速发展,实体零售呈现回暖态势,消费升级驱动的品质消费正在渗透到各个消费领域;同时,随着网络支付技术和相关风险制度的完善,以"互联网+"为核心特征的消费新业态显著改变了传统的消费行为和消费模式,为消费者提供了更加便利化、多元化且质优价廉的互联网消费产品,极大地激发了人们的消费热情,成为我国经济增长的新动力。近年来,上海市一直重视商业转型升级。总体上说,上海市在过去几年内不断在智慧商圈、社区生活商业、营商法治环境等许多领域积极探索,商业已成为城市经济增长的最强支撑力。在拉动经济增长的"三驾马车"中,内需的分量越来越重,商业对经济增长的贡献越来越大。随着新的商业设施不断开出,新零售时代的来临,也为商业创造了大量就业机会,尤其是年轻一代的创业和就业。不仅本身吸纳大量就业,商业还间接带动生产领域、物流领域等相关配套行业的创业、就业;除了满足市民综合消费的需要,也成为外地游客、海外游客吃、住、行、游、购、娱的组成部分。特色商圈和大型商业设施还展示了城市形象,成为上海的地标、"窗口"和"名片"。种种因素的融合,使得上海商业一直在全国发挥着引领作用,尤其是对各种新业态以及连锁经营等新模式的探索走在全国前列,促进了商业能级的提升,为全国商业的发展树立了样板,提供了经验和教训。

然而,我们也必须看到,上海商业成绩斐然的背后是实体零售企业经营理念落后、传统商业自营水平不足、服务水平和质量有待提高。"万变不离其宗",零售业吸引顾客的核心是服务,零售业转型最终应回归其服务本质。

企业是社会经济发展的细胞,商业型企业应当是商业转型升级的主要推动者和执行者,同时政府也应当利用管理职能,给予商业转型升级科学调控,加强支持力度,提高服务管理水平。鉴于此,本报告从政策面和企业面双方面入手,第一章回眸了2017年上海商业发展,着重分析了2017年上海社会消费品情况,以及上海商业经济总体运行情况和上海商业经济新特征;第二章描述了上海各区商业运行情况;第三章剖析了上海"3+1"商业网点格局;第四章分析了在人均商业面积高于国际一倍的现状下,上海社区商业有无发展空间,以及上海社区菜市场、夜市和无人售货机的发展状况;第五章从数据上分析了智慧零售多业态在上海发展现状;第六章对上海商业的劳动力市场作了整体分析;第七章解析了上海商业物流与货运发展态势;第八章剖析了上海消费者行为与态度;第九章分析了上海商务环境;第十章从总体发展趋势上描述了上海商业的全球化发展情况。

上海商业发展研究院推出本报告的目的是,立足当前上海经济发展转型升级的基本形式,对"经济新常态"和"一带一路"背景下上海商业的发展情况、商业运行数据、主要业态、主要商业活动等进行科学的分析和预测。我们希望本报告能够对业界人士有所帮助,并以资料的形式以飨读者。

冯叔君

目录
CONTENTS

第一章　上海商业与经济发展 ································· 1
　　第一节　上海社会零售消费品总体情况 ···················· 2
　　第二节　上海商业经济新常态 ···························· 19
第二章　上海各区商业运行情况 ································ 26
　　第一节　上海各区商业中心分级情况 ······················ 28
　　第二节　上海各区商业发展情况 ·························· 32
第三章　上海商业网点格局 ···································· 75
　　第一节　上海中心城区商业中心空间特征 ·················· 76
　　第二节　上海外环外区级商业中心建设 ···················· 81
　　第三节　上海市商圈活力指数 ···························· 89
第四章　上海社区商业的发展 ·································· 101
　　第一节　社区商业 ····································· 102
　　第二节　菜市场 ······································· 105
　　第三节　夜市 ··· 114
　　第四节　无人售货 ····································· 118
第五章　上海新零售的发展 ···································· 129
　　第一节　多业态的智慧零售 ····························· 130

第二节　新零售下的社区超市 ································· 134
第六章　上海商业劳动力市场分析 ································· 139
　　第一节　无人经济 ··· 140
　　第二节　灵活用工 ··· 148
　　第三节　"互联网＋"的"劳动关系" ··························· 154
第七章　上海商业的物流分析 ····································· 161
　　第一节　上海物流业整体状况 ································· 162
　　第二节　智能社会公共仓发展情况 ····························· 171
　　第三节　虹桥枢纽地下物流系统 ······························· 179
　　第四节　城市配送与"黄线"交通管理 ························· 184
　　第五节　物流装备的后市场 ··································· 187
第八章　消费者行为与态度分析 ··································· 194
　　第一节　消费降级下的商业升级 ······························· 195
　　第二节　亚洲消费者行为分析 ································· 200
　　第三节　中国消费者购物分析 ································· 203
　　第四节　年轻人消费趋势分析 ································· 205
第九章　上海商务环境分析 ······································· 212
　　第一节　上海营商环境现状 ··································· 213
　　第二节　商务成本与科技创新 ································· 221
　　第三节　上海营商环境改进方向 ······························· 232
第十章　全球化背景下上海商业发展策略 ··························· 236
　　第一节　全球化与上海国际化发展策略 ························· 237
　　第二节　上海国际消费中心发展策略 ··························· 243
　　第三节　上海购物品牌发展策略 ······························· 248
　　第四节　上海亚太供应链发展策略 ····························· 252
　　第五节　上海"一带一路"供应链数据中心发展策略 ············· 256

后记 ··· 261

第一章
上海商业与经济发展

【背景资料】

　　2018年上半年我国消费对经济增长的贡献率达到了78.5%，比2017年同期提高了14.2个百分点。2013—2016年，按照不变美元价格计算，中国最终消费对世界消费增长的年均贡献率为23.4%，而同期美国、欧元区和日本的年均贡献率分别为23.0%、7.9%和2.1%(表1.1)。特别值得关注的是，据抽样调查(表1.2)，2017年全年全市居民人均可支配收入58 988元，扣除价格因素实际增长6.8%，实际增速比上年加快1.3个百分点。其中，工资性收入34 365元，名义增长5.0%。全年城镇常住居民人均可支配收入62 596元，扣除价格因素实际增长6.7%。全年全市居民消费价格比上年上涨1.7%，涨幅同比回落1.5个百分点。从两大分类看，服务价格上涨2.3%，涨幅回落2.2个百分点；消费品价格上涨1.2%，涨幅回落1.0个百分点。总体来看，2017年上海经济延续了稳中有进、稳中向好的发展趋势。

表 1.1 2013—2016 年不同国家最终消费对世界消费增长的年均贡献率

国　　家	年均贡献率(%)	国　　家	年均贡献率(%)
中　国	23.4	欧元区	7.9
美　国	23.0	日　本	2.1

表 1.2 2017 年上海市居民全年人均可支配收入及实际增长率

居　　民	全年人均可支配收入(元)	实际增长率(%)
全市居民	58 988	6.8
城镇常住居民	62 596	6.7

第一节　上海社会零售消费品总体情况

一、2017 年社会消费品零售总体情况分析

（一）社会消费品零售总额

2017年全年实现社会消费品零售(简称"社零")总额11 830.27亿元,比上年增长8.1%(表1.3)。其中,无店铺零售额1 814.29亿元,增长9.4%;网上商店零售额1 437.49亿元,增长9.6%,占社会消费品零售总额的比重为12.2%,比上年提高0.8个百分点。全年实现批发和零售业增加值4 393.36亿元,比上年增长6.7%。全年实现商品销售总额11.31万亿元,比上年增长12.0%。其中,批发销售额10.24万亿元,比上年增长12.4%。出口规模和增速均领先于消费和固定资产投资,对促进经济增长起到了积极的推动作用,消费持续发挥拉动经济增长的基础作用。2017年,实现社会消费品零售总额增速高于固定资产投资增速0.8个百分点,低于出口增速0.3个百分点。外资商业增长较快,内资商业增长平稳。2017年,国有、集体、私营、股份有限公司及其他经济等内资商业共实现零售额7 272.58亿元,比上年增长4.4%;外

商、港澳台商业等外资经济共实现零售额4 557.69亿元,比上年增长14.6%。

表1.3　2017年上海市社会消费品零售总额及其增长速度

指　　标	绝对值(亿元)	比上年增长(%)
社会消费品零售总额	11 830.27	8.1
批发零售贸易业	10 804.87	8.1
住宿餐饮业	1 025.40	7.9
国有	75.73	6.6
私营	2 236.84	6.7
股份有限公司	1 246.79	8.2
港澳台商投资	2 178.65	14.4
外商投资	2 379.04	14.8
无店铺零售额	1 814.29	9.4
网上商店零售额	1 437.49	9.6

至2017年末,全市已开业城市商业综合体达225家。其中,商场商业建筑面积10万平方米以上的有53家。全年全市城市商业综合体实现营业额达1 516.00亿元,比上年增长11.5%。

(二) 2017年居民消费价格指数

2017年居民消费价格涨幅回落,全年全市居民消费价格比上年上涨1.7%,涨幅同比回落1.5个百分点。从两大分类看,服务价格上涨2.3%,涨幅回落2.2个百分点;消费品价格上涨1.2%,涨幅回落1.0个百分点。从八大类别看,食品烟酒类上涨1.2%,衣着类上涨0.5%,居住类上涨1.7%,生活用品及服务类上涨1.5%,交通和通信类上涨0.7%,教育文化和娱乐类上涨0.9%,医疗保健类上涨6.6%,其他用品和服务类上涨2.6%。

以上年价格为100,全年居民消费价格指数为101.7。其中,食品烟酒类价格指数为101.2,居住类价格指数为101.7,医疗保健类价格指数为106.6(表1.4);固定资产投资价格指数为106.7;工业生产者出厂价格指数为103.5,

工业生产者购进价格指数为108.9。

以上年12月价格为100,新建商品住宅销售价格指数为100.2,二手住宅价格指数为100.3;以上年价格为100,全年新建商品住宅销售价格指数为110.2,二手住宅销售价格指数为109.6。

表1.4 2017年上海市居民消费价格指数

指　　标	指数(以上年价格为100)
居民消费价格指数	101.7
食品烟酒	101.2
衣着	100.5
居住	101.7
生活用品及服务	101.5
交通和通信	100.7
教育文化和娱乐	100.9
医疗保健	106.6
其他用品和服务	102.6

(三) 商业经济运行情况

2017年,面对错综复杂的内外部环境,在市委、市政府的正确领导下,全市商务部门大力推进商务领域供给侧结构性改革,持续深化内贸流通体制改革发展,全市商业经济运行态势良好,稳中有进,为全市经济社会发展作出了积极贡献。

1. 出口增速较快,消费、投资实现平稳增长

2017年,在拉动本市经济增长的"消费""投资""出口"三大主力中,出口领先增长,增速止跌回升,拉动作用强劲;消费平稳增长,增速小幅升高,持续发挥对经济增长的基础性作用;全社会固定资产投资保持稳定增长,但增速稍显回落。具体来看:上海市出口总额同比增长12.0%,社会消费品零售总额同比增长7.4%,上海市全社会固定资产投资同比增长6.4%(图1.1)。

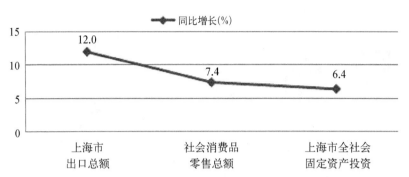

图 1.1　2017 年上海市"消费""投资""出口"同比增长

2. 流通市场增长较快,生产资料销售增势良好

2017 年,上海市实现商品销售总额同比增长 12.5%,批发实现销售额增长 13.0%,零售实现销售额增长 8.1%(图 1.2)。

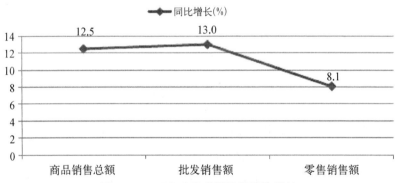

图 1.2　2017 年上海市销售额同比增长

3. 外资商业保持较快增长,餐饮业增速加快

按经济类型分,奢侈品和国际知名品牌消费触底回升,境外旅游消费回流明显;外资商业表现活跃,同比增长 14.8%;内资商业发展平稳,同比增长 4.3%。具体来看(图 1.3),国有、港澳台商投资、外商投资、股份有限公司增速分别比上年同期提高 14.2、12.9、3.7、1.2 个百分点;其他经济和私营经济增速分别比上年同期回落 8.7、0.2 个百分点;集体经济降幅持续扩大 2 个百分点。其中,港澳台商投资实现社零总额同比增长 18%,对社零总额增长的贡献率为 38.1%;外商投资对社零总额增长的贡献率为 27.4%。按行业分,批发、零

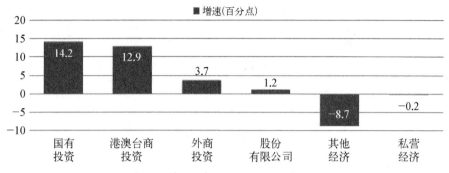

图 1.3　2017 年上海市不同经济主体增速

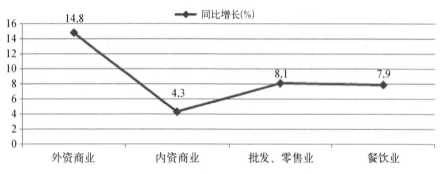

图 1.4　2017 年上海市不同行业同比增长

售业同比增长 8.1%;餐饮业消费同比增长 7.9%(图 1.4)。

4. 零售业态表现分化,便利店持续增长

据上海市商业信息中心数据显示:重点零售企业中,便利店继续保持较快增长,同比增长 18.7%,增速较上年同期加快 10.5 个百分点;无店铺零售、专业专卖店、购物中心增长平稳,分别增长 8.8%、8.6%、5.9%;百货店止跌回升,小幅微增,同比增长 0.5%;大型综合超市、超市零售持续下滑,降幅分别为 9.1%、4.0%(图 1.5)。

5. 上海作为中国的时尚标志,2017 年国际快时尚大牌增速逐渐放缓

在奢侈品回暖、轻奢流行、潮牌逆袭、设计师品牌崛起的情况下,2017 年国际快时尚大牌当前的发展速度正逐渐放缓,存在感及在消费者心目中的竞争力在逐步降低,亦面临在中国等主要市场的新危机及发展拐点。快时尚在

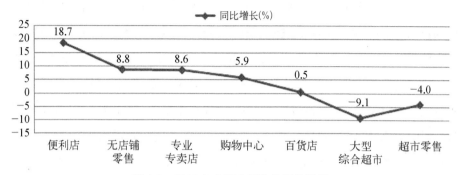

图1.5 2017年上海市零售业同比增长

中国赶上了好时机,伴随着中国商业地产的大肆扩张和零售空间的迅速增长。经过黄金十年的急速扩张,后遗症开始集中爆发,外界开始唱衰快时尚服装,也让快时尚的日子不那么好过了。近年来,快时尚品牌发展受阻也跟消费升级的大环境密不可分,消费者的新消费观念开始觉醒,作出个性及实用性的选择,他们的消费变得越来越谨慎,忠诚度也越来越低。面对这一现状,快时尚品牌们也没有坐以待毙,UNIQLO(优衣库)持续跨界合作,H&M未来将主打高端副牌,ZARA(飒拉)则着重发力线上渠道。面对复杂的形势,快时尚品牌们正努力寻找新的市场突破口。

二、上海商务领域主要指标

2017年,上海商务领域主要指标居于全国甚至世界各大中心城市前列,呈现出消费贡献度进一步提高、贸易功能持续完善、投资环境更加优化三大特点。

(一)上海已成为国内外知名品牌的集聚地

上海消费市场规模进一步扩大,是中国最大的网上零售市场之一,上海还是中国最大的国际旅游消费城市。2018年上海全球零售商集聚度达55.3%,位居全球第二;90%的国际知名高端品牌已进驻上海,2018年6月启动"上海打造全球新品首发地"行动,打造集新品发布、展示、推广、交易、销售于一体的全链条,吸引更多的名家新品、名牌新品、老牌新品和新牌新品集聚。实施打造全球新品首发地九项措施：一是支持一批国际知名品牌来沪首发，鼓励有国际影响力的高端知名品牌、设计师品牌、高级定制品牌等来沪首发全球新品。二是扶持一批原创自主品牌在沪首发，打造引领消费潮流、具有时代气息和鲜明上海特色的新品牌，吸引国内优质原创品牌，大力发展商业新业态、新模式。三是做强一批新品发布专业平台，将上海时装周打造成为全球第五大时装周，培育一批汽车、服装服饰、化妆品、消费电子产品等专业新品发布平台。四是打造一批新品发布地标性载体，以外滩和上海展览中心为核心地标，以黄浦江滨江两岸沿线为载体，在重点商圈商街、创意园区、文化场所等，打造多层次的全球新品发布载体。五是推出一系列新品发布活动，开展上海全球新品首发地整体形象宣传推广，依托东方明珠电视塔、滨江两岸标志性建筑大屏、高架路迎风旗和公交地铁移动电视屏资源，提高打造全球新品首发地的影响力和知晓度。六是培育一批新品发布专业机构，引进国内外知名专业服务机构，健全新品发布的传播、传媒、广告、策划等专业服务体系。七是完善一批支持新品发布的创新制度，推广进口商品检验结果采信制度，开展在沪首发的新品海外预先检测试点，实施新品"预归类"制度，为新品在国内销售提供便利。结合深化"放管服"改革，优化大型活动安全许可流程，努力实现活动安全许可审批"一事不两跑""一事不两批"。八是加大新品发布财政扶持力度，用好本市服务业发展引导资金、产业转型发展专项资金(品牌经济发展)和文创资金，支持符合条件的"打造全球新品首发地"相关项目。九是营造新品发布的良好环境，制订"全球新品首发""首店旗舰店落户"相关标准，加大对首发新品的商标维权保护力度，将符合条件的首发新品品牌列入"上海市重点商标保护名录"。

(二)打响上海品牌，老字号企业数居全国前列

2017年9月22日，中华老字号拥有世代传承的独特产品、精湛技艺和服务理念，承载着中华民族工匠精神和优秀的传统文化，具有广泛的群众基础和巨大的品牌价值、经济价值和文化价值。老字号承载着优秀的中华民族文化，是新时期开展诚信兴商、弘扬商业文明的核心内涵和宝贵财富。"2017中

华老字号博览会"在上海举办,其中京东老字号旗舰店也同时启动上线。老字号纷纷赶乘互联网的快车,走通"新零售"。截至2017年底,上海是一座拥有180家中华老字号、42家上海老字号的商业城市,老字号总数位居全国第一。

(三) 2017年上海成为我国最主要的国际旅游消费城市

2017年上海市旅游收入达4 485亿元,同比增长15.7%。国内旅游收入达4 025亿元,同比增长16.9%;旅游外汇收入达68.1亿美元,同比增长4.3%(图1.6)。2017年上海市接待国内游客人数达3.18亿人次,同比增长7.5%;接待入境游客人数达873万人次,同比增长2.2%,其中入境过夜游客人数达719万人次,同比增长4.2%;旅行社组织出境旅游人数达545万人次,同比减少3.6%(图1.7)。2017年上海市星级饭店客房平均出租率达68.8%,同比上升0.6个百分点;其他饭店客房平均出租率达69.2%,同比上升1.7个百分点(图1.8)。星级饭店平均房价为713元/间天,同比增长3.1%;其他饭店平均房价为452元/间天,同比增长11.2%(图1.9)。

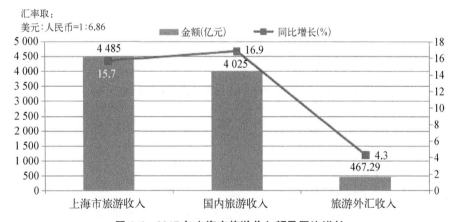

图1.6 2017年上海市旅游收入额及同比增长

(四) 全球贸易呈现萎缩状态,但上海贸易数据逆势而行

2017年上海进出口占全国比重进一步提高,仍是外来商品进入中国市场的首选地,约有30%来自全球各地的商品通过上海口岸进入中国市场。上海市货物进出口总额32 237.82亿元,比上年增长12.5%,增速同比提高9.8个

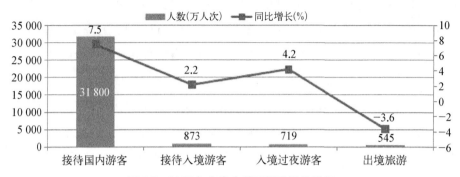

图1.7 2017年上海市游客数及同比增长

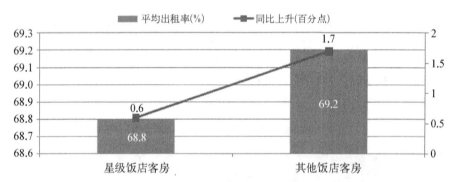

图1.8 2017年上海市饭店客房平均出租率及同比上升

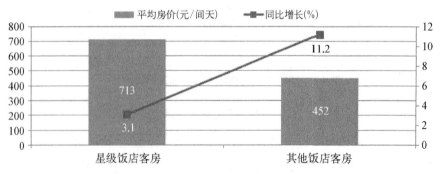

图1.9 2017年上海市饭店客房平均房价及同比增长

百分点。2017年上海与"一带一路"沿线国家和地区贸易额6 597亿元人民币,同比增长18.9%,其中出口增长11.7%,进口增长25.4%,已成为上海贸易增长的重要力量(图1.10)。

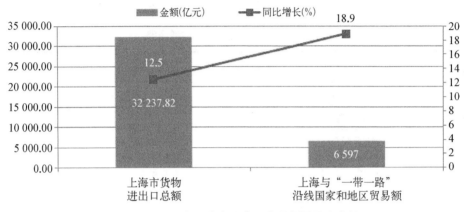

图1.10 2017年上海市进出口贸易额及同比增长

(五) 2017年上海实到外资突破170亿美元

一方面,上海利用外资实现跨越式发展,加快向高附加值领域转型升级。其中,以总部经济项目为主的商务服务业和以"互联网+"为主的信息服务业继续实现正增长。2017年,上海新设外资项目3 950个,合同外资401.94亿美元,实到外资170.08亿美元,完成了170亿美元的年初目标。商务服务业成为上海利用外资的稳定增长极。统计数据显示,全年上海新增跨国公司地区总部45家,其中雅玛多、沃尔沃等14家跨国公司设立了亚太区总部。截至2017年底,地区总部数量达到625家,上海继续保持中国内地跨国公司地区总部最多城市的地位。地区总部在加快集聚的同时,能级不断提升,亚太区总部达到70家。以总部项目为主的商务服务业继续成为本市引进外资第一大领域,实到外资近50亿美元,同比增长5.1%,占全市外资的比重进一步提高至29.4%。高能级新兴服务业利用外资也在快速增长。以信息服务、专业技术服务、研发设计为主的高技术服务业引进外资快速增长,实到外资28.41亿美元,增速达到30%,占比为16.7%(表1.5)。另一方面,民间投资较快增长。2017年全年全市完成固定资产投资总额7 246.60亿元,比上年增长7.3%,增速同比提高1.0个百分点。从经济主体看,国有经济投资2 192.32亿元,增长18.8%;非国有经济投资5 054.28亿元,增长2.9%(图1.11)。其中,民间投资2 717.33亿元,增长13.5%,增速同比提高1.6个百分点。

表1.5 2017年上海市各项实到外资

分　类	实到外资(亿美元)
新设外资项目	170.08
商务服务业	近50
高技术服务业	28.41

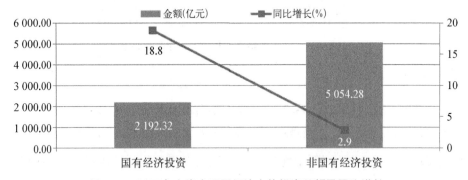

图1.11 2017年上海市不同经济主体投资总额及同比增长

三、2017年上海市消费情况分析

(一)上海消费习惯特征

1. 线上消费大有可为,逾七成受访者有线上购买经历

调查显示,所有受访者中,有73.0%表示有线上平台购买商品和服务的经历。问及线上购买的主要原因,排在前三位的分别是送货上门(62.6%)、省时省力(62.3%)、价格便宜(62.1%),因选择丰富(36.7%)的受访者也占相当比例(图1.12)。

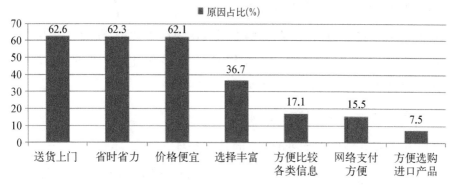

图 1.12 受访者选择线上购买的主要原因
资料来源：中国统计局

2. 线上购买已成青年群体、高学历群体主要的购买方式

随着互联网消费的不断升级和配套服务的不断完善，消费者对线上购买的依赖度不断加深。调查显示，受访者总体对线上购买的依赖度为33.9分，有1.3%的受访者几乎全部在线上购买，14.7%线上购买为主，26.0%线上线下购买的比例差不多。从年龄看，18～35周岁受访者对线上购买的依赖度为50.8分。分学历看，本科及以上受访者对线上购买的依赖度为53.5分。分性别看，女性受访者(36.1分)对线上购买的依赖度高于男性(31.1分)（图1.13）。

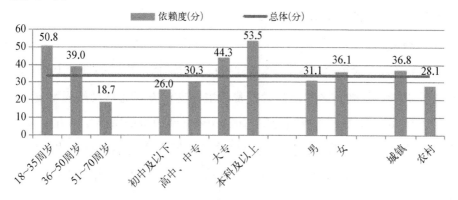

图 1.13 不同受访者群体对线上购买的依赖度
资料来源：中国统计局

3. 电视购物受中老年群体青睐

电视购物因广告感染力强、订购方式方便快捷等优势,颇受中老年群体青睐。调查显示,51~60周岁的受访者中,有42.5%有电视购物的经历;61~70周岁的受访者中,有33.1%有电视购物的经历。

(二) 消费支出及支付方式特征

1. 线上支出相当于平均消费支出比重接近三成

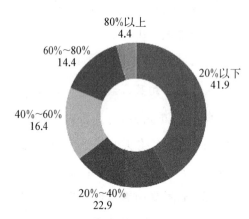

图1.14 受访者每月线上消费支出占日常消费总支出的比例
资料来源:中国统计局

问及受访者每月互联网、电视购物等线上消费支出占日常消费总支出的比例,线上消费支出比例为80%以上的受访者占4.4%,比例为60%~80%的受访者占14.4%,比例为40%~60%的受访者占16.4%(图1.14)。初步估算,受访者每月互联网、电视购物等线上消费金额约为880元。数据对比显示,线上消费支出约相当于上海居民人均消费支出的三成(抽样调查显示,2016年上海居民人均月消费支出3 122元)。

2. 移动端网络支付正在改变传统支付习惯,快速渗透日常生活

随着移动互联网飞速发展,移动支付也快速渗透进市民的日常生活。调查显示,25.3%的受访者表示日常消费的主要支付方式为移动端网络支付。分年龄看,18~25周岁的受访者中,有59.0%日常消费的主要支付方式为移动端支付。同时,移动支付作为新生事物正逐渐渗透进中老年群体的生活中,51~60周岁的受访者中,有7.0%日常消费的主要支付方式为移动端网络支付(图1.15)。

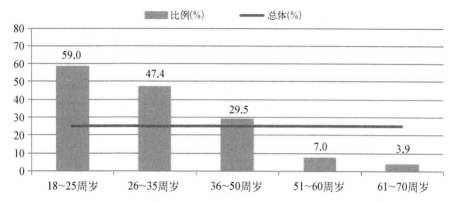

图 1.15 不同年龄受访者选择移动端网络支付的比例
资料来源：中国统计局

（三）消费方式逐步向发展型、现代型、享受型和服务型转变

1. 发展型消费：青中年是主力

发展型消费是人们为了寻求更好、更高的发展而产生的消费需求，这主要包括为了得到知识、丰富自己而用于买书、上学、接受教育的消费。本次调查显示，26～35周岁的受访者中，有41.9%在成人教育和培训方面消费过，较所有受访者高出11.2个百分点，并且有9.4%在成人教育和培训方面的消费次数较上年增加，较所有受访者高出3.1个百分点。36～50周岁的受访者中，有59.0%在子女课外辅导和培训中消费过，较所有受访者高出22.6个百分点，并且有30.0%在子女课外辅导和培训方面的消费次数较上年增加，较所有受访者高出12.7个百分点。

2. 现代型消费：居住、汽车和旅游是主要增长点

从整个消费结构来看，当今人们的消费观念正从传统的消费项目向新兴的追求生活质量的享受型消费领域转变，这主要包括对汽车、住房、旅游、娱乐、文化、教育等方面的需求。本次调查显示，所有受访者中，分别有79.8%、79.0%、40.2%在家电数码、旅游、汽车用品等方面消费过，并且分别有29.0%、16.4%、8.9%在旅游、家电数码、汽车用品的消费次数较上年增加（图1.16）。

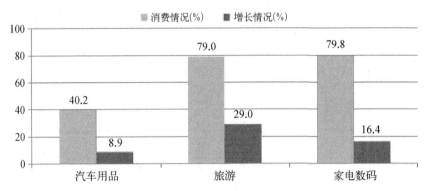

图 1.16　不同年龄受访者在成人教育和培训方面的消费情况

资料来源：中国统计局

3. 享受型消费：养生保健和文娱活动是主流

享受型消费是人们为了满足享受需要而产生的消费，是较高层次的消费形式，这主要包括消费高级食品、娱乐用品、精神文化用品及服务。本次调查显示，所有受访者中，分别有77.8%、56.5%、49.0%在文娱活动（电影、演出、市内景点、游乐园等）、养生保健、健身美容方面消费过，并且分别有29.1%、23.0%、10.0%在养生保健、文娱活动、健身美容的消费次数较上年增加（图1.17）。

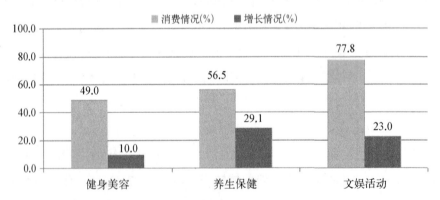

图 1.17　受访者在享受型消费方面的消费情况

资料来源：中国统计局

4. 服务型消费：便捷服务受大众青睐

随着消费观念转变、消费能力提高，市民对服务型消费的需求越来越多，其中便捷服务因能节约时间成本、为日常生活带来便利等优势,尤为受大众青睐。本次调查显示,所有受访中,分别有62.2%、38.2%、20.5%消费过便捷服务(外卖、快递、网约车、租车等)、上门服务(维修、保洁、装潢、搬家等)、家政服务(保姆、钟点工等),并且分别有28.3%、6.8%、3.4%在便捷服务、上门服务、家政服务方面的消费次数较上年增加(图1.18)。

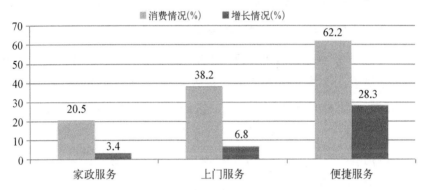

图1.18 受访者在服务型消费方面的消费情况

资料来源:中国统计局

(四)2017年线下消费市场分析:上海消费力最强

回顾2017年,传统线下消费市场生机焕发,线下消费市场依然具有巨大能量和前景。据阿里旗下本地生活服务平台口碑发布的2017消费盘点数据显示,过去一年线下消费力排名前五的是:上海、杭州、北京、武汉、广州。据口碑平台统计数据显示:2017年在线下使用口碑消费的地区中,上海市以消费总金额最高拔得头筹,杭州、北京紧随其后,武汉、广州分别位列第四、第五。在全国,浙江、江苏、广东则是2017年消费总额最高的三个省份。这些地区不仅有更强的线下经济活力,当地的商家和消费者对于在线下用手机付款的接受度也更高,习惯使用口碑或支付宝到店消费。从口碑的统计数据来看,传统的超市、快餐和便利店是线下消费总额排名前三的行业。这三个行业当中,便利店在口碑和支付宝平台产生的交易增速最快,对比2016年增长了近4倍。

除了移动支付在便利店场景的普及之外,便利店数量的增加和用户消费习惯的变化也是一个重要的影响因素。口碑平台数据显示,2016—2017年,平均每个用户一年在便利店的消费从6笔增长到了10笔,增幅超过60%。尽管同样的产品在便利店的售价一般会比大卖场要高出三成,消费者仍然愿意为便利买单。这也让便利店/无人便利店成为2017年消费市场的一个"风口"。与线上消费层出不穷的创意产品一样,线下的消费体验也在朝着多元的方向发展。2017年,奶茶、迷你KTV和宠物消费,就是线下消费出现的三个典型趋势。从口碑平台的消费数据来看,奶茶的年度消费金额打败了咖啡、面包,是2017年餐饮类目里的最火单品之一。口碑上,有近亿用户在过去一年消费过奶茶,平均每个人的年度花费达到80元,而奶茶的平均每笔交易在20元左右,仅比中式快餐低了10%。越来越多的消费者被更健康的原料、更好的口味和体验吸引到了奶茶店门口,成为新中式茶饮的爱好者。K歌是线下重要的消费娱乐方式之一,2017年,其在口碑平台的消费额有4倍左右的增长。其中,迷你KTV在2017年成为新玩法,频频出现在热门商圈、交通枢纽和其他人流密集的场所,争夺用户的碎片时间。口碑平台的统计数据显示,口碑用户单次在迷你KTV的平均消费在30元左右,远低于传统量贩式的KTV 200元左右的单次消费。2017年,人们追求更好的吃喝玩乐生活,也在宠物身上投入越来越多的财力。2017年口碑平台上,宠物相关消费的增长高达10倍。主人带宠物到宠物医院或宠物店,平均每次都要花掉350元。宠物单次的消费额甚至比人们美容相关的平均消费还要高9%。"宠物经济"成了线下市场新的消费增长点。

(五)2017年全国餐饮消费力指数:上海第一,90后成消费主力

2018年6月27日,阿里巴巴旗下本地生活服务平台"口碑"联合第一财经商业数据中心(CBNData)联合发布了《2017中国餐饮消费报告》。报告显示,80后和90后年轻人群在餐饮整个用户层中占比接近7成,而90后正在逐渐超越80后,成为餐饮业的消费主体。上海是全国餐饮消费力指数排名第一的城市。

口碑是阿里巴巴旗下的本地生活服务平台,支付宝App的第二页就是"口碑"频道,用户在口碑上可以找到吃喝玩乐等本地生活服务。《2017中国

餐饮消费报告》基于口碑平台内的餐饮消费大数据,展示了全国各大城市的餐饮消费情况和新趋势。年轻化的消费群体是传统餐饮改革的动力。口碑的消费数据显示,90后消费者初入社会,经济实力相对较弱,所以他们在线下的餐饮消费会先从快餐、烘焙、烧烤等轻食开始,逐渐"消费升级"到正餐。年轻人的消费习惯与观念也在引领着餐饮行业的潮流。口碑的消费数据显示,外卖平台上沙拉订单量的占比从2016年的1%跃升到了现在的5%。沙拉品类已经逐渐从"尝鲜品"变成人们日常的正餐选择之一。

按照素食订单的占比,北京是素食消费最多的城市,其次是厦门、成都、南京、广州。综合素食、粥、汤、生鲜水果等品类的占比情况,北京的城市餐饮健康化指数最高,位列全国第一,其次是厦门、杭州、成都、南京。

根据《2017中国餐饮消费报告》测算,2016全年,中国餐饮市场规模突破3.5万亿元。从全国范围看,按照餐饮消费额排名,广东是全国餐饮市场规模最大省份。前十大餐饮大省分别是:广东省、山东省、江苏省、河南省、浙江省、四川省、湖南省、湖北省、福建省、安徽省。按照城市对比,餐饮消费力指数排名前15名的城市分别是:上海、北京、苏州、深圳、厦门、广州、杭州、南京、天津、长沙、青岛、成都、武汉、郑州、重庆。口碑的数据显示,从菜系看,在外地也受到欢迎的为川菜和粤菜。从订单占比看,川菜在各个城市都占据了相当大的比重,成为当之无愧的"全民地方菜"。

第二节 上海商业经济新常态

一、2017年上海市商业经济总体运行情况分析

(一)商品流通市场总量持续扩大,增速加快

受大宗商品价格回升、部分龙头商贸企业销售回暖和平台经济带动的影响,本市商品销售总额持续增长,流通规模进一步扩大。2017年,上海市商品销

售总额实现 101 028.45 亿元,比上年增长 12.0%,增速较上年加快 4.1 个百分点。其中,批发销售实现销售额 91 103.17 亿元,比上年增长 12.4%,增速比上年提高 4.5 个百分点;零售实现销售额 9 925.27 亿元,比上年增长 8.2%(图 1.19)。

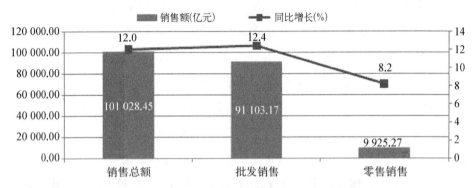

图 1.19　2017 年上海市各类商品销售总额及同比增长

(二) 电子商务保持较高增速,网络购物增速放缓

2017 年 1—12 月,上海市电子商务交易额实现 24 263.6 亿元,同比增长 21.0%,增速比 2016 年全年回落 0.9 个百分点(表 1.6)。其中,B2B 交易额实现 16 923.4 亿元,同比增长 17.2%;网络购物交易额实现 7 340.2 亿元,同比增长 31.0%,增速持续放缓。网络购物交易额中,商品类交易额实现 3 674.3 亿元,同比增长 22.8%;服务类交易额实现 3 665.9 亿元,同比增长 40.4%,成为拉动电子商务快速发展的主要动力。

表 1.6　2017 年上海市电子商务交易额

交易额分类	交易金额(亿元)	同比增长(%)
电子商务	24 263.6	21.0
(电子商务)B2B	16 923.0	17.2
(电子商务)网络购物	7 340.2	31.0
(网络购物)商品类	3 674.3	22.8
(网络购物)服务类	3 665.9	40.4

(三) 商业市场主要特点：批发和零售业领先餐饮业

批发和零售业领先餐饮业，增速差距进一步扩大。2017年，批发和零售业实现零售额10 804.87亿元，比上年增长8.1%，增速较上年回落0.3个百分点。餐饮业增速回升，2017年餐饮业实现零售额1 025.39亿元，比上年增长7.9%，增幅比上年加快3.2个百分点（表1.7）。

表1.7 2017年上海市商业市场不同业务零售额

商业市场	零售额（亿元）	同比增长（%）	增速（%）
批发和零售业	10 804.87	8.1	−0.3
餐饮业	1 025.39	7.9	3.2

(四) 网络零售占比提高，便利店增速领先

2017年，上海网络零售占比继续提高，网上商店零售额实现1 437.49亿元，比上年增长9.6%，占社会消费品零售总额的比重为12.2%，比上年提高0.8个百分点。2017年，实体零售业态发展进一步分化。据上海市商业信息中心数据显示，2017年，重点零售企业中，便利店、专业专卖店、购物中心实现较快增长，百货店增长平稳，大型综合超市、超市等传统实体业态呈现不同程度下滑。具体来看：2017年，主要零售业态中，便利店、专业专卖店、购物中心实现较快发展，分别比上年增长13.1%、6.6%、6.2%（图1.20）。其中，便利

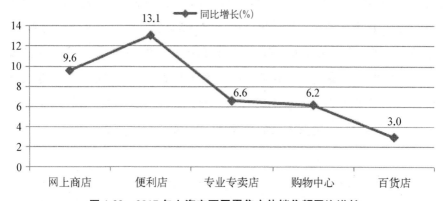

图1.20 2017年上海市不同零售主体销售额同比增长

店和专业专卖店增速较上年分别加快2.6个、6.6个百分点;百货店转型升级效应显现,同比增长3.0%,增速较上年同期加快15.3个百分点;2017年,大型综合超市、超市等实体业态增速下滑,比上年分别下降8.9%、3.5%,降幅分别比上年扩大4个、2.3个百分点。

二、新零售驱动下的门店商业新思维

(一) 2017年线下实体店依然处于主导地位

随着互联网的高速发展,诸多黑科技渐渐进入我们的视线,比如购物支付已经不需要纸币和信用卡,所有产业将互联网化,这已经变成一个不争的事实。人们把网络购物当作消费主流,线下实体门店的客流量被大面积分流,以往的商业模式已不再适用,营业上的增长乏力,再加上不绝于耳的各种唱衰声,实体门店真的还有存在的必要吗?其实并不尽然,根据调查显示,2014—2017年线下实体店的销售额整体高于线上销售额,依然处于主导地位。当新零售被炒得火热时,作为新零售的巨头,阿里和京东纷纷开启针对线下零售场景的布局,运用科技创造全新的购物体验,重塑实体店的不可取代的价值,"线上+线下"的组合已经成为一种趋势。对于中小型线下实体店来说,如何增加到店消费者的体验,实现客群引流,将实体店价值最大化,俨然成了亟须解决的难题。快发云经过多年的探索,通过大数据、人工智能等先进技术手段,推出了多种新零售解决方案,协助企业对商品及商铺的管理、销售、服务、推广等全面升级,重塑零售业态结构及生态圈,线下实体店的发展前景依然可期。调查显示,到2020年,客服和消费体验的重要性将超过产品和价格,零售业者必须转换思维,以消费者为中心,向数字化转型,从品牌导向往消费导向转变,重新定义消费场景,以获得更加庞大的商机。

(二) 助力实体店高效、精准引流

大数据在各行各业的应用已成遍地开花之势,对于线下实体店而言,顾客就是零售业者的资产,想要在新零售时代生存和发展,就必须构建自己的顾客大数据体系,使经营上对顾客更有理有据。快发云通过创新的数据采集技术,能够精准有效地获取到店用户的到访数据,将精准收集的用户信息利用百度大数据分析技术,从海量数据中抓取有效信息将用户群体可视化,清晰直观地形成到访人群的画像分析图,并通过停留时长以及到店人次、到访次数等分析潜在客户人群,实时上传至快发媒体云平台形成详细的数据报表,协助管理者分析当天内/周期内的店铺运营情况。

(三)新零售+场景化营销

快发云近年来一直致力于智能终端技术的研发与创新,在传统门店的广告屏基础上,增加了广告运营、信息互动、大数据管理等功能,并提供多种运营模式的定制,提升精准化,迎合偏好式地增加单客营收比,降低强推投放广告的反感,增加客流的消费转化,轻松实现线下门店的线下售卖、线上运营。相比较传统的广告而言,场景化互动式广告有了更多互动创意的空间,快发云通过 AI 技术+大数据的组合应用,结合人脸识别、语音互动等技术,让屏幕可以根据用户的年龄、性别等,发现用户特征,优化推荐与导购,协助顾客买到合适的产品,利用场景化营销提升客流变现能力。

三、2017 年上海商业地产市场

随着又一波消费升级及产业格局聚变,2017 年,上海市商业项目存量面积 1 616 万平方米,新入市项目 46 个,其中新增购物中心体量 296.3 万平方米。增长体量方面,过去 4 年呈现持续高增长趋势,上海依然处于增量提速中,而产业本身的自我升级也在发生,进一步优胜劣汰、去芜存菁,涌现了更多新的实践和探索,推动着行业的发展。商业供应依然井喷,市场竞争将持续升级,围绕 IP 场景打造、品牌业态创新、大数据驱动的精益化运营管理将成为项目重要抓手。随着上海消费升级的进一步提升,更多新业态、新品牌落户上海,产业格局也将更加多样化,上海商业地产市场将更值得关注。

（一）资产优化改造范式，商业价值再挖掘

2017年上海共有127.72万平方米商业经历改造，项目主要位于内环及中环内。其中核心商圈所处的内环地区改造面积占比57%，改造力度及范围空前，存量与增量在开展新的博弈，在商业项目长期的动态发展过程中，调整和变化一直伴随左右，这波改造热也预示着商业存量项目的密集改造高潮的到来。

（二）全国项目分化趋势明显，上海市场领先全国

根据睿意德商业地产研究中心发布的《2017中国商业地产活力40城》报告显示，目前全国市场已明显分化为三个梯队，而上海市场依然领先全国（图1.21）。

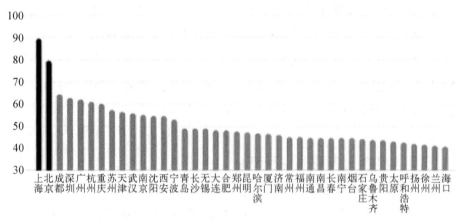

图 1.21　商业地产活力指数

资料来源：睿意德商业地产研究中心

一方面，上海市场经过多年沉淀在消费市场上已形成规模效应，品牌和消费者双向买单。不仅国外品牌进入内地首选城市是上海，新业态、新品牌的孵化和市场化通常也是集中于此。

另一方面，互联网新科技的涌入也让商业焕发出新的生机，2017年，人工智能与共享经济成为当红关键词，无人零售产业已初见端倪，无人值守货架的应用场景主要集中在办公楼等区域，而无人便利店主要分布在高档小区和

城市繁华地带。

从分布的城市来看,无人便利店与无人值守货架主要集中在北京、上海、广州、深圳等大城市推广,随着规模的不断扩大,相信今后也将逐渐辐射至一二线城市。

(三)轨交商业蓬勃发展

上海2025年新一轮的规划将依托轨道交通网络,实施集约紧凑的TOD(transit oriented development)发展模式。数据显示:2017年新增购物中心离地铁站点距离平均为1千米,2/3的新增购物中心离地铁站距离800米内。轨道交通拉近了既有商圈的距离,对存量与增量市场提出了更高的差异化要求,商圈特色细分化成为必然。基于商业发展的大趋势,轨道交通的通达性成为商业项目是否能吸引客流的重要客观因素之一,睿意德联合中商数据发布了"2025年规划中上海商业项目分布指南",在2025年轨道交通线路的基础上,标注了每个站点附近4万平方米以上的商业综合体项目(包含落成、在建及未来拟建),据悉,相关商业项目分布数据平台也将随之上线,已引起行业广泛关注。

第二章
上海各区商业运行情况

【背景资料】

上海正致力于在2035年建设成全球卓越城市,将商业配套综合起来对上海各区排名,得出:商业娱乐排名第一的是黄浦区,其得分遥遥领先于其他区域。黄浦区的人均商业面积最多,而区级以上商业中心的密度最大,人均酒店面积和人均影院面积也居各区之首(图2.1)。商业排名第二和第三的是长宁区和静安区。郊区中,嘉定区的商业娱乐得分最高,人均商业面积,人均酒店面积和人均影院面积在郊区中最高。长宁区和黄浦区的市级商业中心个数最多,分别达4个和3个。浦东新区的区级商业中心个数达13个,居各区之首。郊区中,青浦区有1个市级商业中心和4个区级商业中心,在郊区中最多(图2.2)。

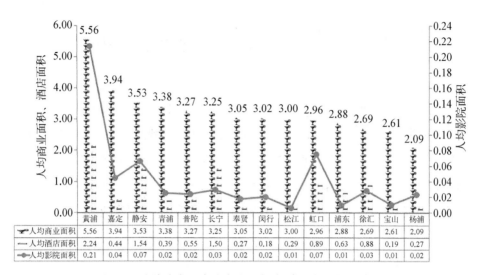

图 2.1 上海市各区人均商业面积、酒店面积和影院面积

资料来源：上海统计局、中国指数研究院收集整理

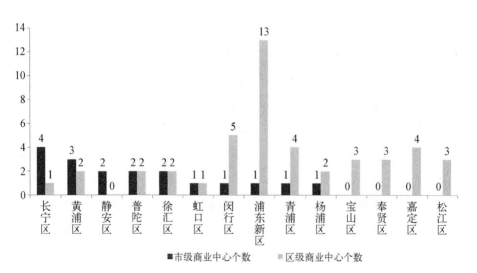

图 2.2 上海市市级、区级商业中心个数

资料来源：《上海商业网点布局规划 2014—2020 年》

第一节　上海各区商业中心分级情况

《上海市商业网点布局规划(2014—2020年)》以"多中心、多层级、网络化"为原则,构建以"市级商业中心、地区级商业中心、社区商业中心＋特色商业街区"为核心的"3＋1"商业网点布局体系,完善各层级商业中心功能布局、等级规模、设施标准、业态引导等要素。全市规划形成15个市级商业中心,外环线以内规划形成19个地区级商业中心,外环线以外规划形成37个地区级商业中心。

一、市级商业中心

市级商业中心是以城市总体规划确定的市级公共活动中心和综合性商业街区为主要空间载体。商业设施集聚在不少于25万平方米的空间范围,规划商业设施建筑面积不低于50万平方米,商务建筑面积不低于150万平方米。大型商业网点集聚度高,百货店和购物中心等大型商业业态的建筑面积占全部建筑面积的40%以上。服务人口为50万人以上,日客流量达到20万~30万人次。交通、市政等基础设施配套完善,公共交通网络便捷。本次规划形成15个市级商业中心,其中近期规划形成13个市级商业中心,分别是南京东路商业中心、南京西路商业中心、四川北路商业中心、豫园商城商业中心、徐家汇商业中心、中环(真北)商业中心、淮海中路商业中心、陆家嘴张杨路商业中心、五角场商业中心、中山公园商业中心、国际旅游度假区商业中心、虹桥商务区商业中心、新虹桥-天山商业中心;远期规划2个市级商业中心,即大宁商业中心和真如商业中心。

二、地区级商业中心

（一）地区级商业中心与地区公共活动中心相结合

地区级商业中心服务于本区域及周边区域的消费人群,依托交通枢纽、旅游景点、大型居住区和商务区,以满足区域内购物、餐饮、休闲、娱乐和商务活动等综合消费为主,形成规模中度集聚、服务功能完善、行业业态齐全、具备一定集聚和辐射能力、服务范围为广域性的综合商业功能区。商业设施总建筑面积不低于30万平方米,商业集聚在不少于8万平方米的区域范围内,日均客流量在10万人次以上的综合性商业功能区。

（二）外环线以内

外环线以内规划19个地区级商业中心。其中近期规划17个,包括控江路商业中心、打浦桥商业中心、共康商业中心、长寿商业中心、曹家渡商业中心、外高桥商业中心、北外滩商业中心、南方商城商业中心、北中环商业中心、长风商业中心、南外滩商业中心、前滩地区商业中心、唐镇商业中心、世博园区、徐汇滨江地区、御桥地区、虹桥吴中路地区;中远期规划2个,即杨浦滨江地区、苏河湾地区。

（三）外环线以外

外环线以外规划37个地区级商业中心,与区域总体规划相衔接,其功能定位与产业和文化景观相协调,与区域社会经济发展水平、人口分布、购买力水平相适应。外环线以外区域重点建设与新城、新市镇相匹配的地区性商业中心和商品流通中心。规划新城地区级商业中心与中心城地区级商业中心在功能定位和业态结构上互补和错位发展,各具特色。考虑到区域实际建设情况,各区可适当调整商业网点布局。

三、社区级商业中心

社区级商业中心是以社区规划编制单元为基础,主要服务于本社区,以便民、利民为目标的属地型商业中心。社区商业设施的建设规模应体现社区商业的均好性、便利性和综合性设置原则。社区商业中心应与社区事务中心、社区卫生中心和社区文化中心综合设置。依据服务人口规模和服务半径,明确不同规模社区商业服务设施的配置标准,同时,合理配置菜市场、超市、便利店、药店、大众餐饮店等必备业态,拓展社区定点服务、预约咨询、上门服务、网订店取和"微生活""云社区"等新兴服务模式。产业园区商业是社区商业的一种特殊表现形式,配置标准参照社区级商业设施执行。其规划商业服务配套设施约占园区建筑面积的10%左右。

四、特色商业街区

特色商业街区是指满足人们专业性消费需求,由众多特色鲜明的商业及服务设施组成,以带状街道建筑形态为主要空间载体的,具有一定规模的区域性商业集聚区。特色商业街区一般位于各类旅游景区或特色风貌区等周边区域。特色商业街区将依托历史保护街区、特色风貌建筑、旅游资源区;鼓励新建特色商业街区靠近城市生态景观、滨水资源丰富地区。商业街长度以300~800米为宜,主营行业特色店数量占街区内店铺总数的70%以上为宜。

五、上海社区商业街

(一)杨浦区社区商业街

其规划为:(1)控江路、鞍山路、本溪路三角地带,目前是杨浦最好的商业街,也是目前杨浦居民层次最高的商业市场。(2)靖宇东路(水丰路临青路)。(3)沪东工人文化宫版块(平凉路)。(4)中原小区(中原路国和路和市光路)欧尚大卖场、社区商业中心。(5)黄兴路近国顺路(大润发、百安居)。

(二)虹口区社区商业街

其规划为:(1)曲阳商务中心一带(曲阳路、东体会路一带)。(2)江湾镇一带(轻轨江湾镇站周边)。(3)提篮桥商业中心(杨树浦路、海门路、霍山路)。

(三)静安区社区商业街

其规划为:(1)临汾路(共和新路至平顺路)。(2)闻喜路(阳曲路至共和新路)。(3)上海火车站商业中心。(4)静安寺商业中心。(5)曹家渡商业中心(万航渡路、长寿路)。(6)巨鹿路、常熟路特色高档餐饮特色街。

(四)普陀区社区商业街

其规划为:(1)兰溪路西部百货一带。(2)武宁路、东新路沪西工人文化宫版块。(3)金沙江路、怒江路华师大版块,长寿路(昌化路至胶州路)。(4)桃浦(雪松路、绿杨路)。

(五)长宁区社区商业街

其规划为:(1)天山路近遵义路。(2)仙霞路、水城路。(3)长宁区商业中心,包括中山公园版块、虹桥开发区、古北新区、北新泾(剑河路哈密路)、新华上海影城版块。

(六)闵行区社区商业街

其规划为:(1)龙柏商业中心。(2)航华新村。(3)梅陇新城(莲花路、上中西路)近南方商城。(4)莘庄北广场、南广场、莘东路、莘沥路、老商业中心。(5)老闵行江川路近沪闵路。

(七)徐汇区社区商业街

其规划为:(1)衡山路酒吧街加周围领馆区。(2)宜山路一带建材区。(3)田林路(柳州路至桂林路)沃尔玛超市附近。(4)漕宝路近漕溪路光大会展中心一带。(5)梅陇、梅陇路龙州路、凌云路一带。(6)上海植物园。(7)百色路一带。(8)龙华寺一带(龙华西路)、大木桥路斜土路一带。(9)常熟路近淮海路美美百货。

(八)黄浦区社区商业街

其规划为:(1)金陵东路(乐器和家装用品)。(2)福州路文化街。(3)人民广场版块(西藏中路)。(4)老西门版块。(5)豫园版块。(6)外滩版块(未来发展中的西藏中路北京路地带)。(7)瑞金路。(8)陕西南路。(9)长乐路。(10)打浦桥商业中心。(11)茂名南路中装。(12)酒吧一条街。(13)茂名北路高档品牌街。

(九)浦东新区社区商业街

其规划为:(1)八佰伴商业中心(商城路、浦东南路、张杨路、东方路)。(2)昌里路(洪山路一带、长清路和上南路之间)。(3)金桥路近浦东大道、金杨新村(金杨路、枣庄路)。(4)博山东路德平路、三村(灵岩南路、凌兆路)。(5)浦三路(临沂路和浦林东路之间)。

第二节 上海各区商业发展情况

2017年,上海区域发展显示出城乡融合、开放发展、板块集聚的新格局,上海各区在区域协调发展方面作出了新的尝试和探索。从数据来看,消费方面由于前几年的新增商业载体推出、人口导入加速等因素影响,上海的消费重点区域逐步从中心城区向郊区拓展,浦东新区及郊区零售业增长总体快于中心城区,并表现出远郊快于近郊的特点。2017年,郊区零售商业经历了连续多年的两位数高增长阶段后,增幅有所回落,全市各区社会消费零售总额增长基本形成中心城区3%～6%、近郊7%～8%、远郊9%～10%三个增长梯次(表2.1)。

表2.1 2017年上海市各区社会消费品零售总额完成情况

	总量(亿元)	总量排名	增幅(%)	增幅排名
闵行区	942.14	2	5.6	8
嘉定区	1 044.13	1	5.5	9
宝山区	666.67	6	3.8	13
金山区	456.15	12	10.2	2
松江区	587.47	8	9.1	3

续 表

	总量(亿元)	总量排名	增幅(%)	增幅排名
青浦区	564.00	9	4.7	11
奉贤区	535.13	10	9.1	4
崇明区	116.88	15	9.0	5
黄浦区	814.07	3	1.9	15
徐汇区	666.74	5	5.0	10
长宁区	316.88	13	7.3	7
静安区	720.37	4	15.6	1
普陀区	606.04	7	3.6	14
虹口区	309.26	14	4.2	12
杨浦区	474.65	11	8.0	6

从5个郊区看,数据显示:闵行区总体呈现逐月增长的态势;嘉定区受大型互联网零售企业的影响,年初增长快速,年中回落后稳步提高,全年以5.5%的增长收官;松江区全年增速平稳,基本保持在8%的增长,四季度有所提升,全年增长9.1%;青浦区总体发展平稳有序,以4.1%的增长开局,4.7%的增长收尾;宝山区总量位居第3,增速位居第8(图2.3)。

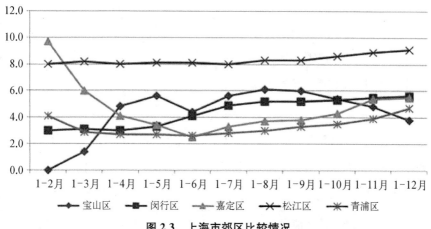

图2.3 上海市郊区比较情况

一、2017年黄浦区商业情况分析

(一) 2017年经济总量特征

黄浦区聚焦供给侧结构性改革,以"稳、破、立"为工作主线,努力克服上年高基数、营改增减税降负、楼市调控等多重制约因素,全力以赴稳增长、调结构、补短板、惠民生、咬定目标、振奋精神、迎难而上,计划执行情况总体好于预期,全区经济和社会发展保持健康平稳的态势。经济总量稳步攀升,产业结构持续优化,城区功能不断提升,区域经济质量效益进一步提高,主要指标基本实现(表2.2)。

表2.2 2017年黄浦区经济和社会发展指标完成情况

分类	序号	指标名称	单位	年初目标	全年完成数
提升经济发展质量	1	区级财政收入增长率	%	7左右(同口径)	8.0
	2	商品销售总额增长率	%	1	8.6
	3	社会消费品零售总额增长率	%	1	1.9
	4	引进内资	亿元	150	207.29
	5	合同利用外资	亿美元	14	14.61
	6	新增商业商务面积	万平方米	40	40
改善生态环境	1	*单位增加值综合能耗下降率	%	市下达目标	预计可完成
	2	*能源消费总量	万吨标准煤	市下达目标	预计可完成
	3	新增各类绿化面积	万平方米	4	4.05
	4	*生活垃圾无害化处理率	%	100	100
	5	*餐厨废弃油脂收运	%	95以上	96

续 表

分类	序号	指标名称	单位	年初目标	全年完成数
加强保障民生	1	旧改征收户数	户	5 000	5 280
	2	老旧住房综合修缮面积	万平方米	30 以上	51
	3	*帮助引领成功创业	人	700	745
	4	地区登记失业人员控制人数	人	20 000	17 696
	5	常住人口预防保健经费	元/人·年	不低于 65	79
	6	公众安全感满意度	%	高于全市平均水平	预计可完成
	7	*常住人口控制数	万人	66 以内	66 以内

注：(1) *为市下达目标。(2) 区级财政收入增长率(同口径)是指将 2016 年"营改增"和分成比例调整两大因素按 2017 年新的一致口径计算同比增幅。

（二）专业服务业快速增长

完成区级税收 33.12 亿元，同比增长 20.1%，占比为 17.1%（图 2.4）。八大子行业实现正增长，产业高附加值属性更为明显。一是随着场内场外各类大额标的资产交易的持续活跃，股权兑现项目逐步增多，股权转让等交易大幅增加，资产管理行业持续扩张，同比增长 40.5%。二是高端专业服务比较优势不断提升，占区域经济总量八分之一权重的商务服务业同比增长

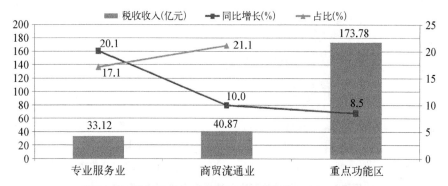

图 2.4 黄浦区 2017 年各项区级税收收入及同比增长

15.4%,其中会计、审计、法律服务及税务服务等行业延续增长势头。三是伴随互联网融合、创新发展、转型升级推进,专业化、国际化、信息化的服务需求比重不断提升,租赁服务、国际组织、技术服务等专精尖行业持续拓展。

(三)商贸流通业加快转型

完成区级税收40.87亿元,同比增长10.0%,占比为21.1%。一是推动商业结构调整,大力推进一百商业中心、世茂商城等一批重点项目结构调整,维多利亚的秘密、大疆、韩国八秒、Gentle Monster、The North Face、耐克乔丹等一批旗舰店、体验店、形象店先后开业。有序推进卢南鞋城等小商品市场业态调整,启动北京东路区域功能调整转型。二是大力培育时尚产业和品牌经济发展,与纺织集团签订战略协议,合力促进优质时尚资源导入与落地,成功举办以"诗意科技"为主题的上海时装周发布会,进一步巩固黄浦时尚产业影响力。三是提升优化商圈综合环境,启动淮海路灯光改造试点;推进慢行导视系统建设;深化街区大数据与重点商家对接,扩展智慧商圈综合功能建设。四是商贸业销售额见底回升。受益于去产能、供给侧改革的持续推进,以资源类、新兴消费类为主的部分商品出现大幅增长。全年完成商品销售总额6 230.04亿元,同比增长8.6%;完成社会消费品零售额814.07亿元,同比增长

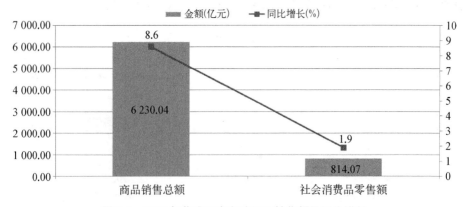

图2.5 2017年黄浦区商贸流通业销售额及同比增长

1.9%（图2.5）。同时，受新型消费模式兴起、实体业态调整成效持续递减等内外因素影响，传统百货形势依然严峻，太平洋百货歇业，其他八大百货零售额"三增五减"，同比下降5.5%。

（四）重点功能区建设步伐加快

大力推进"一带四组团"重点项目建设和商业结构调整，商业商务项目竣工面积达到40万平方米（表2.3）。"一带四组团"完成区级税收173.78亿元，同比增长8.5%。

表2.3 "一带四组团"重点项目建设和商业结构调整完成情况

任务分类	完 成 情 况
外滩金融集聚带	■ 中山南路地下二层主通道顺利通车 ■ 594地块、复兴地块等商业商务项目实现竣工产出 ■ 外滩·中央一期正式开业
南京东路-人民广场功能组团	■ 大世界传艺中心正式对外营业 ■ 一百商业中心、世贸商城完成整体改造 ■ 完成北京东路区域功能调整规划，制定并实施北京东路转型三年行动计划，大力推进沿线十大转型项目、七大民生项目、三大环境项目
淮海中路-新天地功能组团	■ 维多利亚的秘密旗舰店、新天地无限极荟正式开业 ■ 淮海商都已环评验收；瑞安广场、中环广场正在进行升级改造 ■ 淮海路灯光景观改造工程有序推进，启动大上海时代广场、人民坊等建筑的灯光改造试点施工 ■ 黄陂南路站与尚贤坊保护性改造项目地下结构同步施工 ■ 茂名路风井施工有序推进
南外滩-豫园功能组团	■ 14号线黄浦区段三站一井完成征收腾地任务 ■ 南浦大桥W3匝道改造工程按时完成并通车 ■ 推进董家渡金融城、198/199/200街坊地下空间建设前期工作
打浦桥-世博浦西园区功能组团	■ 65地块（南块）建设有序推进，北块已完成竣工备案

二、2017年徐汇区商业情况分析

(一) 2017年徐汇区商业发展总体情况

全年批发和零售业实现增加值268.18亿元,比上年同期增长10.3%。住宿和餐饮业实现增加值77.90亿元,下降0.5%。线上线下消费深入融合,商业回升明显。全年实现商品销售总额5 281.38亿元,增长18.1%。其中商品销售总额超过100亿元的企业有迅销、必胜食品、雀果、瑞表、国能、滔搏投资,合计实现商品销售总额856.72亿元,比上年增长18.5%。2017年,全区实现社会消费品零售总额666.74亿元,增长5.0%。从主要行业来看,批发和零售业实现社会消费品零售总额597.53亿元,增长5.3%;餐饮业实现社会消费品零售总额62.80亿元,增长3.8%。徐家汇商圈内东方、太平洋、六百、汇金、汇联、港汇6大百货全年实现销售总额60.83亿元,下降6.8%(图2.6)。

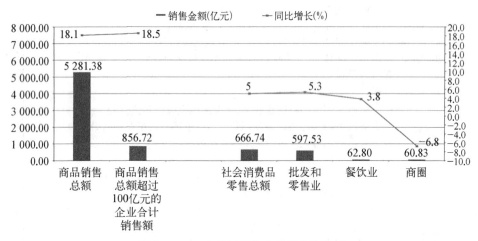

图2.6 2017年徐汇区商业发展总体情况

(二) 文商融合打造国际消费新体验

作为徐家汇商圈的领军企业,也是上海重要商业地标之一的港汇恒隆广场完成了19年以来最大规模的升级改造工程,改造范围包括硬件更新、业态升级、服务优化等。据港汇市场推广部经理崔维东介绍,中高端消费者一直是港汇恒隆广场的主力客群,亮相后的新翼,国际品牌占比将高达43%,同时为配合他们的生活、消费需求,升级后的餐饮及Life Style品牌比例也将达到30%以上,其也将延续港汇恒隆广场"首店收割机"的风格,近10%的品牌将是首次选择在国内开店。作为吸引目标人群的两大主力店铺,SFC上影影城·永华及Ole超市于2017年"脱胎换骨"率先亮相。改造后的上影影城·永华无论是内部设计、音响、投影幕布等硬件设施,还是服务体验设施都完成了全面升级。位于商场B1层的Ole超市也大大地提升了商品供应的多样性及专业性,进口产品占比高达80%,并推出独家"概念厨房"及"手冲咖啡吧",现场手冲调制,为顾客带来独一无二的高端消费体验。徐汇区聚焦徐家汇、衡复、滨江三大中央活动区,分别打造文商融合体验式消费的世界级商圈,精心勾画慢生活文化休闲城市名片,积极建设引领上海娱乐消费时尚新地标。

三、2017年静安区商业情况分析

(一)2017年静安区商业总体情况

区政府紧紧围绕"国际静安、圆梦福地"的奋斗目标,大力实施"一轴三带"发展战略,稳中求进,突出创新驱动发展、经济转型升级,聚焦重点、狠抓落实。全年完成税收总收入648.17亿元,同比增长24.61%;区级一般公共预算收入229.71亿元,同比增长18.18%;社会消费品零售总额622.00亿元,同比增长7.00%;全社会固定资产投资额310.00亿元,同比增长10.00%(图2.7)。全年拆除二级及以下旧里面积12.53万平方米;新增就业岗位52 886个,登记失业人数控制在市政府下达目标内,政府实事项目全部完成。

(二)聚焦商业提质增效

积极推进南京西路商圈、大宁商圈、苏河湾商圈和曹家渡商圈等区域的商业业态调整,静安区荣获"国际消费城市示范区"称号,商贸服务业实现税

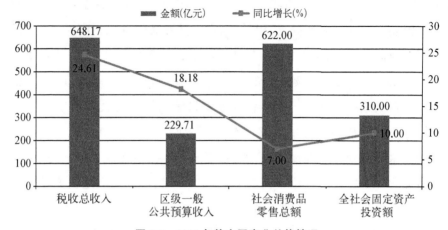

图 2.7　2017 年静安区商业总体情况

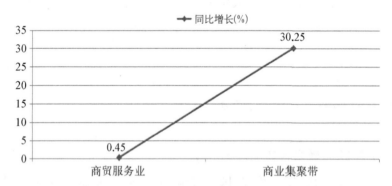

图 2.8　2017 年静安区商业税收总收入同比增长

收总收入同比增长 0.45％。南京西路两侧高端商务商业集聚带全年实现税收总收入同比增长 30.25％(图 2.8)。

四、2017 年普陀区商业情况分析

(一) 2017 年普陀区商业经济指标实现情况

实现区域商品销售总额 10 818.41 亿元,同比增长 8.96％;商贸业区级税收实现 20.11 亿元,同比增长 17.23％。实到外资完成 8.62 亿美元,同比增长

4.66%；合同外资完成 17.51 亿美元，同比增长 2.68%（图 2.9）。完成 2 家外资总部项目认定。

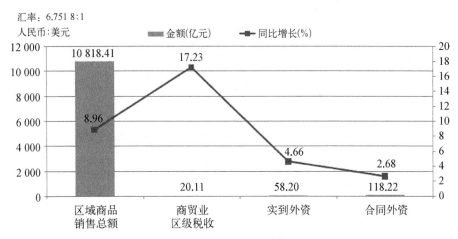

图 2.9　2017 年普陀区商业经济指标实现情况

（二）推动商圈能级提升

电子商务发展实现深化。携手推进中环商贸区国家电子商务示范基地建设，推进综合电子商务基础设施建设与电子商务公共服务平台建设，建设互动共享的网络社区，提升了商圈信息化管理水平和服务水平，该示范基地在商务部全国 100 家国家电子商务示范基地的综合评价考核中排名首位，指导拉扎斯网络科技（上海）有限公司获评商务部"2017—2018 年度电子商务示范企业"，智慧商圈建设得到加强。推动中环商贸区智慧商圈试点项目完成市级评估，中环商贸区智慧社区商圈融合创新服务平台获评上海市 2017 年度"十大智慧社区商圈创新应用奖"，指导上海环球港成功获评"第二批上海市智慧商圈试点区域"，推进近铁城市广场及上海环球港等优化智能停车系统建设，商场转型升级取得一定进展。协调长风大悦城实施整体改造取得阶段性成果，指导百联中环购物广场业态调整，整体升级东方商厦品牌，打造多业态多功能融合的新型立体商业模式。鼓励商业企业与教育法律法规宣传工作对接，为学生社会实践营造良好环境。

（三）积极挖掘消费增长潜力

深入研究商旅规划布局。编制《普陀区商贸业转型升级2017—2021年行动计划》，编写完成《长风生态商务区商业发展能级提升研究报告》和《长寿地区商业提升计划》，探索进一步提升重点地区商业品质、优化社区商业网点的路径。推动商旅文融合发展。联合推动上海环球港和长风大悦城入选上海市艺术商圈联盟成员单位，举办"四季上海"音乐会暨"四季普陀"秋冬旅游产品发布会。推动上海环球港成功入选"夜上海特色消费示范区"。联合形成推进"长寿湾"文化旅游休闲区建设思路。加强长风地区旅游市场分析，探索以产学研和亲子、教育为主题的休闲精品线路。

（四）策划组织商旅营销系列活动

将上海市购物节启动仪式主会场首次引入普陀区，开展以"走进精彩普陀，畅享潮流生活"为主题的上海市购物节普陀区系列活动，涵盖各类主题活动20余场，创造新供给、释放新需求，活动期间营业额同比增长10.56%。在2017年上海市购物节活动中，区商务委荣获优秀组织奖，上海月星环球港商业中心有限公司荣获贡献奖，上海环球港荣获十大最"IN"购物地称号。策划举办了2017年上海旅游节"水岸普陀"系列活动、中环旅游集市、"我心中的苏州河"国际少儿书画大赛等活动。

（五）优化对外贸易发展环境

认真落实促进外贸回稳向好、加工贸易创新发展的系列政策措施，推进"四个一百"促进外贸发展专项行动，支持企业依托"一带一路"倡议促进自身发展。沟通海关和国检部门完善跨境电商公共服务平台功能，推动跨境电商发展，提升西北保税物流中心能级。贯彻落实加快促进服务贸易发展行动计划，推动发展技术贸易，做好大数据、云计算和物联网等服务外包促进工作，2017年服务外包合同金额达4 907.82万美元，执行金额达5 302.48万美元。

（六）强化市场保障供应基础

加强产销对接，减少中间环节，推动区内各标准化菜市场对接市级外延蔬菜基地，累计开设20个平价菜专柜。建成康品汇中远店、永昌真金2家示范性标准化菜场,实现超市化管理、全程追溯等新型菜场模式。优化平抑菜价方式,保持一定品种蔬菜市场价居于全市较低水平。推动芝川市场完成标准化菜市场二次改造,优化菜市场硬件设施建设,提升管理服务水平。建成智慧微菜场80家,有效填补传统市场覆盖盲点。推动上海永昌菜市场经营管理有限公司被评为上海唯一"全国公益性农产品示范市场(零售)"。

(七)夯实食品安全城区创建基础

重点推进区肉类蔬菜、乳制品等9大类食品和食用农产品信息追溯体系建设。建立菜市场食品安全检查员队伍,加大培训工作力度,完成1 000余台追溯秤更新换代,督促农药残留检测工作。区8家标准化菜市场排名2017年度全国肉菜流通追溯体系运行考核前五十强。区商务委荣获"2016—2017年度商务部肉菜流通追溯运行考核优秀单位"。

(八)加强主副食品行业监测

完善粮油零售、监测、应急零售和帮困供应网点等粮油监管体系建设,全年累计发放副补资金715.8万元,发放80 192人,回笼粮油帮困资金343.2万元。举办2017年"世界粮食日"暨爱粮节粮宣传周普陀区主题活动,开展爱粮节粮知识、粮食品牌和产品的宣传展示。

五、2017年杨浦区商业情况分析

(一)2017年杨浦区商业情况分析

经济质量效益不断提升,经济发展稳中有进。完成区级财政收入119.52亿元,增长8.2%;实现全社会消费品零售总额474.65亿元,比上年增长8.0%;实现全社会固定资产投资总额308.57亿元,比上年增长11.0%(图2.10)。第三产业增加值占全区生产总值的比重达到84.0%(不含烟草),比2016年底提高1.1个百分点。

(二)杨浦区商圈建设

江湾-五角场是上海城市整体规划的四大副中心之一、十大商业中心之

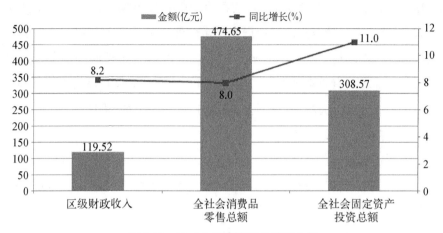

图 2.10　2017 年杨浦区商业情况分析

一,成为杨浦的地标并带动周边地带的发展。五角场在杨浦区的发展中扮演至关重要的角色。以商业、科教为特色,以国际化为标准将是五角场的未来发展方向,南、中、北三大区域将会有不同的功能划分。南部主推商业商务,建设高档的购物中心,以满足高层人士的生活消费需求;中部是以创智天地为主,主要定位是国际化的公共服务中心和文化交流中心;北部是国际高科技商务广场,集高科技研发、设计、金融、文化为一体,将会吸引国际知名企业进入。新江湾片区已逐步发展成为一个成熟的区域型商务商业中心,区域的办公楼租赁需求将持续保持强劲。紧挨上海知名高校聚集地,目前政府将项目所在区域定位为:上海的全球创新中心。已进驻的国际国内知名企业包括:IBM、EMC、德勤、Splunk、AECOM、甲骨文、耐克、汉高、大陆马牌、上海家化等,并且很多国内外知名企业将该区域设立为全球总部或大中华区域总部所在地;群聚效应已逐步形成,利于吸引更多的知名企业进驻此片区。

(三)投资机遇,杨浦区大宗成交市场异常活跃

仅 2017 年,杨浦完成近 200 亿元的大宗交易投资,市场上所有资产几乎售罄,成为上海最火热的投资区域,甚至压倒了虹桥。大宗交易的投资人分

布于各个行业,亚洲规模最大的房地产集团之一凯德集团仅半年时间内在杨浦区投资达 35 亿元之巨。各大机构的进驻将使该区域的繁华程度和商业氛围更加浓厚,极大地降低了项目的出租难度及退出难度。

六、2017 年浦东新区商业情况分析

(一) 2017 年浦东新区商业总体情况

商业聚焦新业态、新模式、新亮点,大宗商品价格回升,重点企业发展稳定,消费升级和新零售提升消费市场活力。全年实现商品销售总额 36 454 亿元,同比增长 12.7%,高于全市 0.7 个百分点,比上年同期高 4.2 个百分点;实现社会消费品零售总额 2 201 亿元,同比增长 8.1%,与全市持平(表 2.4)。

表 2.4 2017 年浦东新区商业总体情况

类 别	金 额 (亿元)	同比增长 (%)	与全市 水平比较 (百分点)	与上年 同期比较
商品销售总额	36 454	12.7	0.7	4.2
社会消费品零售总额	2 201	8.1	0	—

(二) 消费市场平稳发展

2017 年,新区消费品市场增速平稳,其中汽车、生活必需和住宿餐饮成为主要拉动点。汽车零售额 604 亿元,占新区总量 27.4%,全年增速 8.3%,低于上年 0.7 个百分点,比社零总额平均增速高 0.2 个百分点,拉动新区社零总额 2.3 个百分点。生活必需类零售额 748 亿元,增长 8.4%,高出社零总额 0.3 个百分点,占社零总额 34.0%,拉动社零总额 2.9 个百分点。住宿餐饮业零售额 221 亿元,同比增长 9.1%,增速比上年略有回升(表 2.5)。作为新区餐饮业的主要增长点,连锁餐饮因其品牌效应往往成为顾客首选而发展迅速,但受欢迎程度略有不一,星巴克、肯德基、避风塘等连锁餐饮明显增长,农信餐饮、荷特宝配餐等作为大众餐饮增幅明显,而俏江南、锦江国际食品餐饮等却有不

同程度的下降。此外,网络餐饮亮点频现:金茂网络零售增长 3.2%;锦江汤臣网络零售增长 2.1%;香格里拉酒店网络零售增长 70.4%(图 2.11)。参与网络零售的企业中半数以上实现增长。

表 2.5　2017 年浦东新区消费品市场发展概况

零售额	金额(亿元)	同比增长(%)	占本区总量(%)	全年增速(%)	低于上年(百分点)	高于社零总额平均增速(百分点)	拉动本区社零总额(百分点)
汽车	604	—	27.4	8.3	0.7	0.2	2.3
生活必需类	748	8.4	34.0	—	—	0.3	2.9
住宿餐饮业	221	9.1	—	—	—	—	—

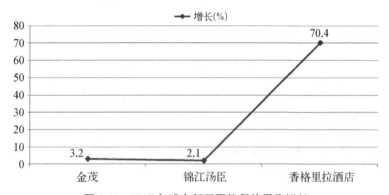

图 2.11　2017 年浦东新区网络餐饮零售增长

(三)商业综合体和网上零售冲击传统实体零售业

商业综合体和网上零售对以传统百货、大卖场为主的传统实体零售业继续带来冲击。商业综合体已成为浦东商业的重要组成部分,在世博、联洋、张江、小陆家嘴等多个板块拉动下,2017 年全区零售额达 270.77 亿元,增长 16.7%,超出社零总额平均增幅 8.6 个百分点,拉动新区社会消费品零售总额增长 1.9 个百分点。在国金、八佰伴、正大、周浦万达领衔的前十名商业综合体中,以国际一线奢侈品牌组成的国金中心零售额同比增长 16.5%,拉动新区社零总额 0.5 个百分点;张江的长泰广场和汇智国际因其完善的功能和精准的定位,表现抢眼,零售额分别同比增长22.2%和32.2%(图2.12),其中,餐饮业同比增长24.9%和42.9%。祝桥奥特莱斯因购物特色,在十强综合体中营业情况良好,零售额同比增长37.6%,远高出新区综合体整体零售增幅20.9个百分点。受龙头企业一号店10月份外迁合并因素影响,全年新区网上零售额178亿元,与上年持平。其中,特斯拉网络平台表现抢眼,零售额同比增长96%。盒马鲜生以"超市+餐饮+生活方式体验"为主的新零售模式表现强劲,零售额增幅达7.5倍,零售体量已接近周浦万达广场。

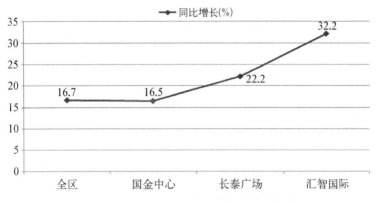

图2.12　2017年浦东新区零售额同比增长

(四) 大宗商品增幅明显

2017年,大宗商品实现商品销售总额20 348亿元,占新区总量55.8%,同比增长18.4%,增幅比上年提高11.0个百分点,拉动新区商品销售总额增幅9.8个百分点,远高于上年同期水平。其中,金属材料类受供给端收缩及宏观经济环境回暖影响,价格全面回升,销售额大幅增加,实现销售额13 685亿元,占新区总量37.5%,增长21.3%,增幅较上年提高13个百分点;化工材料类商品实现销售额3 293亿元,占新区总量9.0%,增长16.5%;国际原油价格从年初的每桶52美元反弹到58美元,全年石油制品类商品实现销售额2 835亿元,占新区总量7.8%,增长8.9%;煤炭制品类实现销售额534亿元,占新区总量1.5%,增幅也由上年的下降0.7%转为增长14.3%。2017年,新区百亿元以上贸易企业达58户,全年完成销售额达

19 186亿元,占新区总量52.6%,增长22.5%,拉动新区商品销售总额增幅达10.9个百分点。规模前10的贸易企业销售额总计8 445亿元,占新区总量23.2%,增长22.0%,拉动新区销售额增长4.7个百分点,涉及金属材料类、汽车类和粮油食品类,其中9家实现正增长(表2.6)。上汽通用汽车销售有限公司、中铜矿业资源有限公司、益海嘉里食品营销有限公司是浦东新区批发企业销售额排名前三的企业。

表2.6 2017年浦东新区大宗商品销售情况

类别	销售总额(亿元)	占本区总量(%)	同比增长(%)	比上年增幅(百分点)	拉动本区商品销售总额增幅(百分点)
大宗商品	20 348	55.8	18.4	11.0	9.8
金属材料类	13 685	37.5	21.3	13.0	—
化工材料类	3 293	9.0	16.5	—	—
石油制品类	2 835	7.8	8.9	—	—
煤炭制品类	534	1.5	—	14.3	—
百亿元以上贸易企业	19 186	52.6	22.5	10.9	—
规模前10的贸易企业	8 445	23.2	22.0	—	4.7

七、2017年闵行区商业情况分析

(一)闵行区主要经济指标完成情况

2017年,全区紧紧围绕建设生态宜居现代化主城区的奋斗目标,坚持稳中求进的工作总基调,抓统筹、促转型、破瓶颈、补短板,全区经济发展结构不断优化,新兴动能加快成长,质量效益不断提高。全区生产总值、财政收入、居民人均可支配收入等指标均圆满完成了年初的预定目标(表2.7)。2017年,全区实现社会消费品零售总额942.14亿元,比上年增长5.6%。从主要行业来看,批发和零售业实现社会消费品零售总额842.17亿元,同比增长

5.3%;住宿和餐饮业实现社会消费品零售总额99.97亿元,同比增长8.3%。从限额以上主要行业来看,日用家电和餐饮业零售额继续保持较快增长,分别同比增长19.0%和8.9%;汽车销售增长平稳,同比增长4.6%;而连锁超市、百货和服装等传统行业零售额持续下降,分别同比下降3.6%、14.5%和5.5%。

表2.7 2017年闵行区各主要经济指标完成情况

	计量单位	12月份 总量	12月份 ±%	1—12月累计 总量	1—12月累计 ±%	完成计划%
生产总值	亿元	—	—	2 237.29	6.5	100.0
第三产业	亿元	—	—	1 137.22	6.4	—
财政总收入	亿元	31.08	18.3	783.08	14.1	100.4
区级财政收入	亿元	14.55	29.4	278.71	12.1	100.1
工业总产值	亿元	368.08	0.8	3 574.13	5.0	—
固定资产投资	亿元	122.97	40.6	596.18	20.8	—
社会消费品零售总额	亿元	87.49	6.2	942.14	5.6	—
合同吸收外资	亿美元	1.88	110.0	19.32	−3.8	—
实际到位外资(上月)	亿美元	0.03	−91.4	6.89	−27.6	—
出口商品总额(上月)	亿元	92.93	6.7	943.18	6.9	—

(二)经济增长双轮驱动,产业发展更加协调

2017年,在制造业稳步回暖的带动下,全区经济运行总体平稳、稳中有进、稳中向好,完成地区生产总值2 237.29亿元,比上年增长6.5%。其中第二产业增加值1 098.95亿元,增长6.6%;第三产业增加值1 137.22亿元,增长6.4%。生产总值中第一、第二、第三产业的比例关系为0.1∶49.1∶50.8,各产业比重与上年持平。

2017年,全区经济增长动力更趋平衡,由前五年的第三产业拉动为主转变为第二、第三产业双轮驱动。第二、第三产业对全区经济增长的贡献率分别为49.1%和50.8%,以制造业为主的第二产业对经济增长拉动作用显著增

图 2.13 2010—2017 年闵行区第二、第三产业经济增长贡献率

强,增长贡献率比 2016 年提高了 36.8 个百分点(图 2.13)。

(三)市场消费增长平稳,传统行业销售下滑

2017 年,全区实现商品销售总额 3 322.02 亿元,比上年增长 5.2%(图 2.14)。其中,商品销售总额超过 100 亿元的企业有华硕电脑、罗氏诊断产品、华谊新能源化工销售公司以及苏宁云商销售有限公司,合计实现商品销售总额 533.86 亿元,比上年增长 10.8%。另外雅诗兰黛(上海)商贸有限公司在以往批发为主的基础上拓展了销售渠道,通过电商零售等方式试水零售业务,取得了较好的效果。

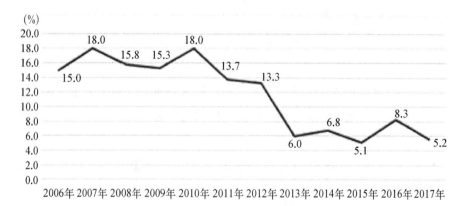

图 2.14 2006—2017 年闵行区社零总额各年增速

八、2017年松江区商业情况分析

（一）松江区主要经济指标完成情况

松江区2017年社会消费品零售总额为587.47亿元,当年增速9.1%,总额为全市第9,增速为全市第3,人均零售额为3.35万元。批发零售业增加值为146.36亿元,商业增加值增速领先,为8.3%。商业增加值对松江区第三产业增加值增长的贡献率为36.3%。

（二）新酒店建设工程

深坑酒店为中国首个下沉式酒店,酒店建成后将拥有370间客房,包括地上2层、地下17层,其中水下2层。离深坑酒店步行仅1.5分钟距离的就是占地6万平方米的互动体验式水岸商业综合体。中间区域3万平方米是华东地区最大的儿童互动体验嘉年华,也是华东地区最大的室内亲子互动平台区域。

（三）旅游业发展蓬勃

松南郊野公园位于松江区和闵行区交界处,依江绵延、层林尽染,仅林地面积就有8.33平方千米。广富林项目包含遗址公园、文化展示区、古镇改造区等几大片区,周边还设计了体现休闲、居住功能的中式院落等。

（四）科创带动经济发展

米雷·智慧乐都位于松江区乐都路530号,处在松江城区经济中心带,紧靠9号线松江体育中心站。项目占地面积82 000平方米,规划建筑面积85 000平方米。项目地块前身属于原上海第四机床厂和上海第一锻造厂所有,通过老厂房地块的重新规划和创意改造,将打造一个松江智慧城市产业集聚区及创意文化智慧城市应用示范区。G60科创走廊将依托G60、G15、G1501和S32四条高速构成的高速公路网,构建以松江新城为核心的"一廊九区"空间布局。漕河泾南部综合体将打造成集商务办公、商业配套、酒店、展示交易、服务贸易、餐饮娱乐等功能于一体新型的"服务贸易"综合体。整个项目建筑面积约86万平方米,将和免税店一起,成为松江新的时尚策源地。长1.5千米的拉斐尔云廊被誉为"世界最长城市产业长廊",是漕河泾松江园区南部新兴产业综合体,由国际著名建筑师拉斐尔·维诺里操刀设计,26幢80米高的建筑拔地而起,呈点状式和板式分布在长廊内。

九、2017年长宁区商业情况分析

(一)2017年长宁区商业总体情况

全年批发和零售业实现增加值230.12亿元,比上年增长8.3%。全年实现商品销售总额7 495.02亿元,增长15.1%。实现社会消费品零售总额316.88亿元,增长7.3%。其中,无店铺零售额58.44亿元,增长46.5%;网上商店零售额57.60亿元,增长47.4%,占社会消费品零售总额的比重为18.2%,比上年提高6.7个百分点。至年末,全区已开业城市商业综合体9家,全年实现营业额89.10亿元,增长5.4%。吸收外资、全年批准外商直接投资项目209个,引进合同外资67.71亿元(9.86亿美元),比上年增长32.3%,全年外商直接投资实际到位金额8.08亿元,增长45.3%。全年外贸进出口总额579.80亿元,比上年下降14.7%。其中,进口339.93亿元,下降25.2%;出口239.87亿元,增长6.7%。进出口总额中,外商投资企业完成294.38亿元,增长20.6%;国有企业182.16亿元,下降47.7%;民营企业102.10亿元;增长42.8%(表2.8)。

表2.8 2017年长宁区商业总体情况

类 别	金额(亿元)	同比增长(%)
商品销售总额	7 495.02	15.1
社会消费品零售总额	316.88	7.3
无店铺零售额	58.44	46.5

续 表

类 别	金额(亿元)	同比增长(%)
网上商店零售额	57.60	47.4
城市商业综合体	89.10	5.4
合同外资	67.71	32.3
外商直接投资实际到位金额	8.08	45.3
外贸进出口总额	579.80	−14.7
进口	339.93	−25.2
出口	239.87	6.7
外商投资企业	294.38	20.6
国有企业	182.16	−47.7
民营企业	102.10	42.8

（二）2017年长宁区商圈建设

虹桥国际贸易中心实现税收103.43亿元,比上年增长6.9%,占全区税收的23.6%。天山SOHO项目正式开业;裸心社总部入驻新虹桥俱乐部;虹桥商圈继续开展法定节假日、双休日任意消费免费停车活动;延安西路地下通道工程复工;虹桥商圈二期灯光提升改造完成;"古北花世界"项目落户黄金城道步行街。中山公园商业中心实现税收43.31亿元,比上年下降45.9%,占全区税收的9.9%。凯德来福士项目正式开业;巴黎春天中山公园店歇业调整;米域·Breathing项目启动城市更新改造工程(图2.15)。

十、2017年虹口区商业情况分析

（一）2017年虹口区商业总体情况

全年财政总收入完成256.94亿元,同口径增长18.09%。一般公共预算收入完成110.11亿元,同口径增长7.66%。全社会固定资产投资总额达到

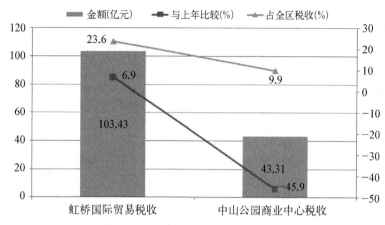

图 2.15 2017 年长宁区商圈税收简况

162.30 亿元,同比增长 11.60%。商品销售总额预计全年完成 5 100.00 亿元,同比增长 11.20%(表 2.9)。

表 2.9 2017 年虹口区商业总体情况

类 别	金额(亿元)	同口径增长(%)	同比增长(%)
全年财政总收入	256.94	18.09	—
一般公共预算收入	110.11	7.66	—
全社会固定资产投资总额	162.30	—	11.60
商品销售预计总额	5 100.00	—	11.20

(二)虹口区商业运行特征

商旅文体融合、线上线下联动有效发展,新增商业载体面积 16.5 万平方米,W 酒店正式开业,市场活力显著增强。优化政策扶持,调整完善相关产业政策,进一步提高政策的针对性和有效性;优化招商模式,充分发挥各经济部门、产业部门的作用,搭建企业服务信息平台,完善多部门联动招商工作机制,进一步凝聚招商引资和企业服务合力,吸引了一批企业来虹口投资兴业。全年新增内外资企业注册资金 327.4 亿元。

十一、2017年宝山区商业运行情况

（一）2017年宝山区商业总体情况

宝山区商贸市场总体呈现大宗商品销售增长快速、消费品市场增速趋缓的态势,全年实现商品销售额4 390.70亿元,增长20.5%,社会消费品零售总额666.67亿元,增长3.8%。2017年,全区实现增加值1 147.36亿元,按可比价格计算,比上年同期增长6.5%,第三产业实现增加值787.30亿元,增长5.8%。其中,批发零售业实现增加值153.67亿元,增长6.4%,占第三产业的比重为19.5%。2017年,全区实现税收总收入460.63亿元,同比增长30.1%,第三产业实现税收237.26亿元,增长11.8%,其中,批发零售业实现税收50.00亿元,增长28.3%。从增长趋势看,批发零售业税收呈现振荡上升的态势,增长比年初的20.0%提高了8.3个百分点;从占比看,从年初的12.2%下滑了1.3个百分点(图2.16)。

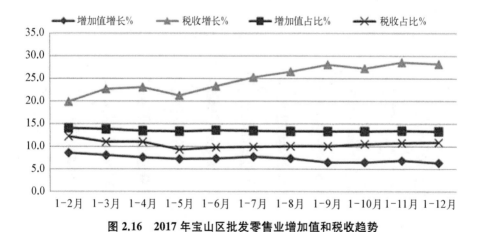

图2.16　2017年宝山区批发零售业增加值和税收趋势

（二）销售和零售的运行态势

2017年,大宗商品价格持续走高,宝钢、武钢重组铸"中国神钢",整个钢材交易市场活跃。2017年,实现商品销售额4 390.70亿元,增长20.5%。其

中,金属及金属矿批发实现销售额3 062.66亿元,增长30.5%,高出全区10个百分点(图2.17)。

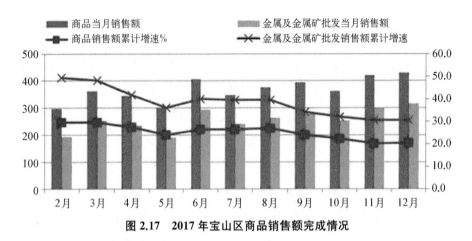

图2.17　2017年宝山区商品销售额完成情况

2017年,"全民网购"势不可挡,使得整个消费品实体经济较为低迷,实现社会消费品零售总额666.67亿元,增长3.8%。从月度态势看,四季度受节假日以及"双11"的影响,月零售额突破60亿元(图2.18)。

图2.18　2017年宝山区社会消费品零售总额情况

(三) 大宗商品量价齐升,贡献突出

2014—2015年,国内钢铁产能过剩严重,供需不平衡,致使国内市场钢材价格一跌再跌,钢材综合价格指数从2014年1月末的97.65一路下跌至2015

年12月末的56.37,降幅达42.3%。2016年,钢铁行业触底反弹,钢材综合价格指数从年初的57.6上升至年末的99.51,涨幅72.8%。进入2017年,钢铁行业继续稳中向好,钢材综合价格指数从年初提升至11月末的118.66,上涨18.8%(图2.19)。

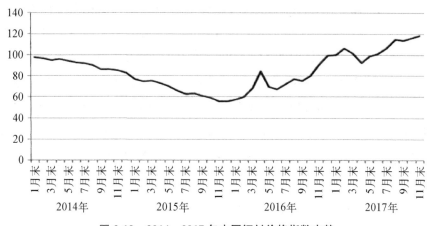

图2.19　2014—2017年中国钢材价格指数走势

宝山区作为钢材交易的大区,"钢花"效应更为凸显。从总量看,2017年实现钢铁销售额3 062.66亿元,占全区销售额的比重从2016年的64.4%提高到69.8%,更加稳固了钢铁贸易在区商贸市场的主体地位。从增速看,实现增长30.5%,高出全区10个百分点,拉动销售额增长19.6个百分点。钢铁市场不仅销售形势好,对宝山区的税收贡献也较为突出,2017年实现税收总收入15.58亿元,增长36.1%,比全区高出6.9个百分点,比批发零售业高出7.8个百分点。从销售模式看,宝山区多家钢铁企业紧紧抓住"互联网+"的契机,实现了传统贸易向互联网线上交易的转型并且取得重大突破。据统计,2017年宝山区有7家钢贸企业通过互联网实现销售额1 339.13亿元,比上年增长65.5%。

(四)电商平台贡献突出,发展有序

近年来,"互联网+"不断渗入企业运营,除了电商企业外,更多的传统商贸企业也加入了"互联网"大军,通过互联网实现销售。2017年,宝山区企业通过互联网实现零售额39.28亿元,增长1.1倍。除了波司登、璞睿等互联网企业外,青岛啤酒、相宜本草等企业也开拓了互联网的销售渠道,增加了销量,尽管从目前的营销模式看大部分还是批发业,但从长远看,也为实现互联网零售奠定了基础。

（五）汽车市场基本持平,中高端品牌优势明显

2017年,作为宝山区消费品市场的支柱行业,汽车零售遭遇了前所未有的寒冬,全区55家汽车4S店实现零售额145.93亿元,同比下降0.1%,比上年同期增速下降22.4个百分点。其中31家汽车4S店零售额比上年有所下降,特别是场中路地段路改,沿街面3个汽车4S店搬迁或关闭,直接影响零售额3亿元。从销售的品牌看,31家零售下降的主要是一些中低端品牌,如雪铁龙、别克、雪佛兰等,随着生活水平的提高,中高档品牌和一些小众品牌增长势头较好,如雷克萨斯、宝马、奔驰、英菲尼迪等,特别是置换车辆,一般考虑中高端车辆居多。

（六）餐饮业继续向好,商业综合体拉动显著

近年来,人们在餐饮上的消费观念发生了较大变化,从原来的"家宴"逐步向餐厅转移,加上购物中心"学玩吃买"一站式服务,直接拉动了餐饮市场的增长。2017年,随着龙湖天地的开业,宝山区大型的购物中心超过10个,也为宝山区域带来了更旺的人气,实现餐饮消费49.99亿元,增长11.9%。

十二、2017年嘉定区商业运行情况分析

（一）2017年嘉定区商业总体情况

2017年,全区实现商品销售总额6 220.1亿元,同比增长15.3%。其中,属地实现商品销售总额3 231.2亿元,同比增长21.9%（图2.20）。限额以上企业实现商品销售总额2 800.4亿元,同比增长22.6%,占属地商品销售总额的86.7%。从增幅看,2017年一季度、二季度、三季度和四季度累计分别比上年同期增长21.6%、18.4%、21.3%和21.9%,除二季度稍有回落,其余各季度均保持在20%以上的增幅,但全年增幅仍较上年同期下降了1.0个百分点。

图 2.20　2017 年嘉定区各月属地商品销售总额及同比增速

2017 年,全区实现社会消费品零售额 1 044.1 亿元,同比增长 5.5%(图 2.21)。其中,限额以上企业实现零售额 794.3 亿元,同比增长 3.5%,占全区社会消费品零售额的比重为 76.1%。

从分行业看,批发和零售业实现零售额 1 002.0 亿元,同比增长 5.0%;住宿和餐饮业实现零售额 42.1 亿元,同比增长 20.2%。从绝对值看,由于京东"6·18"店庆活动以及"双 11"节日效应,6 月和 11 月是全年社会消费品零售额的高点,当月分别实现社会消费品零售额 106.5 亿元和 118.4 亿元。

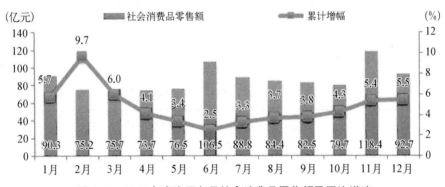

图 2.21　2017 年嘉定区各月社会消费品零售额及同比增速

(二) 重点销售企业贡献突出

2017 年,全区 208 家限额以上批发和零售业企业中,年销售额在 5 亿元及以上的重点商业企业 40 家,占限额以上企业数的 19.2%,实现商品销售总额5 542.1亿元,占全区商品销售总额比重为89.1%(表2.10),对商品销售总额增长贡献率达81.4%。

表2.10 2017年嘉定区重点商业企业情况

指标		企业数(个)	销售总额(亿元)	销售总额占全区比重(%)
合计		40	5 542.1	89.1
销售总额	5亿~10亿元(不包含10亿元)	17	119.0	1.9
	10亿~50亿元(不包含50亿元)	11	195.8	3.1
	50亿元以上	12	5 227.3	84.1

(三)汽车市场需求较旺

受政策导向等因素的影响,汽车市场发展较快。2017年,嘉定区实现汽车产业销售额3 635.9亿元,同比增长10.6%,占全区商品销售总额比重为58.5%。面对汽车消费市场的激烈竞争,嘉定区限额以上4S店积极开拓业务,促进销售增长,2017年累计实现汽车零售97.8亿元,同比增长10.2%,增幅较上年同期上升0.2个百分点。2017年累计售出新能源车2 648辆,实现销售额4.5亿元,同比增长191.0%(表2.11)。

表2.11 2016—2017年嘉定区汽车销售情况

项目	2017年(亿元)	2016年(亿元)	同比增长(%)
汽车行业销售	3 635.9	3 288.9	10.6
新车批发	3 366.4	3 046.1	10.5
新车零售	97.8	88.7	10.2
#新能源汽车	4.5	1.6	191.0
汽车零部件销售	171.7	154.1	11.4

（四）平台经济继续向好

近年来，嘉定区平台经济稳步发展，纳入限额以上商业统计的平台企业共5家，2017年共实现平台交易额994.3亿元，同比增长3.0%。其中2家为市重点网上交易平台，数量占全市重点网上交易平台的40%，2017年实现平台交易额860.2亿元，同比增长4.1%。跨境电商运营平台"嘉境通"作为全区重点关注的平台企业，在政策大力扶持下稳步发展，截至2017年底，平台上交易商户已达22家。

（五）商业综合体增长快速

2017年，嘉定区共开业10个商业综合体和1条新型商业街区，累计实现社会消费品零售额54.0亿元，同比增长37.3%，若剔除2017年新增的1个商业综合体，同比增长33.6%。

（六）住宿和餐饮业发展持续

2017年，嘉定区限额以上住宿和餐饮业实现营业额19.9亿元，同比增长11.3%。其中，客房收入3.1亿元，同比增长7.4%；餐费收入16.3亿元，同比增长11.2%。限额以上住宿和餐饮业通过网络实现的客房和餐费收入分别为1 572万元和884万元，同比分别增长272.7%和223.6%(表2.12)。

表2.12　2017年嘉定区限额以上住宿和餐饮业经营情况

指 标	2017年(亿元)	2016年(亿元)	同比增速(%)
营业额	19.90	17.90	11.3
客房收入	3.10	2.90	7.4
其中：通过网络实现的客房收入	0.16	0.04	272.7
餐费收入	16.30	14.70	11.2
其中：通过网络实现的餐费收入	0.08	0.03	223.6
其他收入	0.50	0.30	48.0

（七）商业经济运行中需要关注的问题

一是新增企业贡献不明显。2017年，嘉定区限额以上批发和零售业企业共208家,其中新增企业16家,累计实现商品销售总额109.5亿元,占全区销售额比重仅1.7%(表2.13)。在新增的16家企业中,年销售额10亿元以上的企业仅3家,占新增企业数的18.7%,新增企业发展规模小,规模效应相对较低,对全区销售额拉动作用有限。

表2.13 2017年嘉定区新增企业情况

指标		2017年企业数（个）	占新增企业数（%）	销售总额（亿元）	销售总额占全区比重（%）
合计		16	100.0	109.5	1.7
销售总额	5亿元以下（不包含5亿元）	12	75.0	14.2	0.2
	5亿~10亿元（不包含10亿元）	1	6.3	6.6	0.1
	10亿~50亿元（不包含50亿元）	3	18.7	88.7	1.4

二是重点零售企业动力不足。2017年,嘉定区年零售额1亿元及以上的重点零售企业共40家,比2016年减少2家。重点零售企业实现社会消费品零售额755.4亿元,同比增长2.7%,占全区社会消费品零售额的72.4%,增幅较上年同期下降了10.3个百分点,拉动全区社零额增长仅2.0个百分点(表2.14)。

表2.14 2017年嘉定区重点零售企业情况

指标		企业数（个）	社零额（亿元）	增长（%）	占全区比重（%）
合计		40	755.4	2.7	72.4
社零额	1万~5亿元（不包含5亿元）	27	61.4	2.3	5.9
	5万~10亿元（不包含10亿元）	9	59.4	−5.1	5.7
	10亿元以上	4	634.6	3.6	60.8

三是电商拉动作用减弱。随着京东商城等龙头企业由爆发式增长进入平缓期,电子商务增速持续下滑,对全区商业的拉动作用逐渐减弱。2017年,全区限额以上电子商务企业18家,电子商务零售额605.5元,同比增长2.8%,增速较上年同期下降10.5个百分点(图2.22)。

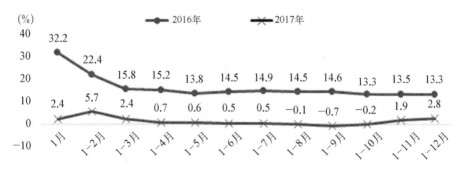

图2.22 嘉定区2016年和2017年电子商务零售额增长情况

四是专业市场发展态势低迷。2017年,嘉定区商品交易市场受经营成本上涨、行业不景气等因素影响,发展形势持续低迷。全区纳入统计的13家专业市场共计完成市场销售额273.9亿元。其中,食用农产品类市场受搬迁、关闭等因素影响,同比下降0.6%;五金机电类市场因需求不振等因素影响,同比下降15.5%。传统市场运作模式的制约和弊端越来越凸显,专业市场亟须通过门店布局、经营方式调整等,集中资源加快推进战略转型。

五是零售实体企业有待转型。在网上超市、卖场、跨境电商等新型零售模式兴起,以及实体店铺租金、人力成本上涨等因素的内外冲击下,传统零售实体企业陷入困局,生存空间不断受到挤压,零售业绩下滑渐成常态。同时零售实体企业步入数字化再造阶段,消费者从单一的物质型消费转向多元的体验型消费,消费重心由商品数量向商品质量以及附加服务转移的趋势日益明显,这都将对消费需求端结构产生深刻影响,因此零售实体企业有待转型发展。

六是多渠道经营模式亟待加强。随着流量红利的逐渐消失,电商巨头开始联手线下传统商业,打造"新零售",如京东联手永辉超市,并与沃尔玛达成战略合作。阿里巴巴旗下盒马鲜生入驻南翔,线上生鲜销售,线下配送食材到家,消费者可以通过网上进行一次性购买,根据用户的需求分批次进行配送,从而形成零售业线上和线下关系的良性互动,"新零售"和传统零售协同发力,推动零售业发展多渠道经营模式的提升。

十三、奉贤区商业运行情况分析

(一) 2017年奉贤区商业总体运行情况

全年消费品市场增速平稳,四季度全区消费市场总量持续扩大。1—12月全区累计实现社会消费品零售总额535.1亿元,同比增长9.1%,增速比上年同期回落0.9个百分点。实现商品销售额1 660.1亿元,同比增长10.2%,增速比上年同期加快0.1个百分点。

1—12月,奉贤区累计实现限额以上社会消费品零售额125.9亿元,同比增长2.6%。按消费形态分,限额以上单位住宿餐饮业收入为7.7亿元,同比增长5.1%;限额以上单位商品零售额为118.2亿元,同比增长2.4%。通过公共网络实现的实物型商品销售零售额为16.1亿元,同比增长29.2%(表2.15)。重点监测企业中,购物中心百货、专业专卖店、宾馆餐饮、卖场超市全年零售额比上年分别增长3.8%、3.1%、-1.3%、0.2%。

表2.15　2017年1—12月奉贤区社会消费品零售总额主要数据

指标	1—12月	
	绝对量(亿元)	同比增长(%)
社会消费品零售总额	535.1	9.1
其中:限额以上社会消费品零售额	125.9	2.6
按消费形态分		
住餐业零售额	95.2	8.4

续 表

指标	1—12月	
	绝对量(亿元)	同比增长(%)
其中：限额以上住宿餐饮收入	7.7	5.1
批零业零售额	440.0	9.3
其中：限额以上单位商品零售	118.2	2.4
其中：通过公共网络实现的商品销售	16.1	29.2
其中：粮油食品	6.2	−4.7
饮料	0.5	−21.6
烟酒	2.8	−12.5
服装鞋帽、针纺织品	15.7	24.6
化妆品	0.9	0.5
金银珠宝	2.4	−6.3
日用品	2.4	−7.5
家用电器和音像器材	6.4	−0.4
中西药品	1.4	1.4
文化办公用品	1.2	−51.1
石油及制品	14.2	−4.4
汽车	24.7	8.6

注：此表中部分数据因四舍五入的原因，存在总计与分项合计不相等的情况。

(二) 限额以上商品零售额主要经济指标特点

1. 网络零售增速放缓

全区限额以上批发和零售企业通过公共网络实现的累计商品零售额为 16.6 亿元，同比增长 29.2%(图 2.23)。上半年网上零售额为 7.5 亿元，同比增长 60.4%。在电商增速放缓的情况下，下半年网上商品销售也随之下滑，12 月累计增速为 29.2%，比上年同期下降 24.3 个百分点。1—12 月，限额以上批发和零售业网上零售占全区限额以上在地批发和零售企业商品零售额的比重为 13.6%，比重比上年减少 2.1 个百分点；全区限额以上住宿和餐饮企业通过公共网络实现的累计客房收入和餐费收入为829.8万元和508.8万元，同比各增长38.2%和288.1%。

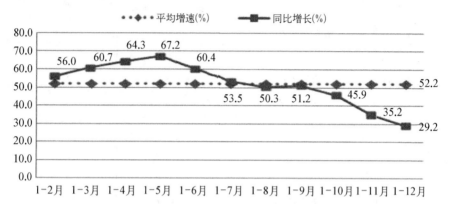

图 2.23　2017年奉贤区限额以上批发和零售业通过公共网络实现的商品销售

图2.23显示，奉贤区网上商品销售增速在四季度中逐月下滑，跌破2016年下半年以来每月同比50%以上的高增速。2017年下半年，每月累计增速均低于全年月平均增速。

2. 社会消费品零售总额增速放缓

1—12月，社会消费品零售总额累计增速逐月呈现下降趋势，但增速总体比较稳定（图2.24）。受电商冲击持续影响，居民消费品线下零售增长阻力不减，预计2018年奉贤区消费品增速仍然保持8%～10%的增速运行。

3. 两类商品消费占比高，拉动作用明显

2017年，服装鞋帽针纺织品类及汽车类商品是奉贤区限额以上商品零售额增长的主动力。两类商品累计实现商品零售额分别为15.7亿元和24.7亿元，同比增长24.6%和8.6%，分别占限额以上在地销售主要商品零售额的19.5%和30.6%（图2.25），总计占比达50.1%。

其中，服装鞋帽针纺织品类、汽车类商品累计销售各拉动奉贤区限额以上批发零售业商品零售额增长3.9个百分点和2.5个百分点，贡献率分别达189.3%和119.1%。

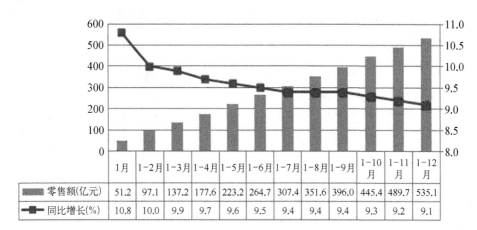

图 2.24　1—12 月奉贤区社会消费品零售总额

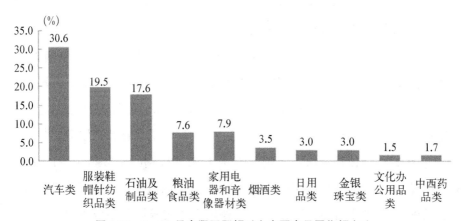

图 2.25　1—12 月奉贤区限额以上主要商品零售额占比

4. 五类商品销售增速连续回落

2017 年各季度,五类商品累计销售额增长势头连续下降。如表 2.16 所示,石油及制品类各季度累计增幅为 125.6%、109.5%、73.8% 和 -4.4%;粮油食品类各季度累计增幅为 1.7%、0.3%、-5.4% 和 -4.7%;家用电器和音像器材类各季度累计增幅为 37.4%、34.2%、17.7% 和 -0.4%;中西药品类各季度累计增幅为 4.6%、3.8%、3.1% 和 -1.4%,文化办公用品类各季度累计增幅为 16.0%、-21.6%、-40.8% 和 -51.1%。其中,粮油食品类、文化办公用品类、石油及制品类各拖累限额以上零售额增长0.4、1.6、0.8个百分点。

表2.16 2017年奉贤区各季度商品累计增幅 单位：%

商品类别	1—3月	1—6月	1—9月	1—12月
石油及制品	125.6	109.5	73.8	—4.4
粮油食品	1.7	0.3	—5.4	—4.7
家用电器和音像器材	37.4	34.2	17.7	—0.4
中西药品	4.6	3.8	3.1	—1.4
文化办公用品	16.0	—21.6	—40.8	—51.1

5. 住宿餐饮业零售额增长平稳

2017年，奉贤区住宿餐饮行业整体回暖，1—12月增长平稳。限额以上连锁及在地型住宿餐饮业总计实现零售额7.7亿元，同比增长5.1%。分行业看，限额以上住宿业单位零售额2.8亿元，同比增长3.4%；限额以上餐饮业单位零售额4.9亿元，同比增长6.2%（图2.26）。餐饮业零售额比住宿业多2.1亿元，占限额以上住宿餐饮业零售额的63.6%。从单位规模看，奉贤区住宿餐饮业对大型单位依赖度较高。1—12月，奉贤区两家大型住宿餐饮单位（悦华和圣淘沙）实现零售额1.5亿元，占限额以上住宿餐饮业零售额的19.5%，对限额以上住宿餐饮业零售额增长贡献较明显。

十四、2017年青浦区商业情况分析

（一）2017年青浦区经济总量分析

经济发展由追赶式向全面跨越式发展迈进。初步测算，2017年全年实现地区生产总值1 009.2亿元，比上年增长7.4%，增速较上年提高0.4个百分点。其中，第一产业实现增加值7.9亿元，下降5.1%；第二产业实现增加值

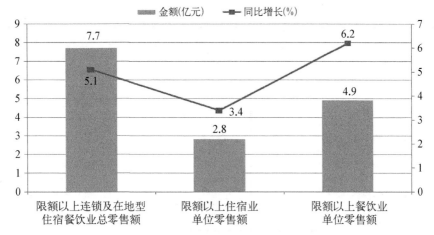

图 2.26　2017 年奉贤区住宿餐饮业零售额简况

467.6 亿元,增长 4.1%;第三产业实现增加值 533.7 亿元,增长 10.7%。

主要指标完成情况良好。从指标的完成情况看,各项数据均达到年初目标要求,其中税收总收入、全社会固定资产投资、合同外资、新增就业岗位、农村居民人均可支配收入等指标好于预期(表 2.17)。

表 2.17　2017 年青浦区主要经济社会指标完成情况

指　　标	单位	1—12 月完成	比上年增长(%)	完成确保目标(%)
地区生产总值	亿元	1 009.2	7.4	超 0.4 个百分点
一般公共预算收入	亿元	517.1	22.0	—
区级一般公共预算收入	亿元	188.0	20.9	—
税收总收入	亿元	472.0	22.3	112.2
区级税收收入	亿元	156.7	20.7	—
规模工业总产值	亿元	1 586.6	3.6	101.9
社会消费品零售总额	亿元	564.0	4.7	—
全社会固定资产投资	亿元	515.7	32.7	139.4
合同外资总额	万美元	81 142	—	124.8

续表

指标	单位	1—12月完成	比上年增长(%)	完成确保目标(%)
实到外资总额	万美元	45 178	—	100.4
外贸进出口总额	亿元	759.7	5.8	—
出口总额	亿元	422.7	3.7	—
城乡居民人均可支配收入	元	43 225	9.1	超0.1个百分点
农村居民人均可支配收入	元	28 695	9.6	超0.6个百分点
新增就业岗位	人	21 713	—	120.6

（二）消费市场稳中趋缓

2017年全区完成社会消费品零售总额564.0亿元，增长4.7%。其中，限额以上单位共完成211.1亿元，增长9.2%。限额以上所占比重37.4%，比上年提高1.5个百分点。赵巷商业商务集聚区实现销售61.3亿元。其中，赵巷奥特莱斯品牌直销广场实现销售38.1亿元，增长11.0%；吉盛伟邦实现销售12.6亿元，增长4.4%。青浦新城商业商务区实现销售23.8亿元，下降6.5%。

表2.18　2017年青浦区零售简况

类别	金额(亿元)	同比增长(%)
社会消费品零售总额	564.0	4.7
限额以上单位	211.1	9.2
赵巷商业商务聚集区	61.3	—
赵巷奥特莱斯品牌直销广场	38.1	11.0
吉盛伟邦	12.6	4.4
青浦新城商业商务区	23.8	—6.5

（三）对外贸易持续回稳向好

受全球经济环境改善、国内经济回暖、贸易结构优化等综合因素影响，

2017年青浦区对外贸易持续回稳向好,进出口总额实现较快增长。全年外贸进出口累计实现759.7亿元,比上年增长5.8%。其中,出口额为422.7亿元,增长3.7%;进口额为337.1亿元,增长8.6%(图2.27)。贸易结构持续优化,一般贸易增长16.0%,比重为69.7%,较上年提高6.5个百分点,拉动外贸增长10.1个百分点。

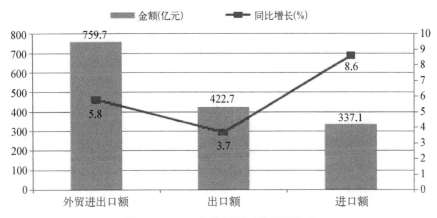

图2.27 2017年青浦区对外贸易简况

(四)外商投资保持稳健

2017年,青浦区引进外资更注重项目质量和投资结构升级,外商投资总量实现近年来新高。全年完成合同外资8.1亿美元,其中17个1 000万美元以上大项目合计7.2亿美元,占比为88.9%;实到外资4.5亿美元,其中14个1 000万美元以上的大项目到位资金为4.1亿美元,占比为91.1%。合同外资和实到外资中,服务业项目金额占比分别达到83.2%和74.3%,比上年提高12.6和9.2个百分点,在外资招商中占据主导地位(图2.28)。

(五)市场活力不断增强

2017年末,全区共有私营企业12.4万户,比上年增长9.7%。新增企业16 891户,新增企业纳税11.1亿元,增长1.8%。

(六)居民收入增势平稳

2017年,全区城乡居民人均可支配收入43 225元,比上年增长9.1%

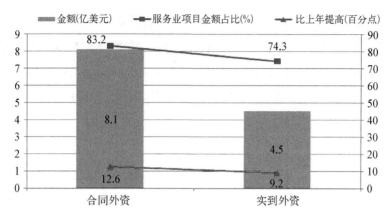

图 2.28　2017 年青浦区外商投资简况

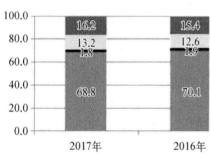

图 2.29　2016 年和 2017 年青浦区人均可支配收入结构(%)

(表2.19),高于全市平均速度 0.5 个百分点。从居住区域上看,农村居民收入增速快于城镇居民。其中,城镇常住居民人均可支配收入 48 165 元,增长8.7%;农村常住居民人均可支配收入 28 695 元,增长 9.6%。从收入来源结构看,工资性收入的占比下降1.3个百分点,财产净收入和转移净收入占比分别提升 0.6 和 0.8 个百分点(图 2.29)。

表 2.19　2017 年上海各郊区全体居民人均可支配收入

区　　名	全体居民(元)	比上年增长(%)
浦东新区	60 715	8.9
闵行区	60 736	8.7
宝山区	58 249	9.1
嘉定区	48 944	9.1
金山区	38 780	8.9

续 表

区　　名	全体居民(元)	比上年增长(%)
奉贤区	39 987	9.0
松江区	47 677	9.5
青浦区	43 225	9.1
崇明区	33 489	9.8

十五、2017年金山区商业情况分析

(一) 2017年金山区商业总体运行情况

2017年,金山区社会消费品零售总额为456.15亿元,同比增长10.2%,人均零售额5.69万元。从商业增加值规模看,金山区为74.60亿元。商业增加值对所在区第三产业增加值增长的贡献率均实现两位数,为12.3%。

(二) 2017年金山区旅游购物节

2017年的金山旅游购物节主题是"畅享金周末,欢乐购物游",依托"金周末"系列产品和金山重点商圈、特色商业街,引导旅游与商业、文化、体育、农业的跨界联动,推动商、旅、文、农、体全面融合,推进"互联网+"发展模式,发挥节庆活动对金山经济社会发展的推动作用。四大亮点主题活动(文旅联动篇、农旅联动篇、商旅联动篇、产业联动篇)从各个方面推动金山旅游购物节,推出近20场精彩活动。

十六、2017年崇明区商业情况分析

(一) 2017年崇明区商业总体运行情况

社会消费品零售总额完成情况116.88亿元,同比增长9.0%,人均零售额1.68万元。商业增加值对所在区域第三产业增加值增长的贡献率均实现两

位数,为18.6%,为全市第四梯队。

（二）精心打造百联崇明商业广场

项目位于崇明新城和南门老城的结合区域城桥镇,是由购物中心、家居建材生活广场、商业步行街、商务大楼和下沉式生态特色休闲街组成的一个商业综合体。项目总建筑面积23.6万平方米,总投资约为19.98亿元。该项目由百联集团与崇明供销社、崇明新城建设发展有限公司三方合资,项目由百联股份有限公司负责日常经营管理。即将建成的百联崇明购物中心经营定位以社区购物中心和旅游休闲相结合,将引入主题百货店、下沉式崇明特色风情街、大卖场、电影院、卡拉OK、餐饮、社区服务、社区教育、健康美容、休闲娱乐等,几乎涵盖现代商贸领域所有业态。百联崇明商业广场建成开业后,将彻底改变崇明岛商业环境落后的局面,满足城桥镇及周边地区消费者的日常消费。八一路商业步行街也将面临重新洗牌的局面,长期以来商铺租金价格居高不下的状况将得到改善。

第三章
上海商业网点格局

【背景资料】

　　根据《上海市商业网点布局规划(2014—2020年)》，上海未来拟建15个市级商业中心和56个区级商业中心。根据这个规划，至2020年，上海商业网点建筑面积控制在7 000万～7 500万平方米，市级商业中心控制在1 000万～1 200万平方米，区级控制在900万～1 100万平方米。中华第一商圈排行榜上海夺冠，中华第一商圈的桂冠要颁给上海的人民广场。从业态分布上来看，新商业的定位更偏年轻和高端，餐饮、高星级酒店、奢侈品等业态的占比普遍高于老城，经济型酒店的业态占比明显更低。上海13处典型的社区商业主要分布在嘉定、宝山、浦东等地，大体上可以分为两类：一类为大型城郊社区的商业配套，如浦江镇的华侨城商业中心、嘉定百联购物中心等；另一类为带有旅游目的地属性的商业地产开发，如朱家角、奥特莱斯购物村等。这些地区相对其所在的更大范围区域来说，是典型的"商业高地"，而与它们相对的是城市中心区的绝大部分地区，其商业资源已连绵成片，都被划入了中心商业区的范畴。

第一节　上海中心城区商业中心空间特征

一、腹地分析

腹地是指商业中心吸引力、辐射力所能达到的范围,可直观反映各中心顾客来源地。使用手机信令数据得到的游憩-居住功能联系数据可对所有中心的腹地进行分析。

(一)商业中心吸引的游憩人次居住地密度

将商业中心分组,按游憩人次汇总在商业中心有过游憩活动记录的用户居住地。例如,某用户6个休息日中有3天在五角场有过游憩活动记录,其居住地就按3人次计。分别以800米为搜索半径做核密度分析,将每个基站的居住人次分摊到200 m×200 m的栅格中,得到商业中心吸引的游憩人次居住地密度。按密度由高到低累加,以累加游憩人次的50%、60%、70%、80%、90%作为间断值,表示商业中心吸引不同比例游憩人次的空间范围,将吸引前80%游憩人次的范围作为主要腹地,计算覆盖面积和人口。

(二)6个典型商业中心的腹地

总体来看,各中心所吸引游憩人次的居住密度都呈由自身向外逐渐下降,符合近距离出行多、远距离出行少的规律。具体来看,位于中心地区的传统商业中心陆家嘴主要腹地覆盖330平方千米、910万人,分布于浦西中环内和浦东黄浦江沿岸,沿地铁1号线、9号线向西延伸;南京西路主要腹地覆盖356平方千米、1 002万人,范围较偏北,沿地铁1号线、7号线向北延伸至宝山新城。规划副中心徐家汇主要腹地覆盖194平方千米、466万人,分布于延安路高架和黄浦江形成的三角形区域内,沿地铁1号线、9号线向西延,主要腹地虽跨黄浦江,但跨江后密度快速下降;五角场主要腹地覆盖176平方千米、461万人,呈圈层状,辐射到闸北区和外高桥、金桥地区。规划之外形成的新兴商业中心龙阳路主要腹地覆盖 314 平方千米、789 万人，分布于浦东，沿地铁 2 号线向东延伸、沿 6 号线环黄浦江分布，浦西虽也有分布，但跨江密度下降明显；环球港主要腹地覆盖 222 平方千米、625 万人，分布于延安路高架以北，沿地铁 11 号线向北延伸至嘉定区。

（三）地铁对商业中心主要腹地分布有较大影响

位于中心地区的商业中心因地铁可向各个方向辐射，主要腹地分布较均匀；偏于中心城区一侧的中心因地铁向外侧辐射，强化了外围地区与中心的联系，腹地的方向性明显；五角场位于中心城区东北部，只有一条地铁 10 号线通过，且向北只延伸了约 3 千米，故其主要腹地并未呈向外辐射状，而是向各个方向均匀分布。若地铁 3 号线和 10 号线之间有联络线，五角场的腹地很可能会向吴淞、宝山方向延伸。此外，黄浦江和延安路高架等对主要腹地分布范围有较强的空间分隔作用，可能这些自然、人工界限引起了跨界交通联系不便。

（四）结论

一般来说主要腹地面积越大，该中心能从更大范围吸引游憩活动，平均出行距离也会越长。现实也确实如此，由图 3.1 可见，两者呈正相关，线性相关系数 0.63（通过 99% 置信区间检验）。但主要腹地面积和平均出行距离的这种相关关系只是商业中心的外在特征，应该还存在某种内在原因。在对就业通勤距离的研究中发现，就业者一般会愿意承担更高的住房成本而选择居住在工作地附近，以减少通勤成本，这一观点在上海中心城区也得到了验证。商业中心的游憩活动也存在类似规律，以商业中心游憩人次与周边 1 000 米网络距离范围内的居住人数之比估算游憩-居住功能比，除豫园、五角场、打浦桥、龙阳路和淮海路外，与平均出行距离的线性相关系数高达 0.84（通过 99% 置信区间检验）。这说明提高游憩-居住功能混合度（降低游憩-居住功能比）能为居民就近前往商业中心消费提供便利，对缩短游憩出行距离会有较显著的效果。不符合上述规律的 5 个中心中，五角场周边的游憩功能远多于周边居住功能，但平均出行距离较短，只有 8.1 千米，这是由于五角场只有一条地铁线通过,又接近尽端,难以吸引到更远距离的居民。其余4个中心周围的游憩-居住混合度都较高,但平均出行距离依然较长,如浦东缺乏商业设施、内外环之间无城市级商业中心,对居住浦东内外环之间的居民来说,龙阳路是距他们最近的商业中心,需要服务更大范围,前来游憩的居民出行距离自然较长;淮海路和打浦桥位于城市中心,居住距离较远的居民其消费受到地铁的影响;豫园的出行距离长很可能是经营特色商品和服务引起的。

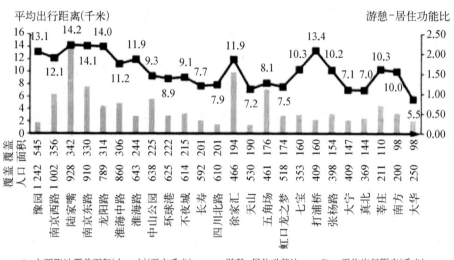

图 3.1　商业中心主要腹地面积、平均出行距离和游憩-居住功能比

注:游憩-居住功能比量纲不同,值仅用于不同中心之间相互比较,值=1不表示游憩-居住功能总量相等。

二、势力范围分析

势力范围是指商业中心吸引力、辐射力占优势的地区,能直观反映不同地区居民日常生活服务主要前往哪个商业中心。

(一) 各中心腹地的势力范围

在各中心腹地的基础上划分势力范围,每个栅格都有24个中心的游憩人次居住密度值,数值最高的中心就是栅格所属中心的势力范围。再引入势力范围争夺区的概念,即数值最大的中心游憩人次居住密度占所有中心在该栅格中的游憩人次居住密度若小于一定比值(0.27),表示居住在该栅格中的居民日常生活服务虽然主要前往这一中心,但不受其主导,是多个商业中心的争夺区。例如,某一栅格中南京西路游憩人次居住密度最高,但南京西路游憩人次居住密度仅占所有中心密度值的 0.25,则该栅格虽属于南京西路的势力范围,但同时也是多个中心的势力范围争夺区。由此将中心城区划分为 24 个商业中心的势力范围。

(二) 各中心势力范围主要集中在自身及周边

各中心势力范围主要集中在自身及周边。势力范围依然存在沿地铁分布的特征,且受黄浦江、延安路高架的分隔。只有等级较高的南京东路、五角场、南京西路、徐家汇跨黄浦江还有势力范围。其余浦西、浦东的商业中心基本被局限在各自范围内。离商业中心较远的外环周边地区有多个中心的势力范围"飞地",呈交替状。

去除势力范围争夺区,浦西北部和浦东 6 号地铁沿线地区不受任何一个中心主导。内环内中心因相互影响,主导势力范围面积都较小,陆家嘴、四川北路、淮海路、豫园甚至没有主导势力范围。外围中心主导势力范围都较大,其中徐家汇最大,达到了 130 平方千米,五角场其次,不依赖地铁而跨越黄浦江,达到了 85 平方千米,且主导势力范围和前 50% 游憩人次范围较接近。说明这两个中心虽然主要腹地范围不大,但却是这些地区居民就近前往商业中心游憩的主要选择,对这些地区居民日常生活服务具有重要作用,发挥了副中心的应有作用(也可认为,浦东北部居民缺乏高等级商业设施)。龙阳路虽然仅是四级中心,占主导的势力范围面积却高居第 3 位,达到了 74 平方千米,说明龙阳路游憩活动强度虽不高,但其在所服务地区的重要性不可取代。

三、商业中心布局优化建议

一般来说,若某一地区居民前往商业中心的出行距离较远,且居住密度较高,该地区缺少商业中心,居民的需求强烈。据此,首先按代表居住地的基站计算游憩者前往商业中心的平均出行距离,再以反距离权重法做空间插值,得到游憩者前往商业中心的出行距离分布,呈现由中心向外圈层式递增的特征。浦东中环外、浦西北部外环周边和西部外环以外地区超过平均值13 111米,说明这些地区居民前往商业中心出行距离较远。若超过平均值的地区游憩人次居住密度(手机信令数据识别,1个休息日计1人次)又较高(超过平均值),说明居民对商业中心需求强烈,这些地区就是缺少商业中心的地区。中环内基本不缺商业中心,问题比较严重的地区主要是环周边,如浦西北部的顾村、西部的华漕镇和九亭等地,浦东北部的外高桥和金桥、中部的张江、南部的三林等地。上述部分地区或附近会有商业中心,但等级较低,未达到识别要求,如庙行的宝山万达;部分地区规划了商业中心,但尚未实施,如三林、张江等。

因此,优化商业中心空间布局应考虑布置在居民前往商业中心出行距离较远、居住密度较高、游憩人次较多的地区。同时,还要优化地铁线网布局,使内环以外新建的高等级商业中心能吸引多个方向的居民。实现上述目标,可以缩短这些地区居民前往现有商业中心的出行距离,也有助于缓解现状部分商业中心(如龙阳路)所承担的服务范围过大。

四、结论

上海中心城区现有市级商业中心的空间分布和等级分布都呈向心集聚,多中心特征不显著。地铁线网尚未起到促进商业中心向多中心体系发展的作用。商业中心主要腹地和势力范围沿地铁分布,黄浦江、延安路高架有较明显的空间分隔作用。徐家汇和五角场两个规划副中心主要腹地范围虽不大,但却是其主要腹地内居民前往商业中心游憩的首选,副中心的作用明显;规划之外形成的龙阳路商业中心服务范围过大,说明商业中心的规划已明显滞后于一般居民的生活需求,和居住区的扩展不相适应。平均出行距离较短的商业中心往往有较高的游憩-居住功能混合度。中心城区商业中心布局优化,应考虑在外环周边顾村、张江、金桥、三林等地增加市级商业中心。

利用手机信令数据识别游憩活动的方法排除了途经者和外地游客,保留了游憩活动可有多个目的地、每个目的地停留时间不同的特征。由于数据无行为目的信息,与游憩活动特征比较接近的访客活动难以直接排除。对于识别的准确率,居住地识别结果可用人口普查数据检验,游憩地识别结果尚无权威数据来检验,只能通过每天的分布规律一致性证明,仍有待其他检验途经。得益于识别得到了游憩-居住功能联系数据,可根据游憩活动强度结合土地使用现状自下而上识别商业中心,而不需要事先人为划定范围,保证识别到的商业中心都是游憩活动的高强度分布区域,主观干扰较小。对商业中心的腹地、势力范围进行分析也变得简单。但因受制于数据精度和游憩活动识别方法,本书提出的方法只能研究城市级商业中心,还没有涉及较低等级的商业中心。

判断商业中心等级仍使用传统的规模等级判断法,未能从功能联系角度做深入讨论。这是由于等级可从规模和联系两个视角判断,虽已获得认可,但城市内部中心从功能联系视角测度等级的方法尚在探讨之中。受篇幅所限,笔者将在后续研究中再做补充。

第二节 上海外环外区级商业中心建设

根据《上海市商业网点布局规划(2014—2020年)》,上海未来拟建15个市级商业中心和56个区级商业中心。根据这个规划,至2020年,上海商业网点建筑面积控制在7 000万～7 500万平方米,市级商业中心控制在1 000万～1 200万平方米,区级控制在900万～1 100万平方米。上海外环外的区级商业中心大多正在建设,但这些地区已经导入大量的已购买楼盘的购房者或者正在打算购房的潜在购房者,这些区级中心的商业、学校、医院等配套目前的建设情况和未来的规划想必也受到很多关注。中国指数研究院根据目前重点打造的外环外几个新城和这些区级商业中心导入人口的规模大小，重点挑选了位于浦东的2个区级商业中心，唐镇和南汇新城（临港新城），以及嘉定新城、闵行新城、松江新城、青浦新城、南桥新城和宝山新城的区级商业中心，介绍这些区级商业中心目前的建设情况。

一、浦东唐镇和临港新城

浦东未来将再建12个区级商业中心：唐镇、外高桥、御桥、世博、前滩、曹路、周浦、川沙、南汇新城、惠南镇、大团、宜桥。

（一）唐镇：上海第5个国际社区

成熟繁华度2颗星。唐镇的定位是继古北、联洋、碧云、森兰后的上海第5个国际社区。人口为30万。唐镇目前的核心商业是2号线唐镇站地铁上盖23万平方米阳光城商业、20万平方米的露德市民广场和14.4万平方米的恒生万鹏商业广场。阳光天地的商业部分为6.5万平方米，打造类似浦东嘉里城一样的项目，成为针对家庭式消费的区域商业中心。在唐镇站的西侧的恒生万鹏，总建筑面积约14万平方米，商业约5.7万平方米。此外围绕唐镇120年历史的露德大教堂打造的露德市民广场约8万平方米，概念上则将打造成类似于新天地的区域，业态上更注重休闲、旅游、观光所需。除此之外，区域内还规划了社区商业，在一些社区集中的区域，将引入精品卖场等，解决基本生活所需。唐镇最好的小学是福山外国语学校，同时在建平和双语国际学校，其唐镇校区位于阳光城MODO商业中心的东北侧，绿城玉兰花园一期的正南侧。唐镇目前没有医院，唐镇人口主要到张江曙光医院就医。除了居住、商业设施外，唐镇又增加了医疗、4万平方米体育中心、滨水步道、开放式公园绿化、大型公共停车场等提升居住氛围的公共资源设施。据了解，唐镇将增建覆盖500张床位的高品质公立医院，目前正在建设中。未来3年，还会有体育馆、公园及商业设施建成落地。

（二）临港新城：商业与轨交相结合，凸显滨海特色的新城商业中心

成熟繁华度 2 颗星。人口为 45 万。商业主要是港城广场和港城新天地。港城广场由港城集团投资建设，集办公、住宅、商业、酒店、会展等功能为一体的城市综合体，总建筑面积 55.5 万平方米，项目计划于 2018 年陆续交付使用、2020 年全面建成。5 万平方米的港城主城区商业中心港城新天地已经开业。此外还有临港宝龙广场，位于浦东临港自贸区鸿音路 3155 弄，主要由一个四层的购物中心和两条两层的商业街组，以及一个 12 层的高星级酒店构成。商业中心有百润时代购物中心。学校有临港明珠小学、临港实验中学。临港大学园区，又名临港大学城，于 2004 年开工建设，是上海高校布局结构调整"3+2+X"计划的组成部分，以航运产业和海洋高新科技人才培养为核心。目前有上海海事大学、上海海洋大学、上海电机学院、上海建桥学院、中法学院。医院主要是市六医院东院，占地面积 150 亩，建筑面积 7.2 万多平方米，核定床位 600 张，设 42 个专业业务科室，是集医、教、研于一体的三级综合性医院。

二、松江新城商业中心：上海西南部重要门户枢纽

松江新城规划为长三角地区重要的节点城区之一，上海西南部重要门户枢纽，2020 年规划人口达到 110 万，规划依托新城北区开元广场及周边、老城区中山路人民路区域、国际生态商务区形成 3 个地区级商业中心，分别为新城北区地区级商业中心、新城南区地区级商业中心、新城国际生态商务区。成熟繁华度 4 颗星。2006—2019 年，共 10 家商场开业，商业竞争激烈。包括较早的开元地中海、东明广场、万达广场、东鼎购物中心，2017 年万达周边开出了 4 家商场：三迪曼哈顿、五龙商业广场、中展璞荟、御上海青橙。2018 年松江新城又开放两个商场，广富林路沪松路处的林肯公园和莘北的恒都广场，再加上 2022 年要开的松江印象城。林肯公园由上海最大房企绿地开发，位于松江重点打造的国际生态商务区核心，项目由 9.5 万平方米住宅和 6 万平方米

大型商业综合体组成,松江首批有轨电车T2上盖,紧邻30万平方米大型中央公园。松江印象城由万科印力开发,将是继浦东三林印象汇、南翔印象城之后的第三个大型商业项目。该项目规划地上商业建筑面积7万平方米,位于松江大学城,周边有东华大学、华东政法大学和上海外国语大学等高校,距离9号线松江大学城不到1千米,地块周边有绿地蔷薇九里别墅、三湘四季花城桂花苑、三湘四季花城、誉品谷水湾和龙湖好望山等住宅区。中小学有东华附属实验学校、上师大附属外国语中学、上师大附属外国语小学、华东政法大学附属松江实验学校。医院有上海交通大学附属第一人民医院松江南院,为三甲医院。

三、闵行新城商业中心:地区商业中心

闵行新城规划具有科教研发、先进制造业、现代服务业、生态居住等现代化新城,2020年规划人口105万。规划形成5个地区商业中心,即莘庄商业中心、七宝地区商业中心、颛桥地区商业中心、浦江地区商业中心、江川地区商业中心。

莘庄商业中心:和颛桥商业中心靠得很近,车程不过十来分钟的距离。成熟繁华度4颗星。沿莘庄地铁站有凯德龙之梦和仲盛世界商城。莘庄地铁上盖项目莘庄天荟,TODTOWN天荟,位于莘庄222号地块,总用地面积约11万平方米。根据规划,该项目横跨地铁1号线和5号线莘庄站南、北广场,为市政、公共服务、商业、办公、居住综合性开发项目。项目建成后,将成为上海市西南地区的综合枢纽和重要门户,形成具有"一个核心功能(公共交通枢纽配套)、一个主导功能(商业商务服务配套)和一个辅助功能(城市居住功能配套)"的城市综合体。它的创建将与仲盛商贸中心、南方商城和莘庄龙之梦商城相映成辉,组成强有力的经济圈,为上海第五副中心的时尚商贸环境增添浓重的一笔。

颛桥商业中心:万达广场、欧尚、伦敦城在建。颛桥万达总建筑面积14.75万平方米,集零售、餐饮、娱乐、教育、生活体验为一体,配套超市、幼教、

影院、美容护理、儿童天地等丰富业态。广场集合了240家精选商户及15家优质主次力店,有30余家品牌是首次进入万达广场。于2016年12月底开业,首日客流24.8万人次,开业销售2400万元。学校有星河湾双语学校。医院有闵行区中心医院。

四、嘉定新城商业中心:区级商业中心

根据规划,嘉定建4个区级商业中心:新城核心商业中心、老城商业中心、南翔商业中心、安亭商业中心。依托轨道交通11号线站点,结合周边特色商业街发展,突出商业购物、文化旅游、观光休闲等功能。成熟繁华度4颗星。嘉定新城商业有台北风情街、东云街、大融城、宝龙城市广场、中信泰富万达广场、明发商业广场、西云楼、嘉定新城罗宾森。

嘉定中信泰富万达广场于2018年10月1日开业,成为上海开业的第8家万达广场。万达广场是中国商业地产第一品牌。泰富中投是中信泰富在中国内地的地产投资管理总部,在国内高档商办物业、地铁上盖物业等领域处于行业领先地位。万达商业与泰富中投发挥各自优势,在不动产投资、运营领域开展合作。其中,泰富中投旗下商业项目将委托万达商业运营管理,并使用万达广场品牌。中信泰富万达广场以家庭消费为主题,分别规划餐饮、服装、教育、娱乐等,引入大型室内真冰场、IMAX电影院、新概念KTV等,都为嘉定带来独一无二的消费体验。学校有上海市嘉定一中附属小学、交大附中嘉定分校、嘉定一中、嘉定二中、上外嘉定实验高中。医院有嘉定区中心医院。

五、宝山新城商业中心:商务中心

根据规划,宝山新城为宝山区行政、经济、文化、商务中心。规划人口65万,形成3个区级商业中心,分别为淞宝商业中心、顾村商业中心、罗店商业中

心。依托轨道交通3号线、7号线站点，结合上海吴淞口国际邮轮建设，挖掘文化旅游资源特色，进一步完善功能、丰富业态、改善环境、提升层次，形成集综合购物、餐饮娱乐、休闲体验、文化旅游、商务办公、酒店住宿多功能为一体的商业中心。

顾村商业中心是宝山最成熟的商业中心。顾村镇的总人口约25万，新顾城规划导入人口14.2万，周边将辐射40万人口，已建成的地区级项目仅为20.72万平方米，顾村的人均占有面积约为0.52平方米，人均占有商业面积远低于国际标准。成熟繁华度2颗星。顾村商业配套：地区级商业项目有5个，分别是万尚生活广场（商业面积1.02万平方米）、绿地正大缤纷城（商业面积7.7万平方米）、绿地公园广场（商业面积10万平方米）、沃尔玛绿地北郊广场（商业面积2万平方米）、龙湖北城天街（商业面积14.3万平方米），社区级的商业则为菊联路的昊元生活广场和菊太路的保利叶上海商业街。地铁站的正大乐城、龙湖北城天街是主力。学校有顾村中学、顾村实验学校、世界外国语学校。医院有华森医院东院。

龙湖北城天街占地8.1万平方米，总体量约为40万平方米，是北上海少有的大体量商业综合体。该项目由南北两地块组成，两地块之间由地上天桥和地下连廊相连。南面自持10万平方米购物中心，是顾村唯一的10万平方米大体量商业综合体，是未来宝山最大的商业中心，跟7号线刘行站无缝接轨，由龙湖统一招商、统一运营。地下一层是超市和美食街，一楼是轻奢品牌，2楼、3楼主打家纺、服饰、儿童培训中心等，4楼是IMAX影院、KTV、餐饮等。北区商业是依靠南区天街旁的唯一稀缺可售商业，单铺面积段60～300平方米不等，总价段200万～1500万元。在南北地块中间是政府在项目配建的P＋R＋B公交的交通枢纽。

六、青浦新城商业中心：长三角的综合性节点城市

青浦新城规划为服务长三角的综合性节点城市，以及具有水乡文化和历

史文化的宜居城市。青浦新城人口规划70万,形成4个商业中心:青浦老城地区商业中心、向阳河-外青松地区商业中心、新城四站地区商业中心、赵巷地区商业中心。成熟繁华度3颗星。将引入华为,华为作为世界500强企业,其研发基地坐落于青浦淀山湖,今后在青西地区会布局一个软件信息服务业集聚的"IT小镇"。商业配套:青浦东源广场、万达茂、新城吾悦广场、青浦宝龙城市广场。上海青浦万达茂为45万平方米创新型城市综合体(在建),与轨交无缝对接。项目规划建造大型主题商业、精品酒店、优质办公等,开创以互动与体验为主的商业新模式,形成人与场所、场所与城市的融合,形成休闲度假的好去处,为区域注入活力,为"宜居城市"注入新商业元素、新文化。青浦宝龙城市广场是中国商业地产领袖——宝龙地产在上海打造的大型城市综合体。项目为约35万平方米地铁上盖商业综合体(在建),规划有风情商业街、高档写字楼、购物商场、星级酒店等多重业态。青浦站是淀山湖新城5个轨交站点中最为重要的地标性站点。青浦站附近的青浦绿地中心规划约32万平方米商业综合体(在建),集商业、办公等业态为一体。项目运用"水色青浦,因水成景"的理念,将多种业态与商业动线紧密地结合起来。学校有复旦附中青浦分校、青浦实验小学。医院有中山医院青浦分院、中医医院。休闲娱乐配套:上海乐高主题乐园将选址淀山湖畔,预计2020年动工,2022年完工。乐高乐园所属的默林娱乐集团是全球第二大家庭娱乐景点运营公司,仅次于迪士尼。上海乐高乐园会将本地文化融入其中,可能是以周庄风格为主题,也可能是淀山湖畔某个古镇的主题。青浦将建多座城市艺术公园。淀山湖新城拟建多处城市艺术公园,包括北极星广场街头转角绿地、支三十一路东侧绿地体育公园等绿地景观群。

七、奉贤南桥新城商业中心:长三角南翼的重要门户枢纽

南桥新城规划为服务长三角南翼以及大浦东开发的重要门户枢纽,上海杭州湾北岸地区的综合性服务型城市,至2020年规划人口75万。新城3个

地区级商业中心：百联南桥商业中心、环金海湖地区商业中心、奉城镇地区商业中心。成熟繁华度 3 颗星。

商务区：规划总面积 1.47 平方千米，规划建筑面积 256 万平方米，其中商务和商业面积 172.58 万平方米，住宅面积 83.47 万平方米。通过集中集聚建设一批高品质、现代化商业楼宇、酒店和综合商业设施，以形成"企业总部商务特色鲜明、专业生产服务功能突出、商务旅游休闲集中"的现代服务业集聚区，并以此打造杭州湾北岸现代服务业集聚新高地，形成与大浦东、大虹桥错位配套、联动发展的格局，也为长三角特别是其南翼度身打造一个良好的商务发展空间、一个借力上海的新平台。

商业配套：万科金域广场、南桥国际商业广场。在建有保利象屿开发的 3 万平方米项目——传悦坊。传悦坊由国际建筑大师隈研吾设计，位于南桥新城核心区域南奉公路与望园南路交汇处，项目分南北两个地块，总投资 12 亿元，建筑面积 10 万平方米。该项目是上海报业集团文化地产平台运行的首个力作，以"新华书店、少儿娱乐教育、影院剧场"和"文化创意办公"为特质，以餐饮、商业等为特色，打造文化、商业、消费有机一体的综合体。

教育：奉贤区实验小学、解放路小学等。学校共有 76 个，其中幼儿园 43 个，已建 12 个，其中新城公司建设 4 个，分别为树园幼儿园、金海苑幼儿园、恒盛幼儿园、九华路幼儿园，总建筑面积 2.6 万平方米，总投资 1.12 亿元。小学总计 17 个，已建 6 个，其中新城公司建设 2 个，分别为恒贤小学、思言小学，总建筑面积 3 万平方米，总投资 1.39 亿元。中学总计 16 个，已建 6 个，其中新城公司建设 3 个，分别为汇贤中学、德丰路初中、金水苑初中，总建筑面积 4.39 万平方米，总投资 2.86 亿元。

医疗：医疗设施总计 13 个，已建 2 个，为中心医院及健康教育所，其中健康教育所为新城公司建设，建筑面积 1.3 万平方米，总投资 0.6 亿元。正在建设 5 个，其中新城公司建设 4 个，分别为第二福利院、牙病防治所、皮肤病防治所、金海社区卫生服务中心、金海社区敬老院，总建筑面积 7 万平方米，总投资 5.7 亿元。

第三节　上海市商圈活力指数[①]

根据《上海市商业网点布局规划(2014—2020年)》，市级商业中心共13个，地区级商业中心共22个[②]。

一、商圈活力指数四大指标

以联通公司的手机信令数据、复旦大学城市发展研究院的轨交人流数据、消费数据和中估联的物业价格水平数据为基础，对市级地区级商业中心进行商圈活力评估（图3.2、表3.1）。聚焦城市商圈的热点动态，为政策制定、资本运营、规划设计、产品开发等领域提供城市商圈的专业分析。

图3.2　商圈活力评估体系

---

① 复旦大学城市发展研究院：《上海市商圈活力指数研究》，2017。
② 由于真如、虹桥商务区、外高桥、徐汇滨江、杨浦滨江、苏河湾和唐镇商业中心尚未建成或只有部分建成，因此未进入本次评价。

表 3.1　商圈手机购物消费情况

商业中心	简称	手机日均人数（人）	消费额（元/年）	平均辐射范围（米）
南京东路商业中心	南京东路	105 871	1 838 350 314.95	8 154
南京西路商业中心	南京西路	198 052	1 355 287 238.35	6 157
豫园商城商业中心	豫园商城	55 789	408 928 230.30	7 399
徐家汇商业中心	徐家汇	135 882	590 080 943.78	7 337
淮海中路商业中心	淮海中路	140 109	1 326 738 887.43	7 759
小陆家嘴-张杨路商业中心	陆家嘴张杨路	370 825	1 918 523 535.70	7 958

注：1. 消费额指 POS 机刷卡金额，为全年数据。
　　2. 手机日均人数指中国联通监测到的手机数据，不包含其他运营商数据。

二、评估上海全市 28 个主要商圈

商圈活力指数：南京东路商圈独占鳌头，传统商圈依然强势。上海市市级商圈中，商圈活力指数最高的是南京东路（指数为 100），陆家嘴张杨路（78），随后依次是南京西路（77）、徐家汇（67）、淮海中路（63）、豫园商城（58）、中山公园（50）、五角场（33）、四川北路（33）、大宁（25）、中环真北（25）。上海市地区级商圈中，商圈活力指数最高的是打浦桥（47）、长寿地区（36）、南方商城（32）、世博（29）、新虹桥（28）、天山地区（27）等（图 3.3）。从商圈活力角度看，打浦桥、长寿地区、南方商城、世博的商圈活力已经能够达到市级商圈的水平。

三、最具活力商圈榜

市级商圈活力指数如图 3.4 所示。

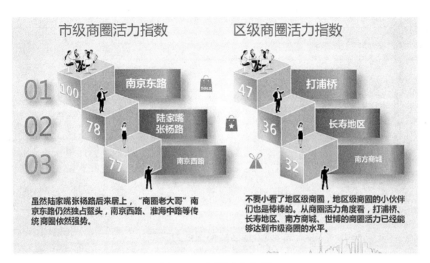

图 3.3 商圈活力指数

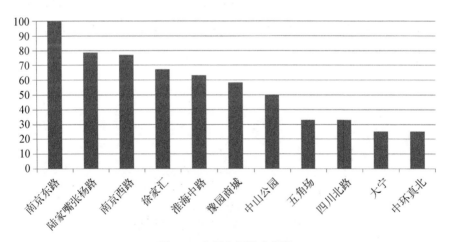

图 3.4 市级商圈活力指数

地区级商圈活力指数如图 3.5 所示。

四、商圈人气王

商圈人流指数：各大商圈分化明显，新兴商圈仍需培育。商圈人流指数

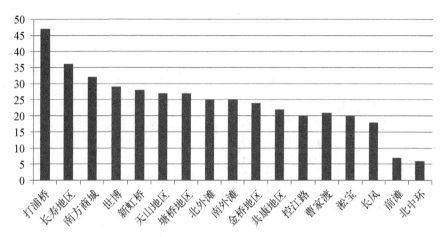

图 3.5 地区级商圈活力指数

最高的是南京东路(指数为100),随后依次是陆家嘴张杨路(79)、南京西路(64)、中山公园(63)、徐家汇(59)、淮海中路(53)等(图 3.6)。各大商圈的人流状况分化明显,尽管五角场、大宁等新兴商圈快速崛起,但是就人流而言,仍与传统商圈有一定差距。

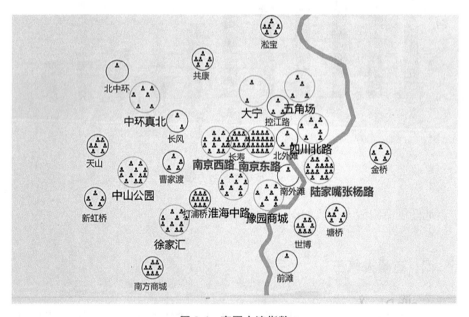

图 3.6 商圈人流指数

市级商圈人流指数如图3.7所示。

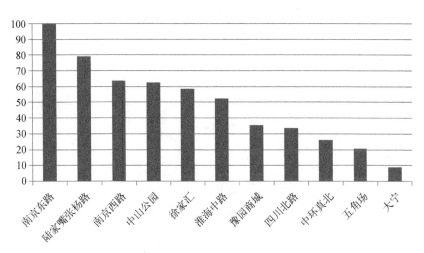

图3.7 市级商圈人流指数

地区级商圈人流指数如图3.8所示。

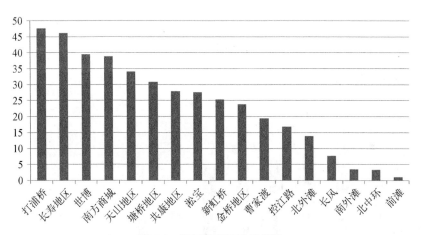

图3.8 地区级商圈人流指数

五、商圈物业指数

商圈物业指数则呈现南京西路（为100）、南京东路（99）最高的双首位格局,其次是豫园商城(81)、淮海中路(76)、陆家嘴张杨路(75)、徐家汇(72)等(图3.9)。不难看出,市内四区的物业价值优势明显。

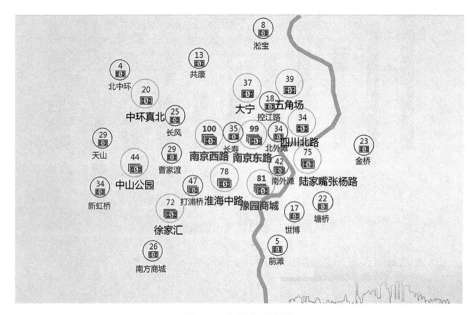

图3.9 商圈物业指数

市级商圈物业指数如图3.10所示。

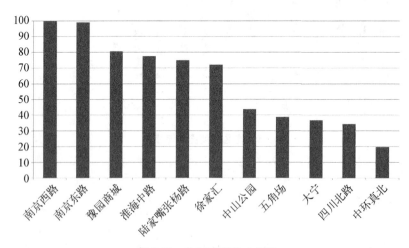

图3.10 市级商圈物业指数

地区级商圈物业指数如图 3.11 所示。

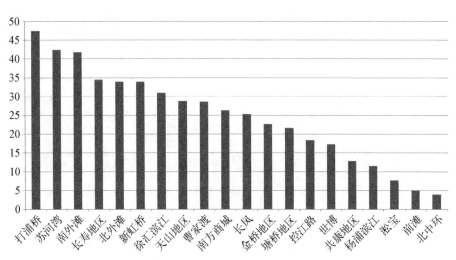

图 3.11　地区级商圈物业指数

六、商圈服务范围指数

商圈服务范围指数最高为南京东路(100)，其次是陆家嘴张杨路(96)、淮海中路(92)、豫园商城(84)、徐家汇(83)等。值得关注的是，位于城郊的五角场(78)、中环真北(63)的服务范围排名明显比其他指数要高，显示了城郊商圈具有较大的服务范围(图 3.12)。

市级商圈服务范围指数如图 3.13 所示。

地区级商圈服务范围指数如图 3.14 所示。

七、商圈消费指数

商圈消费指数最高的南京东路(为 100)遥遥领先，其次是陆家嘴张杨路(66)、淮海中路(56)、南京西路(54)等。值得关注的是，徐家汇、豫园等传统商圈的消费指数排名并不高，表明商圈分化现象明显(图 3.15)。

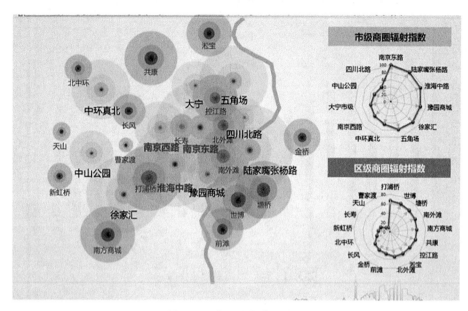

图 3.12　商圈服务范围指数

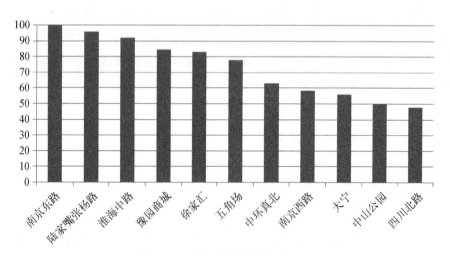

图 3.13　市级商圈服务范围指数

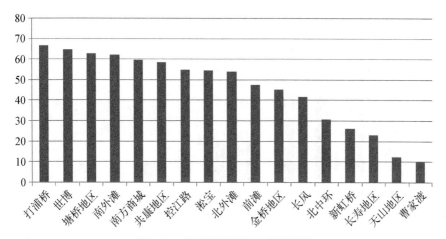

图 3.14　地区级商圈服务范围指数

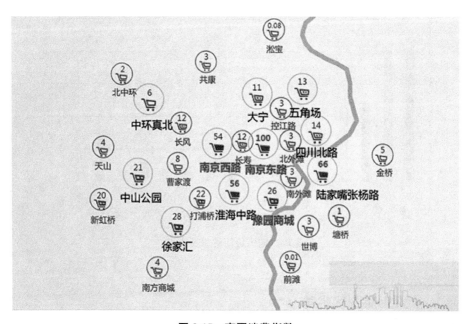

图 3.15　商圈消费指数

市级商圈消费指数如图3.16所示。

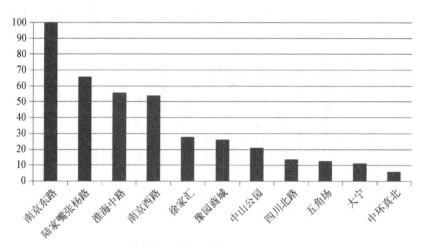

图3.16 市级商圈消费指数

地区级商圈消费指数如图3.17所示。

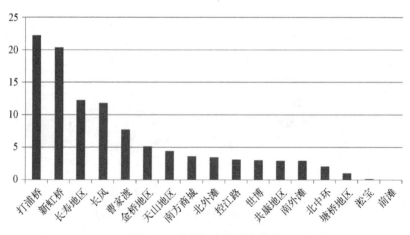

图3.17 地区级商圈消费指数

八、六大商圈优劣势

对商圈活力指数排名前六位的商圈进行比较,可以发现各个商圈的优势与劣势。结果表明,南京东路商圈在各项指标中都名列前茅;陆家嘴张杨路商圈的人流指数和服务范围指数较高,但是消费指数和物业指数明显低于南京东路商圈,显示了其主要功能是就业中心,其次才是商业中心的定位;南京西路商圈的物业指数最高,但是服务范围指数排名六大商圈末尾,这与其商业的业态定位有关;淮海中路和徐家汇商圈各项指数均处于中间位置,但是淮海中路商圈的人流指数偏低,徐家汇商圈的消费指数偏低;豫园商圈的人流指数和消费指数偏低(图3.18)。

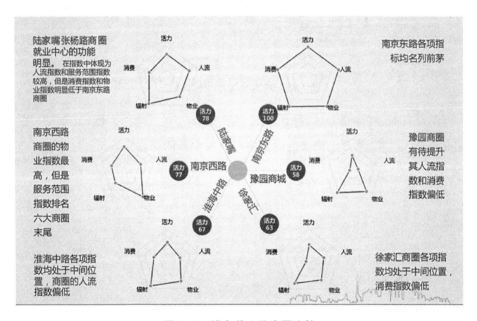

图3.18 排名前六位商圈比较

六大商圈分指标比较如图3.19所示。

传统商圈依然领跑。传统商圈依然强大,南京东路、陆家嘴张杨路和南京西路商圈领跑全市。新兴商圈快速崛起,包括五角场、大宁、世博、长宁等后起之秀正在缩小与传统商圈的差距。区位条件优越、轨道交通配套完善、开发强度较高的地区,商圈的人流量明显较大,物业价格较高,空置率较低。

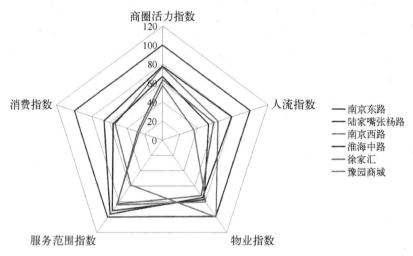

图 3.19 六大商圈分指标比较

随着真如、虹桥商务区、徐汇滨江、杨浦滨江、苏河湾等商圈的陆续开工建设和投入运营,未来上海市的商圈格局会发生新的变化。

第四章
上海社区商业的发展

【背景资料】

根据《上海市商业网点布局规划(2014—2020年)》,上海全市规划15个市级商业中心、56个地区级商业中心。未来还将同时构建完善"市级商业中心、地区级商业中心、社区级商业中心、特色商业街区"为核心的"3+1"实体商业和"网络终端+网上商店+快递配送"为核心的网络零售商业。至2020年,上海规划商业设施建筑总量控制在7 000万~7 500万平方米,年平均增长2.6%~3.6%。按照2 500万人口来算,上海规划商业人均面积达3平方米,超过国际一般城市1.3~1.5平方米的平均水平,今后上海的商业设施建设要注重功能定位、业态配比,尽可能实现差异化发展,避免无序竞争和重复建设,因此,社区型商业或许将是继大型商超之后的"下一站"。随着城镇化发展与城市新区不断扩容,新建居民集聚区对商业配套设施也有着旺盛的需求,这类社区购物中心选址靠近多个社区集聚区域,以满足家庭日常需求为主,亲子类、娱乐休闲类体验性业态也占相对较高比重。这类社区商业往往与物流商家合作以解决"最后一公里"的物流配送问题,对老人、儿童来说具有极大的便捷性,因而客群比较稳定、盈利前景较好,且在未来一段时间内仍能享受城镇化红利。

第一节 社 区 商 业

一、上海社区商业发展空间

（一）社区商业概念

社区商业,简单来说就是以一定地域的居住区为载体,以便民利民为宗旨,以提高居民生活质量、满足居民综合消费为目标,提供日常生活需要的商品和服务的属地型商业。理论上总建筑面积不超过5万平方米,核心辐射圈半径为1～1.5千米。人均商业面积高于国际一倍,上海社区商业有无限发展空间。最近,越来越多的社区商业不仅新意迭出、抓人眼球,而且大有升级转型、风头渐劲之势。这些现象不是偶然。相比一些大型购物中心里的人少冷清,一些社区型的商业经营确实有声有色。这是否意味着,"小而美"的社区商业将成为未来商业的新增长点? 今后的社区商业,又将会形成怎样的发展趋势?

（二）新建大居社区商业,随人口导入逐渐完善

根据《上海市商业网点布局规划(2014—2020年)》,全市规划15个市级商业中心、56个地区级商业中心。同时构建完善"市级商业中心、地区级商业中心、社区级商业中心、特色商业街区"为核心的"3+1"实体商业和"网络终端+网上商店+快递配送"为核心的网络零售商业。至2020年,上海市规划商业设施建筑总量控制在7 000万～7 500万平方米,年平均增长2.6%～3.6%。

（三）上海商业分布明显不均

15个市级商业中心全部分布在上海600平方千米以内的外环线以内区域,地区级商业中心在外环以内19个、外环以外37个。按照上海2 500万人口来算,人均商业面积达3平方米,超过国际一般城市1.3～1.5平方米的平

均水平。不过,商业分布明显不均。相对外环以内而言,外环以外不仅没有一个市级商业中心,即便37个地区级商业中心放在5 000多平方千米的土地面积来看,也是比较稀疏的。社区商业中心同样如此。此外,很多新建大居的社区商业相对缺乏,正随着人口的不断导入逐渐完善中。这份规划也表示,要限制超大型和大型商业网点的过度建设。注重功能定位、业态配比、品牌引进,尽可能实现差异化发展,避免无序竞争和重复建设。因此,控制一些地区商业的过度发展,培育重点地区的商业发展,完善它们的社区商业,应成为发展趋势。

(四)社区商业关键是个性和体验

资本纷纷显示"看好社区商业的发展"。不过,要想真正把社区商业经营好,也并不容易。20世纪90年代开始,社区周围的一批大卖场一哄而上,一定程度上满足了市民日益增长的日常消费品需求。然而,由于同质化竞争和电商冲击,不少大卖场已经出现经营萧条甚至关门的情况。在很多街道,都有大润发、沃尔玛、家乐福、世纪联华等并存的布局,超市基本以中老年人消费者为主。一些大卖场已在转型调整中。很多新型的社区商业瞄准居民的最迫切需求,主打亲子牌,同时加大了餐饮比例。但是即便日益旺盛的亲子消费需求也并不是那么好抓住,不少社区的亲子商铺都存在平日冷清的问题。也因为这个原因,商家的调整升级始终没有停止。餐饮及亲子业态均有租金支付水平低的问题,而且亲子业态属于周末型消费,平时较难为社区商业带来人气。所以,餐饮及亲子更适宜作为社区商业聚客的引擎,而不一定是占比最高的业态。从趋势看,社区商业的服务功能将日趋多元化、复合化,将从过去只提供商品和服务,转变为提供生活方式场所,提供的服务范围也更加宽泛,具体表现为三种主要需求:更加注重以儿童游乐、早教、亲子活动为主的家庭消费需求;以居家养老、老年保健、上门服务等为主的老年群体消费需求;以商务聚会、洽谈、休闲、社交等功能为主的商务需求。

(五)社区商业成功的主要因素

社区商业成功的主要因素包括:社区成熟度,人口与商业规模匹配度,对属地客群消费偏好的精准把握,对区域资源的精准把握,商业整体定位的准确性,商业的主题塑造是否能形成差异化、扩大辐射范围等。因此,对主打社区商业的商家来说,运营者需要经过前期扎实调研,以个性化的方式,恰如其分地满足周边居民的实际需求,依然是王道。同时,要留住家门口的客源,打出与大型商业中心的差异化牌也十分重要。一般来说,社区商业以满足居民亟须的日常消费品为主,也就是将大型购物中心里最与生活息息相关的业态带到了住家附近,不需要主打高档品牌。此外,良好的体验感尤为关键。比如亲子商场,是否拥有自身的精准定位,是否设有儿童游乐区、休息区、母婴室,以及周边的无障碍设施是否跟上都需要考虑。

二、互联网+社区商业模式

（一）社区商业为投资者带来商机

随着城市中心区人口向外围迁移,城市呈现多中心发展态势,为满足居民就近购物的需求,政府在城市非核心地段规划居住区时,新出让的土地中增加了商业的比例,社区商业成为住宅开发商的必选题。中国大型购物中心已经历"井喷式"发展阶段,未来投资将趋于理性。位于"最后一公里"的社区商业为居民的生活带来了便利,也为投资者带来商机。与此同时,社区商业因其便利性在一定程度上弱化了电商冲击,发展空间较为稳定。

（二）上海社区商业趋向集中式购物

上海社区商业历经20多年的大力发展,建筑形态已经从住宅底商及街铺,逐步演变为集中式购物环境：业态更为复合化,购物环境也更舒适、更具体验感。社区商业已从对居民物质需求的满足,发展到对精神层面的满足。

业内人士通过对上海不同区位案例的研究表明,城市非核心区的社区配套相对较少,对社区商业的需求更为明显。城市中心区的商业密集,对社区商业构成威胁,这里的社区商业面临更大的竞争压力,商业定位调整及业态品牌调整更为频繁。

（三）未来的社区商业也走向 O2O 平台

未来的社区商业，将会有这样几个关键词：品牌化、互联网概念植入、社交平台，更多的场景化和场所感的营造，更多的体验式消费，越来越多融合了线上、线下资源的 O2O 平台，将为居民提供更便利、更多样化的服务。相比于一些主打线上购物的社区超市，人们更看好永辉超市的经营模式：将原有的社区菜场改造，主营生鲜，维持原有的价格，同时线上线下双渠道并行发展。这样一来既可以让不熟悉网络的老年人在店内购物，也可以让年轻人通过线上下单送货到家。可以预见的是，随着技术创新推动渠道创新，社区商业新业态新模式将不断涌现。社区商业也是可以培育壮大的，比如大宁地区的社区商业因为经营有道，不断扩大规模，从而转型升级为地区级乃至市级商业中心的路径，同样值得借鉴。

第二节　菜　市　场

"小菜场"虽小，但关乎民生和社会稳定。自 2005 年起，上海市用了 10 多年时间，完成了与老百姓生活密切相关的小菜场建设"三级跳"。2017 年，上海要在标准化菜市场基础上进一步提质增效，建设示范性标准化菜市场。通过调查发现，尽管本市菜市场过去的规划布局富有远见，经营管理成绩明显，但随着社会经济的发展、人口的增长以及政策体制的变化，在规划建设和管理上仍存在需要解决的问题。

一、菜市场存在的主要问题

（一）空间结构不尽合理，服务半径过大

对中心城区而言，传统菜场随着城市的成长呈现由小到大、由少到多的发展轨迹，其分布基本随居住人口的分布而相对均匀地分布于居民集聚地。

由于近年来经济发展迅速,中心城区居住人口外迁,人口密度降低,总体上菜场的供应基本能满足现有居民生活需要,但是也由于中心城区急速扩张,区位良好地段开发了城市综合体或大型居住区,原有的菜场搬迁造成"居民买菜难"无法解决。在土地财政思维导向上,基层政府过于注重土地的近期效益,菜场服务半径过大,郊区由于城镇布局相对更分散,菜场规模大但布局更疏散。随着郊区大型居住社区的建设,人口快速集聚,菜场设施布局不足、服务半径过大的问题必将更为突出。同时,有的基层政府擅自改变菜市场使用功能,缩小菜市场经营面积,市场规划跟不上社会经济发展步伐,导致原规划配套的市场设施远远不能满足要求。

(二)食品安全管理制度未真正理顺

时下老百姓最烦恼的问题有两个,就是"吃啥好",还有"到啥地方买好"。这说明,一是作为食品安全第一责任人的政府责任意识未能完全确立,出现食品安全事故后对地方政府追责不力。一些地方政府存在"惰政""懒政"情绪,不及时组织协调处置食品安全事故或对本行政区域涉及多环节的区域性食品安全问题开展专项整治,视"小菜场"小、散、乱、杂就畏难不前。二是大型超市并不能和食品安全风险绝缘,"超市菜场化"是一个重要症结。从一般认识上人们"去超市""去大卖场"的理由是"大卖场管理规范""超市进货渠道正规"。然而,在对超市食品安全状况进行了较详细的调查后,发现超市食品安全存在六大问题:一是商场内部有关食品安全管理机构设置不完备、不合理;二是现场加工食品存在隐患;三是价格竞争致使食品质量下降;四是缺乏有效的供应链管理,供应商选择不合理;五是对加盟店食品安全管理力度不足,加盟店大量的货物可以自行采购;六是超市现制现售的食品安全风险等问题尤为普遍和突出。原因在于"超市菜场化"除了有总部的配送中心渠道外,分店,尤其是加盟店有相当部分的货物是所谓自主组织的。值得注意的是,目前超市的运营方式上又有回头向菜场化方向"返祖变异"的趋势。不少超市大量出租柜台、场地经营,"阿姨爷叔"招揽声此起彼伏。众多超市、卖场里,现制现售食品柜台由于出租费高,好收钱,导致出售盒饭、寿司刺身等的鲜活柜台越来越多,而这更需要严格的经营资质认定和从业人员的健康控制,这一切在超市卖场的大楼面上究竟是如何落实的,不禁让人起疑。

(三)现有设施过于强调标准统一,忽视市场多样性选择

以往的社区规划只关注公有制度下的传统菜场配置,忽视了城市快速发展所带来的市场经济冲击,未考虑城市居住区形式已由原先单一的成片公寓房、里弄向大型居住区、高档国际社区转变。同时,中心城区的旧区住房密度高,改造难度大,无法按统一标准布点。针对这些,现行设施标准未针对不同区域采用多样性配置的标准,忽略大卖场、生鲜超市、菜店的作用,过于强调规范的统一性,导致菜篮子工程的社会效益递减。

(四)管理实施机制忽略动态发展需要,缺乏过程管理

上海市各区交界处居住区往往犬牙交错、用地零散。随着城市布局结构调整和交通网络建设的加快,原布局在相邻行政区边缘的菜场由于旧区改造、功能转换而被拆除,如黄浦区的八仙桥菜场、金陵东路菜场原在当地颇有名气,由于城市更新已不复存在。一方面,由于相关政府部门未考虑地区发展阶段需求,缺乏分期开发及过渡时期管理意识,过于强调"终极"标准化菜场的建设,未能及时规划补充多功能多用途、临时性过渡方案,给周边居民日常生活的便捷性造成一定影响。另一方面,政府长期忽视流动菜点和摊贩的积极作用,过于强调整治而疏于引导,也使得中心城遗留的零星旧住区的居民买菜成了棘手问题。

(五)菜场举办者存在"重效益,轻管理"的现象

从经营主体看存在"二多二低"现象:摊位数多、经营者多,导致管理难度大;经营者文化程度低、素质较低,有的贪图私利,蓄意出售过期变质食品现象屡禁不止,卫生、经营食品安全意识观念较差,有的直接入口的熟食品无防尘、防蝇等"四防"措施,有的销售"三无"产品,限塑令得不到贯彻执行,免费提供塑料袋包装的现象司空见惯。

二、菜场配建标准可实施性

未来上海不仅要加快建设国际大都市,更要保障民生,让市民买得放心、吃得安心。有必要结合上海自身特点,完善社区配套建设,从配建标准、菜场形式、动态管理等方面,注重菜场可实施性,切实为广大市民解决买菜难的问题,进一步优化菜场的建设。

(一)集约高效利用有限空间,提高菜市场的运营效率和服务水平

不同于郊区,上海市中心城区用地资源紧张,土地增量空间有限。菜市场的优化提升应该以现有土地空间为基础,合理开发利用地下空间,共享周边配套资源,同时应合理安排菜市场的功能分区,按照不同的功能类别采取不同的经营时间来满足更多的消费需求。处理好菜市场与 24 小时便利店、超市的关系,在服务内容、经营时间上实现互补。私营与公营菜市场联动,合作经营,丰富民众购物选择。社区菜市场是上海市菜市场体系的主力军,理应完善社区菜市场的配套建设,随时跟进修订菜市场配件标准和管理规范,逐步提高社区菜市场的服务水平。对于自发性菜市场,应给予建设上的支持和食品经营上的监督管理,鼓励形式多样的经营模式,杜绝壁垒,丰富民众的购物选择。建立综合性大卖场、生鲜超市、菜市场、菜点、专业特色菜场、社区钟点菜场等,构成多层服务体系,互为补充(表 4.1)。

大卖场、超市的管理模式和经营集约化应是传统菜场的发展方向,应引导大型超市向社会化、低端化服务扩大,增加供应品种和数量,成为公共服务设施的一部分。重视行政交界处居民需要,在中心城区尤其要充分利用原有菜场进行调整整合,有条件的可扩建、改造成一批达到标准的菜场。标准的骨干菜场要提高覆盖面,一些小而分散的居民点也应配有小型的菜点,以保证正常的供应。应看到定时定点的流动摊贩在城市的发展过程中存在的价值,合理引导和加强管理,兴利避害。

表 4.1　菜场、超市、生鲜超市适应性分析比较

分析项目	要素	菜市场	生鲜超市	大卖场
商品适应性	货物价格	低	高	一般
	新鲜程度	最新鲜（当天清晨）	一般新鲜	一般新鲜
	食品安全	一般安全	安全	较安全
业态适应性	场地产权	政府或国有企业	不定	不定
	经营方式	摊位租赁	独立店铺	大型超市内部分场地
	盈利和市场接受度	薄利，带有公益性质市场接受度高	利润相对较高，市场接受度有限	利润一般，由超市连带经营市场接受度较高
	业态稳定性	稳定	不稳定	一般
服务对象适应性	服务对象	最广大市民	收入较高的市民	收入尚可的居民
结论		具有广泛的适应性	适应较高端市场	适度中档以上市场

注：生鲜超市，以经营生鲜食品和包装食品为主的，经营生鲜部分的营业面积占超市面积50%以上的专业超市。大卖场，经营生鲜部分的营业面积250平方米以上的大卖场。

（二）针对不同区域，灵活制定配建标准

根据区域差异分三类社区分别制定配建指标，指标包括标准指标和类型指标。标准指标本着刚性原则，采用120平方米/千人对菜场建筑面积进行控制；类型指标本着弹性原则，结合上海转型发展的需要，针对上海区域特点，将全市社区分为中心城区老城区、中心城区新建社区、郊区三类社区进行相应菜场配置（表4.2）。

（1）中心城区老城区，设施数量较多，布点较密，但用地空间有限，规模较小。在居住区规划指标120平方米/千人的要求前提下统一规划，均衡布局，考虑城市功能，配合居住区的总体布局进行设置，以方便生活。以标准菜场

表 4.2　菜场配置标准建议

名　称	服　务　内　容	服　务　区　域	建筑面积（平方米）	服务半径（米）
中心菜场	提供日用品、新鲜蔬菜、肉禽等，类似集贸市场	近郊区	>5 000	600～800
标准菜场	提供各种新鲜蔬菜、肉禽等	中心城区、近郊区	1 000～1 500	400～500
特色菜场	提供某类新鲜蔬菜、肉禽等	中心城区	500～1 000	300～500
小菜点	品种有限，少量新鲜蔬菜、肉禽等	中心城区	100～500	200～300
大卖场	提供各种商品	中心城区、近郊区	>7 000	1 000～2 000

为骨干进行布局，覆盖包含标准菜场、特色菜场及小型菜点的作用，发挥各自的功能，服务于社会。

（2）中心城区新建社区，设施配置不完善，但用地空间保障基础较好，规模达标，周边存在大型超市的竞争。要以标准菜场为主，进行布局，利用已有的大卖场的作用，发挥各自的功能，服务于社会。

（3）郊区设施数量少，用地过大，功能综合。要以控制用地为主，采用中心菜场、标准菜场、小菜点相结合，发挥各自的功能，服务于社会。

（三）建设具有历史的传统菜市场，结合周边环境和本地特色美食改造，形成城市新地标

以往人们视菜市场仅仅为社区的配套服务功能，对其重视程度不高。我们应该改变传统观念，积极提高菜市场的社会地位。在中心城区，特别是历史风貌保护区内，选取具有历史价值的菜市场对其进行整体城市设计，统筹考虑菜市场的流线组织、功能配建，合理解决停车、环卫、物流等问题，同时注重菜市场的建筑设计效果，采用生动活泼的建筑形式，形成具有地区吸引力的城市新地标。如被誉为"高脚杯上的菜市场"的西班牙巴塞罗那博盖利亚市场，它位于巴塞罗那主要步行街——兰布拉大街中间位置，是欧洲最大、最

有名的室内菜市场。这里被誉为巴塞罗那人的"菜篮子",内部共有几十个摊位,摆满了各类蔬菜、水果、鲜鱼和鲜肉,还有花店、传统糖果店等,其中有些摊位可以替客人直接加工食材,现场用餐。虽然市场品种纷繁,管理依然井井有条,面向步行街的主入口为主要人行空间。

(四)开拓公共空间,结合菜市场组织周末集市,形成公共交往新空间

对菜市场的外围和内部空间两方面进行重点改造,整治沿街道路空间,坚守公益优先,打造安全舒适的公共空间环境。在公共空间内植入餐饮、购物等功能,提升空间活力。菜市场内部要光线充足,视线开阔,屋顶设计应高挑,采用较为轻透的材质,避免产生压抑感。同时,利用菜市场组织如周末集市、美食节等活动,丰富交往空间的使用形式。如意大利"慢食文化"与"本地食物文化"的代表 Eataly。Eataly 贩售的食材种类齐全,分别以开放陈列的自助区及专人服务的传统方式贩售。其主要有两大特色:一是现场加工,每个陈列区旁都设有用餐处,顾客可以选择超市的食材在此享用或者打包带走;二是饮食教育活动,组织各种面向不同人群的烹饪课和品尝课。同时 Eataly 是践行复兴本土食物的先行军。

(五)建立食品安全管理责任制,加强"技术"把关

食品从田间到餐桌的路程,涵盖了第一、第二、第三所有产业,第三产业是消费者和漫长产业链交集的主要界面,其食品安全问题绝不能等闲视之,因此,上市商品准入机制、不合格产品退市机制等的完善刻不容缓。加强检测力度,在落实自检制度的基础上完善电子追溯制度、建立过期食品销毁处置情况公示制度、实行食品安全授权人制度、执行供应商实地检查制度,强化产地检测和入市检测,降低检验检测成本,加大检测范围和频次,力保将不安全的食品堵在市场之外。建议成立一个统一的监督性的专门快速检测机构,健全食品安全检测体系。充分发挥"检测中心、检测车、检测箱、检测点"四位一体的食品检测网络作用,形成既有明确分工又能密切配合的食品质量检测分工协作机制。对于重点食品进行类似机场安检式的排查,以快速地流动检测发现食品安全隐患和问题,且作为案件线索移交有关部门及时查处,有关

部门要列入年度工作责任制考核。

（六）政府补贴要重点支持社区菜市场

对因撤除菜市场造成居民买菜不便的，将按照"撤一补一"的原则，确保服务面积和服务功能不变，并提前采取补充替代措施，在此过程中可以补贴便民菜店。按照相关要求，每个社区蔬菜零售网点数量应不少于两个。作为菜市场的有力补充——社区智慧微菜场，通过设置自助售菜机、网订柜取等方式提供百姓日常所需的生鲜产品，目前已建设完成1 427家，覆盖了上海市除崇明以外的各区，形成了食行生鲜、厨易时代、强丰等著名社区智慧微菜场品牌。蔬菜、肉类全部有电子标签，不仅价格一目了然，扫一扫二维码还能追溯其来源。统一收银台结账，让消费数据全部由后台掌握，消费者也不会遭遇短斤缺两。作为居民，最关心的还是便民菜店的价格、质量如何保证。"补贴"都是暗补，消费者难以知情。商家得到补贴后能否降价，或者改善经营环境，应该有明确的评价标准：建议让顾客给菜店投票，票数高的才能拿补助。提供更优质更实惠的商品，就是最好的惠民工程。

三、"补篮子"的对策建议

（一）坚持区分菜场和超市各自的功能领域，实现功能互补

要实现菜场监管上的"抓筐不抓柜"，首要任务是坚持菜场和超市、便利店各自的功能领域，在服务内容和经营时间上实现互补，同时结合超市和菜场的现有布局，在功能上实现互补。社区菜市场是上海菜市场体系的主力军，理应完善其配套建设，随时跟进修订市场配件标准和管理规范，逐步提高社区菜市场的服务水平。对于自发性菜市场，应给予建设上的支持和食品经营上的监督管理，鼓励形式多样的经营模式，丰富民众的购物选择。对于这两种菜场模式，应当更强调在管理方面引入大卖场、超市的管理模式和经营集约化，将原本抽象的评价指标分食品安全、菜场环境等具体指标予以量化，而非一味把这两种市场"一刀切"，简单地以超市来取代。最终，上海的菜场

体系应形成综合性大卖场、生鲜超市、菜市场、菜点、专业特色菜场、社区钟点菜场等所构成的多层服务体系,彼此形成功能互补的配置。

(二)财政补贴要重点关注事后的效果反馈

作为居民,最关心的还是菜的价格变动以及质量如何保证。当下的财政补贴都是暗补,不但消费者难以知情,商家也容易把这些补贴视作收入的一部分,补贴的变质就是这么来的。因此针对商家得到补贴后能否把补贴回馈给消费者,应该建立一套事后的监测机制,通过顾客投票、市场监控和菜场指导价等一系列反馈措施,及时监测每个市场的菜价变化,通过完善事后的监管措施来确认补贴的落实,落实到位才能继续拿补助。对因撤除菜市场造成居民买菜不便的,将按照"撤一补一"原则,确保服务面积和服务功能不变,并提前采取补充替代措施,在这过程中可以转而补贴便民菜店,提供更优质更实惠的商品。

(三)最大限度发掘菜场的多功能性,从而起到社区服务枢纽作用

包括上海在内的我国大城市中,菜市场屡遭拆除取缔的两个重要原因是用地效率低和建筑空间环境差。经验表明,功能混合是提升活力和节约用地的绝佳选择,例如中国香港地区的"街市"多采取中高层的市政大厦形式,街市转入室内的一、二层;中国台湾地区则采用中低层的综合楼形式;这种与社区中心结合的菜市场模式既能给居民生活带来便利,又能创造富有生活气息的邻里空间。因此,未来上海建设菜市场时可综合社区功能需要,将菜市场与社区中心等多种功能立体组合,以提高土地利用效率。诸如社区服务点、公共图书馆、幼儿园、交通站点、停车场等都可成为结合的模板。同时,市场改造的过程中应注重精细化的设计策略,借鉴业已成熟的商场经验,优化档位设计和动线组织,以方便各个年龄段(特别是年长家庭妇女)的顾客,并且要在改造过程中注意对商贩采取妥善的过渡安排,避免顾客流失。

(四)菜场运行机制上要坚持以政府主导与市场自治结合

由于菜市场带有明显的负外部性,经济效益有限,完全市场化的行为虽然有利于充分竞争,可以快速应对现代化生活的新需求,但完全放任市场化有引发社会矛盾的风险,因为企业的本质是逐利,难免导致租金和菜价的上

涨,从而抬高商贩和居民的生活成本。因此,必须坚持在活跃菜市场的同时适当管控商贩行为,这其中需要坚守的底线在于不违背提供可支付的公共服务的初衷。同时,应注重市场自治力量的培育,这于商贩而言有利于自我管理,于民众而言有利于稳定生活。菜市场与公众、商贩的切身利益相关,在日常运营时,应充分注重市场自治力量的培育,充分发挥其主观能动性,从而保证日常的平稳运行。

第三节 夜　　市

夜市不仅仅是夜间的市场,狭义的夜市指具有自由交易性质的夜间市场,而广义的夜市泛指夜间消费市场,包括百货商场、商业街、夜排档乃至文化娱乐设施。广义的夜市正是夜间经济的缩影。夜市对上海在商业和文化上的影响不容忽视,对上海市民文化的传承也十分重要。从"马路生意"到成为经济现象,夜市满足的是人们最"草根"的消费需求,也可能成为主流消费形态,可为上海下一轮城市治理中创新体系建设提供新思路。上海要扩展传统夜市概念,打造"地标型夜市",并与传统夜市形成"双轮驱动"效应。

一、上海夜市经济面临的主要挑战

(一)没有形成自己的品牌,夜市准入制度缺失

目前,市各级政府和相关职能部门对发展夜市经济的思想不统一,"上热下冷",夜市扰民,一直是城市管理的难题,上海的夜市长期存在"建立—整顿—扶持—再整顿"的循环,随着居住人口密度变大,居民比例与扰民程度一直无法平衡。基层管理难,理解出现偏差,夜市还没有充分得到所在地的广泛认可,夜市在发展的过程中既没有形成自己的品牌,也没有真正形成餐饮、文化、娱乐一条龙。市场不规范,夜市市场人员鱼龙混杂,准入制度缺失,缺乏规范化的管理,因而容易造成秩序混乱等方面的问题。

(二) 中心城区夜市缺乏亲民性

据不完全统计,重庆和成都市居民平均每周都有1~2次夜晚外出就餐、休闲与聚会习惯,而上海"白天赚钱、晚上回家"的印象比较浓厚,这在一定程度上与上海居民的传统消费文化与习惯中比较缺乏夜市消费不无关系。中心城区夜市缺乏亲民性,不能满足多层次的夜市消费需求。上海夜市消费场所大多数定位在中高端消费群,适合普通百姓夜间休闲娱乐的场所较少,诸如彭浦夜市乃至更早些年的云南南路夜市已经不复存在,中心城区夜市"中高端有余、亲民性不足",与居民收入消费呈现倒金字塔型的结构层次不匹配,没能充分发挥夜市对经济增长的拉动作用。

(三) 夜市业态单一,缺乏整体规划与设计

当市中心沿街居住状态减弱,夜间消费人流势必会涌向非居住地。人流聚集的优点是方便进行统一夜市规划,弱点则是容易被交通"牵着鼻子走"。再加上缺乏整体规划与设计,缺乏专业管理与运作公司,缺乏观光夜市,商圈夜市营业时间不够长,夜市业态比较单一。夜市整体形象不佳,布局零散,呈现散、杂、小、乱的特点。商圈夜市多在晚上九点前关门歇业,不利于吸引外来游客,没有充分挖掘潜在消费。夜市主要经营业态为百货、餐饮、大排档,缺乏参与式和体验式业态。

(四) 夜市形式单一,交通配套设施不完善

市民对夜市赞弹参半,形式单一是最大软肋,目前购物中心夜市多以餐饮食肆为主,购物街则比例不高。客流是检验夜市最为真实有效的客观反映,这又与交通配套密不可分。市中心夜市已成为白领消费的经济主体,入场夜市客流络绎不绝,高峰时段同一时刻客流数以千计。夜市在停车、交通配套上仍有所欠缺,也降低了市民逛夜市的欲望,目前最让购物中心夜市头疼的是交通配套设施无法满足夜归的顾客,公交、地铁末班车已成桎梏。违章路边停车,也让市民和顾客感到相当不便。夜市水、电、气不配套,夜市的

光环境品质低下,夜市氛围没有很好地被渲染出来,夜市建筑虽然形态各异,但总体看来不甚美观,夜市空间总体品质不高。

二、夜市经济宜"利民不扰民、乱而有章法"

夜市最关键的是聚人气,因而,夜市规划应根据上海街区的地理位置、客户人群、消费层次、消费需求等因素引导夜市多元化发展。定位太高则易"曲高和寡",太低档、没特色则难以吸引人流。因此,要紧紧抓住消费者的心理诉求,传统街边夜市与大型购物中心的中高档夜市要形成有效互补,以丰富市民夜生活。

(一)城市规划中夜市功能的顶层设计与定位

20世纪30年代,德国地理学家克里斯泰勒就此提出了"商圈理论"——以中心地为圆心,把最大商品销售和餐饮服务辐射能力作为半径形成商品销售和餐饮服务的中心地,是形成有效的商圈影响力的重要途径。因此,将夜市沿一定的方位和距离扩展便可以发挥夜市"吸引消费者"的集群效应,凸显夜市在促进城市内部消费、带动城市旅游产业和促进就业水平上的价值。同时,夜市的背后还具有隐性的社会效应,夜市的本质是各色人等各种活动和社会关系的综合缩影。美国社会学家雅各布斯通过用社会学方法研究街道空间的安全性发现,经常保持流动的人群对有犯罪动机的人会起到监控作用,小范围的街区和街道上的小店铺如果能够保持在时间上具备活动的联系性,增加街道人们见面的机会,街道的安全感就会增强。因而,城市夜晚经济的运行也有助于消除城市犯罪的时间死角。

正因为夜市有这些方面的意义,因此,要把夜市的选址和布点提升到城市规划的高度,结合商圈的辐射范围,充分考虑到商圈在夜间及白昼的功能区别,以及从夜市对周边城市设施的功能互补角度出发,进行总体规划。在此基础上,可以再结合交通及轨交站点的布置,以拉动消费程度为主要评价标准,打造购物中心式、交通枢纽式和传统的成熟夜市三种业态的夜市经营模式,并结合居民生活圈和社区商业的建设,最终实现社区经济的全天候运转。

(二)让夜市体现城市文化特色

这方面宜借鉴台北经验,台北的夜市注重在经营有共同点的基础上打造不同夜市的不同风格。例如,师大夜市利用接近台湾师范大学的契机,打造便于青年人士聚会的年轻风格;华西夜市则充分利用电影《艋舺》的广告效应主打我国台湾地区的山珍海味;士林夜市则是主打吃喝玩乐一体化的休闲风格。因此,上海夜市可以主打"文化牌",引导不同的夜市打造不同的经营风格,以凸显城市的海派文化特色。建议把衡山路、新天地、同乐坊、田子坊定位于体现城市特色的"高大上"夜市,同时要适当开出一些平民化夜市以满足市民需求,也让某些购物中心引进夜市业态,从而丰富夜市的经营模式。

(三)发展集文化、旅游、购物为一体的综合性夜市

青年人群已经成为未来十几年甚至是几十年内我国消费市场的中坚力量。中青年在家是支柱,在工作中是骨干,工作、生活压力相对更大,吃宵夜成为他们放松身心的主要方式,而夜市正可满足这一消费群体的时间需求和经济需求,因此,青年人群应成为夜市经济的主要对象,通过发展集文化、旅游、购物为一体的夜市,正好迎合青年消费人群在夜市中的多方位需求,从而形成年轻人聚集的标杆效应,拉动夜市消费水平的提升。建议以上海新文化广场为原点发展黄浦区新"地标型夜市"。

(四)夜市可破解"一城九镇"建设僵局

上海"一城九镇"计划陷于停滞的重要原因之一即是只注重移植建筑形态、忽视移植社区商业业态。在硬性移植建筑形态的背后,反映出的是市民文化、平民消费的脱节,导致居民不能对社区建立归属感。因此,夜市正可以成为促进市民与社区融合的手段。建议在这些地区的人流交汇点适当考虑建设夜市的可能性,通过促进人与所居住的社区交流,加深对于社区的融合度。

(五)建立自治与监督相结合的治理模式

我国台湾地区的摊贩自治模式的核心是鼓励固定摊贩或经常性集合摊

贩成立自治组织,并逐步发展成为职能清晰、义务明确,具有一定对话实力的组织。当摊贩加入组织后,可以享受到组织外成员不具备的权利,诸如组织同主管部门交涉有关行政管理、税收许可等问题,组织可以提供法律服务、提供人身保险等。我们可借鉴这种管理模式,将摊贩与城管、与社区变成共同管理关系。首先,在自治组织内建立完整的奖惩督促制度,按照制度要求与经营的摊主签订卫生承诺制、规范经营承诺制等协议或者制度;其次,将地区摊贩自治组织的管理权授权给基层政府,由基层政府的相关管理部门对摊贩自治组织进行考核与监督,自治组织定期向管理部门进行汇报,管理部门开展不定时与定时相结合的检查与考核,使得自治管理作用得以充分发挥。通过"摊贩自治"营造自我管理、自我约束、自我监督、自我完善的氛围,对于难以解决的问题,可由管理部门帮忙解决,从而达到共同管理、促进和谐的目的。

第四节 无人售货

无人店,没有既成的模式,也没有标准化的案例,最近10年来有的只是不断地探索和追求,从早期单一功能的自动售货机,到中期的微超,再到今天的全无人店,无人店市场在不断地进化和迭代中终于迎来曙光。在零售业成本结构变化和消费者消费需求快速变化的今天,无人店相较于传统有人值守的便利店对于人员成本、管理上都有竞争优势,随着时代发展,这一零售趋势越来越受到重视。无人店正演变成未来实体商业最景气、最有潜力的业务板块之一,同时无人店也将成为未来社区商业的最佳载体之一。

一、售货机

纵观中国的售货机发展史,除了友宝、富士冰山、雷云峰、华屹、富雷、白雪、澳柯玛等传统自动售货机领域的企业布局无人店外,我们同时也看到了更多的家电业巨头跨界进军该领域,海尔也好、海信也罢,都推出了更专业的设备。无人零售赛道内,大致可分为无人便利店(盒子)、无人货架、智能售货机三种业态。铅笔道研究院曾发布《2017年无人零售行业发展现状及趋势盘点》报告,数据显示,智能售货机在176家无人零售公司中数量占比51%;在总共80家获得融资的公司中却仅占24%。经过对30家创业公司的粗略统计发现,有14家无公开融资信息,获得投资的16家中有10家止步于首轮。

(一)无人零售渠道的要素

选择无人零售的渠道要素有四点:市场空间大、消费高频次、高毛利及高单价。智能售货机所选品类具备的要素越多越接近成功。选定品类后,在SKU上进行适度优化。例如,百酒宝会根据用户的历史购买数据更新SKU,并根据社区用户标签定向推送营销消息。值得一提的是运维成本与所选品类息息相关。例如,姬小蓝负责人刘洋用单车和纸巾所做的对比:一排单车需要一个车厢运输、好几个劳力搬运,而一排纸巾机的补货只需要一个阿姨和一只背包即可完成。再如,因酒水消费相对低频,百酒宝的补货频次与运营成本也较低。

(二)从设备和商品两方面分析无人零售供应链

根据所选品类有针对地对成熟设备进行修改,研发环节较轻。商品(原料)的供应链情况因品类而异。因药物的特殊性,售药机康医生在采购方面很难压缩成本。通过与产地、厂家及高级代理商合作则是大多数创业公司的选择。投放点位不能单独依据人流量作出选择,还应综合考虑用户获取成本、投放场景与使用场景的接近性等因素。以酒水自动售货机百酒宝为例,其投放场景经历了两次转型。起初团队盯准聚餐饮酒的场合,与餐饮店合作,但是酒水入场费反而削弱了百酒宝的价格优势。后来,团队转向商业综合体、写字楼和地铁口等人流量大的场所,然而"愿意拎一瓶酒回家的人并不多"。百酒宝将新的投放重点布置在年轻人居多的社区和公寓,这使得复购率提升至30%。

（三）无人零售的经营许可瓶颈

智能面条终端"卤豆"是一个反面教材，虽然在产品设计中，团队考虑到使用零下18度冷链冰冻运输、保存以保证食品安全，但却因为涉嫌超范围经营被要求暂停营业。智能早餐终端"鹿蜀餐饮"在所投放的上海市各区，都申请了食品经营许可证。"康医生"创始人邱光远透露曾花大力气办下了药品经营许可和GSP认证。

（四）售货机的收入结构

智能售货机的成本结构大同小异：设备采购、货物（原料）采购、运营维护、人力费用、场地费用。售货机的收入结构包括货物销售、流量转化、加盟费用以及售卖设备，创业项目多以其中一项来源为主，其余为辅。智能售货机的三种扩张模式不同的收入结构规划，也意味着不同的发展路径，有三类单品类智能售货机的发展模式。

第一类：单品突破，广泛扩品。做无人零售主要还是通过卖货盈利，商业模式没有那么多，至于扩品的方向则是消费者需要什么就变成了产品本身升级的动力。无人零售的关键在于抢占有限的点位以及渠道复用。

第二类：专注单品，区域扩张。"鹿蜀餐饮"自主研发无人销售终端投放于地铁、写字楼等地，其销售商品为装在胶囊型餐盒里的早餐，包括中西主食及饮品。尼尔森做过市场调研，发现近70%上班族不吃早餐，但他们都对更便捷地获取早餐的方式有需求。除了目标市场足够大，项目的商业模式也已跑通，根据当前运营数据，4个月即可收回设备成本，接下来，团队会考虑将模式复制到不同城市。

第三类：线下流量转化付费。共享纸巾品牌"ZHO"的商业模式是通过免费赠纸来吸引流量。其纸巾机机身、屏幕、纸巾包装可用于商家投放广告；同时，为公众号导入粉丝、通过自有公号分发广告、扫码后跳转广告网页也能创造收入。此外，同一用户每天只有一次免费领纸的机会，此后需要付费购买，这也是项目盈利来源。可见，"ZHO"的盈利以流量变现为主，通过低成本单品赚取线下流量，再辅以纸巾销售。无独有偶，智能售药机品牌"康医生"

的盈利来源也并非简单地售卖药品。因为药品进货渠道单一、消费频次较低等原因,无人售药机与传统药店相比谈不上优势,补充的是夜间购药服务,建立会员制,目前"康医生"的业务重点仍然是卖药,点位是基础,核心是会员服务的闭环。

智能货柜是坪效最高的形态,行业内融资排名靠前的企业大多售卖高毛利的鲜食产品(如果汁、咖啡、方便食品等),预计将有更多智能货柜选择装载种类少、毛利高的鲜食产品。

二、无人店

罗森、快客、全时、盒马鲜生、家乐福等零售业企业不同程度地开始加入终端变革大军,这些企业陆续也开始尝试进行无人店业务试点,部分企业在内部试点时甚至表态要加速终端变革、加速企业转型。2017年10月,苏宁在上海开了第一家无人店,在上海五角场商圈落地。与此前亮相的亚马逊"Amazon Go"、阿里巴巴的"淘咖啡"不同,苏宁易购 Biu 不是无人店的试验品,而是直接投入大型商圈正式运行,下一步的计划是在全国推广。从规模和商品品种看,它又比之前亮相的缤果盒子、TakeGo 等小型无人店大得多——面积达到100多平方米,目前陈列了200多种商品。更重要的是,苏宁易购 Biu 用了苏宁自己的"刷脸"技术,从进入门店到选购完毕离开,全程不需要拿出手机或其他设备,"凭脸就行"。2018年1月19日,微信无人快闪店落地上海。事实上,2016年亚马逊在西雅图开设了一家试验性的无人便利店 Amazon Go,成为第一家试水无人商店的互联网公司;2017年7月8日,阿里巴巴无人超市"淘咖啡"也在杭州亮相。

(一)无人商店脸谱

来看看微信的无人快闪店,在门口扫描进店后,能看到这样一个类似周末集市的地方,集合不同品牌和不同门类的商品,只是每个商品上都有一个RFID 标签。选好物品,通过支付门,站在感应区将商品靠近感应装置,就能识别商品信息。最后再扫码结算，完成一次无人购物。其实所谓的无人店，是指商店内所有或部分经营流程，通过人工智能、传感器等手段进行智能化处理，降低或不存在人工干预。在微信的无人快闪店，会有一名值班人员。

再来看看阿里的淘咖啡，商店占地200平方米，商店内部分成超市区和餐饮点单区。这两个区域的结算方式略有不同。餐饮点单区有服务员。在超市内，有各类生活用品，选购完毕后，通过支付门实现自动扣款。这是因为部分商品带有RFID射频标签，这样消费者带着商品走过结账通道时，就会被通道的射频系统识别；同时，结账通道上的摄像头不仅在识别购物者，也在识别商品。利用人工智能技术，摄像头已经能认出商品和相关数量，继而完成后台结算。

在亚马逊Amazon Go无人商店，用户进入后，必须在进入店铺之前扫描下智能手机。最后在离开时由系统从消费者的亚马逊账户上扣除相应金额。无人商店强调的都是"拿完就走"的自动化购物体验，不过仔细分析又有一些不同之处。

（二）在支付手续上的差别

微信无人店"进出店门都需要拿起手机扫码"，微信相关负责人表示，目前支持微信扫码支付，未来还将接入人脸识别等能力。阿里支付，离店前会经过一道"支付门"，它由两扇门组成，在通过"支付门"的几秒时间内，用户就会被自动扣款。通过人脸识别能实现支付。进入亚马逊无人商店的客人，在穿过特别设立的"交易区"后，"刷脸支付"系统会自动识别出用户身份，然后算出用户的花销并从其亚马逊账户中扣款。

（三）发展模式或有不同

微信支付只会提供平台，不会参与经营，这很符合腾讯一贯倡导的"平台化"的定位。快闪店2周到1个月将实现一次迭代，希望借助购物中心客流带动一些新品牌的销售。微信会将智慧零售的解决方案能力输出到购物中心，使他们可以接入品牌方，未来还将接入人脸识别等能力。在进入苏宁易购Biu之前，有一个"绑脸"的过程：在手机中提前下载"苏宁金融"App，实名认证并绑定银行卡,然后进行面部识别,这样就能无障碍进出无人店并"刷脸"购物了。实名认证和绑定银行卡与其他第三方支付机构的流程基本一致,而在面部识别环节,手机屏幕提示顾客眨一下眼。不过 1 秒钟,屏幕就显示"绑脸"成功。

(四)亚马逊则注重的是经营

亚马逊 2017 年宣布正式将 AI 人工智能技术充分运用到其实体食品超市 Amazon Go,并计划在 10 年内将店铺扩张到 2 000 家。从扩张的计划可以看出亚马逊在无人超市上的野心不小。阿里"淘咖啡"无人便利店或将成为一个新零售店样本。阿里曾表示,推出"淘咖啡"不仅是为用户带来酷炫的购物、支付体验,其更深远的价值还在于,引领零售业步入新时代。互联网研究机构艾瑞咨询发布的一份报告显示,2017 年中国无人零售商店交易额预计达 389.4 亿元人民币,未来 5 年无人零售商店将会迎来发展红利期。基于这样的发展红利,目前各大互联网巨头都在纷纷布局无人零售,除了阿里、腾讯外,京东 X 无人超市、苏宁智慧零售无人店也在试水,但目前来看,还没有一家能实现扩大规模。亚马逊的 Amazon Go 原本计划在 2017 年 3 月份对外开放,不过由于各种技术问题延迟到现在都还没开放。在 7 月份的"造物节"结束后,"淘咖啡"便停止营业,宣布回炉进行技术升级。另外,微信无人店也是限时上线,时间为 2018 年 1 月 20 日—2 月 4 日。

(五)无人便利店的资本风口

自 2016 年底亚马逊推出线下实体超市 Amazon Go,带火了无人便利店概念后,资本开始涌入该领域。仅 2017 年就有多家无人便利店创业项目获投,融资金额超过 20 亿元,其中红杉中国、纪源资本、启明创投等投资机构已经入局无人便利店项目。这些似乎都在预示着无人便利店正在成为继共享单车后的下一个"风口"。随着消费升级、人口结构变迁催生出的"便利"需求,使便利店在中国正处于快速成长期。据《2017 年中国便利店行业发展趋势及市场规模预测》显示:便利店销售额三年以来一直保持两位数的增长,其增长速度跟超市、百货店的销售增速严重放缓形成了鲜明的对比。但近年来随着人员用工成本的逐年增加以及房租成本的逐渐攀升,使得便利店的利润空间不断被挤压。同时,受劳动力成本和空间限制,一般便利店很难配备足够的服务人员,高峰排队现象普遍,顾客购物体验较差。而受限于教育水平和市场经验,店员往往无法对销售数据做有效分析,加上电商对流量的分流都是便利店绕不开的痛点。

除了传统便利店之外,由于线上流量红利期已过,电商巨头们也需要转型才能破解当下的发展瓶颈。横空出世的无人便利店无疑给处于转型阵痛中的零售业一剂猛药,原因在于:首先无人便利店无须雇用收银员,降低了人力成本;其次,无人便利店模式简单,应用场景多,容易大规模复制;最后,其"拿了就走"的付款方式使得顾客最大限度地减少排队、付款等待时间,从而提升顾客的消费体验;第四,无人便利店模式符合数据挖掘的趋势,能够将线下没有被收集的零售数据通过智能或物联网设备与用户信息打通,让数据更加完整、有效,在产品上架、货架陈列等方面能够提供更精确的解决方案。

(六)中国便利店的发展较为滞后

与日本等发达国家或地区相比,中国便利店的发展较为滞后,便利店布局较为分散。这是由于便利店在选址时需要考虑人流、坪效等各种考核指标,在人流低的地方往往没有便利店,但便利店最核心的竞争优势就是便利,而无人便利店降低了成本后在人流低的地方也能布局,这恰恰解决的是消费者即时消费的痛点需求。此外,传统零售的支付行为需要顾客到收银台去结算,而近几年中国移动支付的发展(2016年中国的移动支付规模是美国的50倍),尤其是中国消费者已经普遍接受直接通过扫码的方式来完成支付,这无疑是"无人化"能够可行性实施的重要基础。

(七)无人便利店业态比较

目前最受行业关注的几种无人便利店业态,主要从使用的技术、初次投放时间和选址等方面给大家以直观展现。目前北、上、广、深等发达城市相继出现便利店无人化试点,国内对无人便利店的探索已经花开遍地。无人便利店在技术上的应用一定程度上决定了店铺规模、运营能力、购物流程、成本投入等。当前的无人便利店在技术上大致可分为三种类型：第一种是以 Amazon Go、Take Go 为典型，可实现"即拿即走"的购物体验，使用的是机器视觉、深度学习算法、传感器融合技术、卷积神经网络、生物识别等人工智能领域前沿技术。但这类技术的稳定性尚无法保证，且成本过于昂贵，商用难度较大。第二种是指缤果盒子、7-11 等主要利用 RFID 标签技术和人脸识别技术的无人便利店，RFID 在对货物的识别与防盗上更具优势，该技术出现已有百年，随着技术的成熟，成本也在不断下降，但由于 RFID 标签与二维码类似，如果贴在商品外部，极易被撕毁。第三种是像便利蜂、小 e 微店这种，主要是利用二维码来完成对货物的识别，成本低，与传统零售较为接近，这类无人便利店的优势可能更多是体现在渠道及供应链上。

（八）多方主体入局无人便利店

2017 年 6 月，娃哈哈宣布与研发无人零售店铺技术的深兰科技（上海）有限公司达成战略合作，三年供应 10 万台 Take Go 无人智能零售店，十年计划扩大到百万台。随后，伊利也计划在 2 000 多个社区内推广和深兰科技合作推出的无人便利微店，这些品牌商通过规模化布局社区型店铺，从而掌握终端销售渠道及直接抓取库存及用户数据。事实上，除了品牌商，传统零售业也十分关注无人便利店。继欧尚、大润发之后，连锁巨头沃尔玛也在 6 月初推出了自助杂货售卖亭。这些传统零售商主要依托供应链及品牌优势，创新同系无人便利店品牌，还能提供商品店内营销服务。此外，线上零售商、技术服务商等多方主体也参与到无人便利店生态中，催生出多样化需求的同时也能够提供丰富的创新服务。以亚马逊、阿里巴巴为主的线上零售商主要依托技术及品牌优势打造无人便利店品牌，或以第三方服务商向便利店提供技术服务。技术服务商可以向传统实体零售提供支付、软件、硬件等一体化无人便利店解决方案服务，亦可搭建第三方便利店入口平台，为便利店提供线上入口服务，还可通过形成的第三方便利店入口流量优势，搭载品牌商品推广营销服务。

(九) 无人便利店面临的挑战

当前,越来越多的无人便利店开始出现,资本的涌进、技术日趋成熟、消费升级的推动等,都给无人便利店的发展创造了时机。但从目前无人便利店运营的现状来看,无人便利店依然面临着不少挑战。

1. 无人便利店的运营成本

入局无人便利店的玩家们都曾表示无人便利店具有低成本的竞争优势,这将在未来的便利店业态中取得优势。可实际上,虽然无人便利店通过技术升级,实现客户拿货后自助结账,从而替代收银员的工作,但营销、补货、整理货架、清洁等工作仍然需要人工操作。而且无人便利店的空间较小,每种货品的摆放量有限,那么商品便需要及时补货,同时还有仓储、电力、机器定期维护等运营成本。同时无人便利店还增加了开店投入成本,包括后台支持技术研发和部署成本、为技术升级而购置的硬件设备和特别装修,而使用 RFID 技术的无人便利店还需要承担芯片硬件成本和贴在商品上的人力成本。也就是说,无人便利店虽然减少了一部分人力成本,但前期投入、后期运营和维护的成本并没有减少,甚至对商品管理和后台维护的成本更高。便利店想要盈利,除了控制成本,还有一个参考指标就是坪效。大部分无人便利店的客单价都在 10 元以内。与客单价近 20 元的传统便利店相比,即使降低了人工和租金成本,无人便利店的坪效却不见得更高。由此可见,无人便利店低成本投入和运营在未规模化复制之前还难以实现,但无人便利店在选址、客群、产品结构、定位上有一定的要求,又很难做到快速的规模化复制。

2. 技术还未成熟

当前无人便利店行业在技术方面仍处于技术探索早期,能做到真正无人值守还为时尚早。例如当人流激增时,Amazon Go 就无法自动识别并结算。国内同样面临这种尴尬,识别、传感、支付等无人化技术手段已相当成熟,难点在于消费者行为是随机的,实时传导到后台并且进行判断回传难度极高,准确率将大打折扣。由于技术的不确定性导致的货损、货缺风险防范乏力也增大了无人便利店的运营风险。比如体验过缤果盒子的顾客发现,其商品是靠贴上 RFID 来感应,如果消费者避开摄像头,将商品上的 RFID 贴纸撕掉,盒子无法感应出用户手里的商品,门也会自动打开。

3. 品类限制,用户购物温度感低

从目前无人便利店的主营商品来看,还是以饮料、零食、日用品、鲜食为主,缺少传统便利店的熟食、现煮咖啡等毛利更高的产品,这意味着利润会更小。而且现有的封闭式无人便利店面积都不大,受面积限制,店里的 SKU 一般在 300~800 个,而传统便利店的 SKU 数在 2 500~3 000 个。但便利店的核心宗旨是为消费者提供便利,一定量级的 SKU 必不可少,而且消费者进店消费往往有品牌忠诚度和明确嗜好,如果不能提供其所需的品牌或特定商品,便利便无从谈起。在传统便利店购物场景中,尤其是社区型店铺,用户因高频购物会同店内运营人员产生类似邻里的熟人社交关系,从而产生与便利店的情感连接。无人便利店虽然升级了购物的便捷性,却缺少用户的购物温度,无法提供差异化的服务,加强用户黏性。

4. 国民素质的担忧

如何保证顾客和无人便利店的信任关系,是开一家无人便利店首要解决的问题。就像共享单车刚刚出现时一样,大家都担心会不会有人把单车占为己有。无人便利店的商品那么多,问题自然严重。目前,无人便利店解决该问题主要采取以下办法:首次进门前需要绑定手机,实名认证之后才能进入商店,后面可以直接进入,无须再绑定;进门购物时门自动关闭,结账支付完成后门自动打开。在一些高档小区做尝试,以过滤掉一部分潜在的风险。但是,采取如此措施,自然就限制了更多的顾客群体。如果国民素质无法快速提升,运营方需要额外投入大量人力去监督、管理、整理,为便利店节省人工这一美好愿望就会落空。

5. 国内征信体系不成熟

在无人服务的状况下,消费者身份识别是核心。但众所周知,国内的征信体系并不成熟,以腾讯和阿里为代表的民间征信依然还未拿到牌照,而且民间征信机构的数据并不互通,数据孤岛效应显著。央行征信管理局局长万存知就曾表示,征信需要将信用信息集中起来,集中度越高越全面。所以征信平台应该要少而精、少而强,或许征信产业将会迎来一轮新变化。

6. 市场制度不完善

无人零售店属于新兴事物,在经过试点后将会大范围及大规模复制投放,但在投放过程中必然涉及接入服务和物业管理等问题,运营后可能还会出现商品服务纠纷和售后处理等问题,但目前市场监管层面尚未有相应的政策指引。

而且很多无人零售店具有可移动性,在某些公共场合摆放显然是有违相关法规。无人便利店(如缤果盒子、怡食盒子)一再推迟开业日期就是由于证件原因,F5未来商店也正在等特许经营许可证。

(十)结语

无人便利店即使有黑科技加持,也依然属于便利店,必须满足高频发生的基础民生需求。因此无人便利店最终是否能得到普及,很大程度上取决于它是否真的能创造一种更好的购物体验,进而为广大消费者所接受。

第五章
上海新零售的发展

【背景资料】

我国推动传统消费提档升级、新兴消费快速兴起、居民消费观念发生转变。目前我国新一轮消费升级正经历"量变"到"质变"的过程。根据统计局数据,全国城乡居民人均消费中,食品、衣着等基本消费出现下降,而文教娱

图 5.1 2013 年和 2017 年全国居民人均消费支出变化对比

资料来源：国家统计局

乐、医疗保健、居住等品质生活体验类消费正逐步成为消费的核心,人们更愿意为之付出相应溢价(图5.1)。由此,传统的商业业态发生巨大变革,满足居民休闲娱乐、体育健身、品质生活类体验式业态在商业中占据越来越重要的地位。商业创新路径：创新IP、强化体验式消费,打造沉浸式休闲娱乐体验,这些也是当前人气极高的商业业态。

第一节　多业态的智慧零售

一、智慧零售新物种

（一）苏宁小店实现自助买单

2017年零售新物种纷纷现身上海,它们将带给消费者更多的消费产品和消费体验。苏宁为贴近消费者又出新招：日前,离用户最近的O2O生活服务平台苏宁小店在沪亮相,这是由实体门店和独立App结合而成,目的在"最后一公里"基础上,满足消费者购物、一日三餐、闪送等生活购物和日常服务需求。在苏宁小店,消费者可通过扫描产品二维码实现自助买单。

据悉,苏宁小店有三种形式：一种是社区店,主要服务附近3千米之内的社区,主要特色是生鲜品类的搭建,满足社区的一日三餐；第二种是CBD店,满足的是轻餐饮需求,主要售卖像便当、寿司、烘焙这类的快餐、简餐；第三种是大客流店,比如在高速公路店、商圈、地铁站等区域的门店。苏宁小店由实体门店和独立App结合而成,消费者可以在门店进行购买,同时也可以实现App下单配送到家。同时也提供现场选购配送到家及App选购到店自提服务。

（二）苏宁小店基于大数据的精细化运营

苏宁小店坚持基于大数据的精细化运营与落地点位的质量管理。在前期选品阶段,面对不同的消费场景,小店会在有限的店面上线更切合用户消费习惯的商品,配合App线上的虚拟货架,精准高效地实现对用户消费需求的满足。目前,苏宁提出对"迪亚天天"的收购,加快"迪亚天天"存量门店的整合、改造进度,预计收购完成后上海市场的门店将达到500~600家。除了酒水饮料、日用百货等基础便利店商品以外,小店通过与各类生鲜品牌达成合作,迅速上线来自各地优质货源的蔬菜、水果等生鲜产品,主打"当天进货,当天销售"的概念。在蔬菜方面,苏宁小店目前与崇明生态基地直供合作,后期也将开启青浦、南汇等原产地蔬菜直采。在进口水果方面,苏宁与海航供应链进行战略合作。

苏宁集团提出2018—2020年全国互联网智慧门店数量达到20 000家的战略目标。互联网智慧门店将推动智慧零售、跨界零售、品质零售、绿色零售等新模式、新业态发展,着力打造全球零售创新中心。加快苏宁易购生活广场开发建设,苏宁生活广场是苏宁八大产业线下落地的平台升级苏宁易购云店,苏宁易购云店是电器及周边产品的延伸,到2020年苏宁易购云店计划达到11家(目前1家);利用互联网技术不断迭代升级,为消费者提供一站式的家装整体解决方案,到2020年苏宁易购店计划达到64家(目前56家)。这些店将增强场景化、立体化、智能化展示功能打造标杆。

(三)苏宁易购进入农村电商

除了苏宁小店以外,苏宁易购还将加快县镇店开发建设,建立起全新的O2O农村电商新模式,到2020年计划达到65家(目前58家)。同时,还将加快一些专业业态的发展:加快苏宁红孩子母婴店开发建设,为母婴用户提供海量正品、科学育儿等全方位一站式解决方案,构建母婴行业独有且完备的O2O渠道通路,到2020年计划达到12家(目前1家);加快苏宁苏鲜生门店开发建设,将"生鲜+美食+配送"相结合,打造O2O品质生活超市,到2020年计划达到18家;加快苏宁体育店开发建设,基于苏宁在零售、体育媒体、足球俱乐部等方面的产业资源优势,到2020年计划达到8家;加快苏宁影城开发建设,在影院的基础上"+娱乐、+儿童、+休闲、+文化",打造苏宁特色的文化线下O2O平台,到2020年计划达到12家(目前1家);苏宁极物店精选新奇特的独家商品来建立年轻的时尚阵地;苏宁汽车超市打造汽车O2O零售新模式。

二、爆品大秀高科技

(一) AI寄生于"有生品见"

日前,"有生品见"全球首家店在上海七宝万科广场亮相。这家面积1 000平方米的店,涵盖了出行、家居、智能、家电、服装等十大品类,用平衡车、黑武士游戏手柄、磁力积木、小爱AI音箱、AI摄像头等智能家居产品,打造了一个集中的潮玩体验区——"爆品玩家站",展示了生动有趣的智能生活新场景。超级高科技产品puppy和小默相机:puppy是一款可以智能跟随的行李箱,工作人员让puppy搭载智能摄像头小默相机跟随工作人员的平衡车,玩出了"会跟随拍照的智能行李箱"。店铺爆品货架上的热门产品均配置了重力传感器,当消费者任意拿起其中一个,系统马上自动感知,该商品的信息会在旁边的大屏幕上一目了然,顾客还可以在屏幕上扫码进行线上下单,将店内有限的空间拓展到更多线上可售品类。消费者走进店里,门口顶部多台智能摄像头可以实时监控进店客户的信息及客流轨迹,帮助直观了解店内各区域的人流密度、停留时长,并分析不同性别、年龄对于不同商品的喜好程度,为选品提供数据化的科学参考。

(二) 智能识别技术走入全渠道

作为新零售业态的全新探索,"有生品见"采用了开放的场景式店铺设计,大量应用超新的前沿科技,为消费者打造了新奇的、与众不同的、互动式的智能购物体验。店内商品还配备了RFID电子标签,这项智能识别技术在仓储、物流、配货、陈列等商品流通环节全面应用,极大提升了店铺运营效率。同时RFID无感收银柜台还支持快速自助结账,大大缩短了消费者排队结账的时间。消费者表示:"这是一个有颜值、有个性、科技感强、好玩有趣的新零售业态。""有生品见"未来以大数据为基础,不仅为消费者构建新奇个性的体验场景,同时通过精准的消费者识别与洞察,更好地满足他们对高效率购物的需求。

三、生活美学的艺术街区

(一) 引入欧美风景引入商街

上海人熟悉的愚园路,曾在 20 世纪 80—90 年代"破墙开店"的热潮下变得"小、乱、散"——违章搭建杂乱、公共景观封闭,因此作为连接上海中心商业区块的重要纽带之一,反而成了一条商业断层。为恢复愚园路精致的街区形象,激活愚园路商业价值,预计将愚园路打造成以生活美学为特色的艺术商业街区。通过公共景观改造、外立面修缮、业态结构调整、招商运营等一体化运作管理,如今的愚园路已展现出"精品城区、活力城区、绿色城区"的崭新面貌。愚园路兴起于 20 世纪 20 年代,由风格各异的花园别墅、英式现代公寓和新式里弄汇集而成。历史文化渊源深厚,名人故居、历史建筑众多,如爱国人士沈钧儒、文坛"三剑客"之一施蛰存、戏剧表演艺术家祝希娟等都曾居住于此。现引入美式西部风格的创意牛排馆 Ribone Steakhouse,打造极致美食体验,这就是独特的场景体验式私厨零售概念店。

(二) 文化风貌社区商业

长宁区率先将愚园路的江苏路至定西路路段作为试点,调整、重塑愚园路风貌及业态,激活愚园路人文历史基因,触发愚园路商业潜力。在长宁区较为欠缺文化历史街区的前提下,将此段长 800 米的历史名街打造为"跨界生活美学体验街区"。将长宁区工人文化宫作为愚园路时尚创意业态的综合窗口进行打造,未来这里将定期举办时尚创意主题活动;医药职工大学将被升级为"承载社区功能"的公益配套、"时尚创意业态"的主题工作室、"小空间大家庭"的文创人才公寓、"体验式复合型"的共享公共空间。在已经启动的二期建设中,时尚创意产业在愚园路的可落地面积约为 1 万平方米。通过保护性改造建设,打造具有人文关怀的"文化风貌社区"。聚合文创设计师品牌,建设线下文创展示平台,投资孵化并帮扶初创艺术文化品牌建设,打造常有常新的"生活美学街区"。近年来还举办了丰富的艺术展览、时尚活动和主题工作坊,如草坪音乐会、上海时装周国际设计Showroom、城市设计节等,传递"艺术生活化、生活艺术化"的跨界生活美学理念。全方位盘活社区型文创发展生态环境,逐步形成中山公园商圈的特色休闲区域,最终塑造长宁区"文化、商业、创业、旅游"联动的城市时尚生活新地标。

第二节 新零售下的社区超市

根据《2016—2021年中国便利店行业市场前瞻与投资战略规划分析报告》显示,日本便利店的营业额总额已经超过百货公司的营业额总额(54%:46%),成为日本零售行业的顶梁柱。便利店被日本国民誉为"国民生命线",以便利店为代表的社区商业蕴含的价值还未被中国市场深度挖掘,中国独特的社区商业基础环境使得我们的社区商业价值亟待重塑,因此,上海应重视新零售下的社区超市。

一、社区商业价值重塑不可小觑

(一)社区商业消费占整体商业构成比例大

购物中心、主题商业街固然是一个城市的形象和名片,但真正令市民经常产生消费的地方还是家门口的社区市场。能否用最便利、最高效的方式解决日常消费问题,是决定一个市场是否具备生活品质和人气的很重要的方面。从成熟市场看,社区商业消费占到了整体商业构成的60%~70%。现在传统商业竞争加剧,城市级商业风险增大。社区商业反潮流已经兴起,所有社区住户都跳不出"生活最后一公里"的圈子,商家与顾客拥有无缝对接的近距离优势,会使社区商业更易衍生出符合主流趋势的一站式消费模式。中国基本已经形成封闭小区形式的房地产居住格局,从而形成了非常独特的社区商业的基础环境。

（二）社区商业具有离消费者最近的"最后一公里"特征

从传统意义上说，社区商业是以地域内和周边居民为主要服务对象的零售商业形态，以提供日常生活用品和服务为主的属地型商业。城市商业服务人口一般在5万人以下，服务半径一般在2～3千米，这一商业属性决定了社区总规模一般应控制在2万～3万平方米，商业业态的设置也应有较强的针对性。与其他商业项目对比，社区商业具有三大特征：一是商业功能为便民消费，离消费者近是一个重要诉求；二是社区商业的消费对象偏重家庭、学生、儿童，同时以中档的家庭消费为主；三是在服务业态的配置上突出消费的便捷性，且偏重家庭消费的组合。根据承载社区商业主体的集散程度及整体布局不同，社区商业的具体物业形式主要有社区底商、社区商业街和社区商业中心三种。社区底商的表现形式比较低级，属于标准配置，而后两种形式需要综合规划，属于比较高级的形态。

（三）应重视社区商业的五大关键业态中最核心的社区生鲜零售和精品小百货

社区商业有五大关键业态：社区生鲜零售、生活方式杂货、家庭娱乐、健康美容、轻餐饮和休闲餐饮。在这五大关键业态中，最核心的是社区生鲜零售和生活方式杂货（精品小百货）。生鲜经营一直都是零售业皇冠上的明珠，连锁经营的难度非常大。但基于社区人群高频需求的生鲜专业店或生鲜社区超市，是拥有巨大市场容量的最具复制性的超级生意。而且社区生鲜零售满足社区的核心需求，具有高度垄断的潜力，甚至对便利店都可以形成挤出效应。生鲜传奇的核心商业逻辑是软折扣模式。何为折扣店模式？折扣店是一种限定销售品种，并以有限的经营面积、简单的店铺装修、有限的服务和低廉的经营成本，向消费者提供"物有所值"商品的零售业态。

（四）社区商业大趋势的核心是如何形成供应链能力

近年，复合型的社区商业产品正成为发展的趋势。趋势一：体量小、规模化。小体量社区商业运营便利，风险可控，投资风险相对较小。趋势二：空间主题鲜明化。为了体现生活理念，整体外部空间呈现出绿色、生态或艺术主题。趋势三：业态组合趋向于"全业态"，以便利为核心。社区商业既需要满足客群的传统衣、食、住、行需要，又需要满足新型消费需求，实现融购物、餐饮、娱乐、服务为一体，趋向于"全业态"发展。趋势四：商业趋向互动体验型。比如消费者既可以在餐馆中享受美食，又可以在互动中娱乐、在交流中学习，餐馆成了具有家的特色的公共交流互动空间。趋势五：业态功能趋向于功能细化。社区居民人数众多、结构复杂，按年龄、性别、收入水平、文化修养、价值观念等特征可以细分为不同的消费群体。各消费群体的消费结构、消费需求、消费动机和消费心理等决定了社区商业的相应业态组合，因此社区商业应趋向于功能细化。其核心是如何形成供应链能力、做大自有品牌，形成中国版本的新型零售业态，这是超级生意，也是最后一块"未现王者的兵家必争之地"。上海再也不能把这一商业机会让给"外来和尚"了。

二、社区超市离不开新零售

一场仿佛能够带来历史机遇的零售变革——新零售，自发声起已经走过一年多了。所谓的"新零售元年"——2017年，也因其承载的"新零售"开端与试错的责任使命，在零售的历史长河中留下一抹重彩。

（一）线上线下与物流的结合

新零售的主题是"线上线下与物流的结合"，因此线上线下融合和全渠道法则成为企业在新零售背景下的革新共识。线上电商纷纷拥抱线下市场，线下传统企业也不断发力线上，企图抓住新零售契机，全面提升市场占比。比如，作为线上零售巨头以及"新零售"发起者的阿里，布局线下的步伐从未停止。2017年2月，阿里与线下实体零售百联集团联姻，并于11月入股大润发等无不体现阿里线上线下趋同运行的决心与野心。

（二）人、货、场是零售行业中永恒的概念

不管技术与商业模式如何变革，零售的基本要素离不开"人、货、场"这三个字。"新零售"的重要标志，以"人、货、场"中所有商业元素的重构为核心代

表。以前传统的商业主要是货、场、人的顺序，先有商品，之后有了商品交易的场所，再去连接人。在新零售背景下，在用户需求越来越个性化的时代，需要去重构人、货、场的逻辑，即趋向于探究人、货、场的顺序。所谓的"人、货、场"逻辑顺序表达的是：市场不再盲目地生产商品，而是先借助云计算、互联网、大数据统计用户的消费需求、消费特征，利用这些数据设计产品的样式、特征、形式投入生产，根据市场动向推出产品。其中最重要的一个环节是"场"，场景体验在新零售背景下显得尤为重要。新零售背景下的场，是要给消费者构建虚拟场景，拉近产品与消费者的距离，从而帮助消费者完成全新的直观消费体验。

（三）供应链是指商品到达消费者手中之前各相关者的连接或业务的衔接

"新零售"旨在提升用户体验和提高效率的共同实现，其关键在于背后供应链体系的支撑，因此新零售时代下的决定核心在于企业的供应链能力。在传统零售中，供应链主要还是局限在供应链的后端，即采购、生产、物流等职能，和消费者、销售渠道的协同整合严重不足，这让供应链的反应总是很滞后。而新零售时代下的供应链各个环节必须高度协同，共同服务消费者，强调的是"全位一体"，供应链成为"供应链＋营销＋大数据"。新零售下，人和商品之间的连接方式发生了翻天覆地的变化。新技术和移动智能的突破，使整体的零售行业运转效率大幅提升。而传统实体业为了迎合新零售下消费者的新的需求轨迹，就必须进行全方位的转型升级。

三、"全家爱吃"的几个特色

（一）会员制的智能超市：只服务于会员，只能手机下单

2018年2月1日，"全家爱吃"首家门店在北京大兴区香园路金惠小区商业楼一层开业。"全家爱吃"是一家只针对会员（消费者）服务的门店，微信小程序首页也显眼地突出"不靠差价挣钱，靠会员费生存"的标语，全店十分突

出会员两个字,在价格上,会员价也占很大的优惠。注册会员后,会员不用到店购物,由店家提供送货上门服务。店内不需要购物车,只需要在微信小程序下单,凭条码到店内窗口取货。店内所有的显眼位置都贴着"手机购物、只需两步"的提示,颠覆了原有的购物方式。柜内的商品只是用于展示,也只是起到一个样品的作用,会员进店查看商品,如果觉得商品新鲜,可以通过微信小程序下单。

(二)折扣加品质

每天19:50,店内生鲜、果蔬、烘焙、熟食等产品每10分钟降低一折,直到21:20商品将免费送出。"不卖隔夜果、不卖隔夜菜"——全家爱吃店内循环播放的广播将其优势概括得很全面。除了接触不到果蔬、蛋肉类生鲜品,像调料、日用品等商品也被冷柜隔开。可以明显地感觉到冷柜除了展示商品的功能外还充当了一个屏障,让会员与商品之间产生距离。在取货区后面就是一座冷藏库,商品都储存在冷库里,保证了商品的品质。

(三)冷链是核心:冷库加冷柜

据全程参与施工的知情人士透露,在全家爱吃超市内,冷库占据20平方米,主食厨房、卫生间、更衣室、办公区占用了四分之一的面积,剩下的130平方米不仅要容纳下"24台大弧面冷柜和3台自携冷冻柜",还包括会员在店内的空间。

(四)新型的动线布置

作为超市,"全家爱吃"没有正门,取而代之的是"磁条自吸透明门帘"。通过一排落地门帘,可以清楚地看到全家爱吃卖场内布置。进入卖场,顾客就能看到卖场的24台大弧面冷柜和3台自携冷冻柜,冷柜按照M形排列,给顾客提供了一个M形的购物通道,而这个M形的购物通道也可以看作是店内的购物动线。整体来看,全家爱吃的SKU基本能满足人们的日常生活需求,特别是在社区内,生鲜品类占据绝对的主导地位,无论是从SKU还是摆放位置上,都是"触手可及"的位置。

第六章
上海商业劳动力市场分析

【背景资料】

　　新技术与应用场景相结合的探索,正在催生一大批"无人经济"。自动贩卖机的"迷你KTV"、无人化也将成为加油站未来的发展趋势,此外,自助健身房、自助洗车、智能快递柜、无人按摩椅等一系列"无人经济"也相继出现。据了解,其核心技术包括移动支付、传感等目前较成熟的应用技术,为完善用户体验提供了技术上的支撑。蚂蚁金服运用生物识别、深度学习算法、计算机视觉等技术能力,为商家提供身份核验、智能支付等多种服务,帮助商家为用户打造全自助的服务体验,消费者可以自助用、自助买、自助借,无须透过商家的人工服务。目前阿里计划布局十万家线下智慧门店,将提供一些无人值守技术和服务。根据一份市场报告显示,无人经济在2013—2016年经历了萌芽发展,在2017年迎来爆发式发展。除去涌现出的创业公司,电商、零售等巨头也纷纷布局。目前无人经济领域涉及无人零售、娱乐、生活、健康四大类,分布在十个细分领域,资本正大量涌入这一领域,四大类型中无人零售领域资本最为集中,创业公司数量也最多。无人商业新业态不可避免地存在一个问题:低端就业的挤出压力。

第一节 无人经济

"机器换人"在娱乐、生活、健康等日常消费场景中有了越来越多的应用,无人化的消费场景越来越普及。或许在不久的将来,科幻电影里的场景将成为现实,我们将很难看见人类服务生、产品销售人员和收银员的身影。这种对消费场域的重造,既有赖于人们研发的技术不断革新,也与消费者越来越要求服务客制化、个性化密不可分。

一、供需两端催生新业态

(一)中国迎来代表劳动与技术替代的刘易斯拐点

促使无人商业新业态近期蓬勃发展的原因多样,其中重要一点是人工成本的逐年攀升,使得传统商业迫切需要降低成本。例如缤果盒子,这是一家中国无人零售营运企业,目前已在广州、上海等大城市落地。一家无人值班的便利商店至少能够减少3个员工的人工成本。测得一个15平方米无人值班的便利商店能够售卖相当于40平方米传统便利店的商品,每个月运营成本却不到传统门店的15%。中国或将迎来代表劳动与技术替代的刘易斯拐点,中国的人口红利正在消退,这将导致在某些领域出现"用工荒"的现象。未来中国劳动力价格必然水涨船高,推动无人业态就是为了适应这个大趋势发展的必然选择。所谓"刘易斯拐点",又称为"刘易斯转折点",指在剩余劳动力消失之前,社会可以供给工业化所需要的劳动力,此时工资还不会上涨。直到工业化吸纳了所有剩余劳动力,这时若继续吸纳剩余劳动力,就必须提高薪资。否则,农业劳动力就不会进入工业之中,这个临界点就叫作"刘易斯转折点"。

(二)零售业正在从价格型消费向体验式消费、个性化消费转变

以零售为例,传统行业正在从价格型消费向体验式消费、个性化消费转

变。从科技型企业的自身发展来讲,也有通过新技术与应用场景的结合,以便更广泛和精准地采集用户消费行为数据,以分析未来商业领域、利用大数据拓展商业版图、增强核心竞争力。与此同时,支付方式、消费场景中新科技的运用,也迎合了"九零后""零零后"等新一代消费者对消费体验的青睐。为了体验"拿了就走",却甘愿排队近两小时,阿里无人超市"淘咖啡"还在测试阶段引来的关注就是最直观的例证。

(三)未来5~10年电商、零售等巨头纷纷入场"无人经济"

未来5~10年,实体店、百货店、超市将面临一场无人商业新业态所带来的颠覆和冲击。随着市场的普遍看好、资金的大量涌入,"无人经济"正迎来黄金发展期。"无人经济"的出现,顺应了现代社会个体"原子化"的生活演变趋势,是基于现代科技发展和消费者生活方式多元化的产物,首先会吸引一部分赶潮流的人群。不过,无人商业新业态不可避免地存在一些问题,包括商业噱头,带来低端就业的挤出压力等。但从长远来看,"无人经济"发展背后的动力是消费者要求更快速便捷、品质多元的需求升级。服务业整体也会随着消费者越来越"多元化、科技化、时尚化"而加快更迭,助推消费升级。

(四)"无人经济"正处于技术升级、消费升级的交汇点

其实"无人经济"和传统的"有人"经济并无矛盾,因为两者最根本的要求都是"服务于人"。虽然,"无人经济"目前有很多技术和服务尚未完善,做不到方便与便宜兼得,但"无人经济"可以降低经营成本,给消费者带来实惠,是发展的大势所趋。至于"无人经济"的快速发展是否会对就业产生冲击的问题,"无人经济"虽是一种趋势,但离真正到来还需要时日,对就业的影响目前还不需要太担心。毕竟这种业态要进入生活场景并完全实现商业化,必须要接受市场的长期检验。而这种新业态在减少劳动力、节约人力资本的同时,未来也可能出现更多工作种类。

二、零售业面临人工智能的压力

每个行业的企业都在争先恐后地将人工智能融入它们的产品中,零售业

也不例外。对于传统零售巨头而言,这意味着要与亚马逊和阿里巴巴等电子商务巨头短兵相接,这两家公司正在利用大数据和强大的人工智能算法来改变零售空间。除了激烈的竞争外,许多美国零售商正在以创纪录的方式倒闭,也强调了战略变革的必要性。仅在 2017 年,就有 21 家连锁零售商申请破产,其中包括 RadioShack、Toys R'Us 和 Aerosoles 等知名品牌。与此同时,像梅西百货(Macy)和西尔斯(Sears)等零售商也宣布它们将在全国范围内关闭数百家商店。尽管大多数传统零售商尚未制定人工智能战略,但一些商店和电子商务参与者已开始使用人工智能和机器人来改变零售空间了。随着计算机视觉技术的发展与无人零售商店的出现与普及,未来几年,越来越多的零售商将会被迫卷进这场人工智能游戏,人工智能和机器人攻击零售链的不同环节。电子商务巨头亚马逊和阿里巴巴可能会利用大数据和人工智能,来部署侧重于整体零售体验(包括线上和线下)的端到端解决方案。然而,大多数零售商都在将它们从人工智能那里获得的启发,集中运用在零售链的更具体的环节。

(一)制造业:将产品带到市场

产品要经历从生产到交付的不同阶段,企业是如何使用人工智能驱动的自动化(包括面部识别、需求预测和基于计算机视觉的机器人)来强化这些阶段?想要满足不断变化的消费者需求,商家需要缩短制造周期。为此,一些零售商正在转向使用计算机视觉的机器人来生产服装和鞋类产品,如阿迪达斯。受益于内部和第三方的制造自动化,制造业的工作很容易被外包到劳动力成本较低的发展中国家。但是,工业机器人成本的下降,使得制造基地能够更接近于需求地点,像阿迪达斯这样的零售商就受益于这一趋势。最近,中国 T 恤制造商天元服装公司与阿肯色州政府签署了一项谅解备忘录,计划 2018 年在阿肯色州小石城建造新服装工厂,并以每小时 14 美元的价格雇用 400 名工人。虽然这家工厂正在创造一些零售业的工作机会,但它的核心生产任务将会被严格自动化。天元的工厂将使用由佐治亚州创业公司 SoftWear Automation 开发的、基于机器视觉的缝纫机器人来为阿迪达斯生产服装。2015 年,阿迪达斯在德国建立了一个名为 Speedfactory 的机器人工厂,目前正计划不久后在格鲁吉亚建立另一家全面运营的 Speedfactory。在这两个工厂中,阿迪达斯计划在 5 个主要城市(伦敦、纽约、巴黎、洛杉矶和上海)制造本地化的鞋类。这些鞋类将根据每个城市运动员收集的数据以及当地地形和天气数据进行设计。

(二)仓储自动化:分拣、存储和库存管理

通往自动化的道路会经过仓库和工厂,在那里,机器人会与人类合作。随着越来越多的人在网上购买产品,订单履行中心按时发货的压力变得越来越大。2012 年,亚马逊收购机器人创业公司 Kiva Systems(现称为亚马逊机器人公司)的同时,其履行中心的机器人自动化发展势头业也变得越来越好。亚马逊的机器人使用计算机视觉、深度感应、物体识别和其他人工智能软件来实现移动重物和处理包装等功能。在亚马逊收购 Kiva Systems 后,新的创业公司涌现出来,填补 Kiva 留下来的空白,构建了更广泛的生态系统。在非结构化环境中,机器人在拾取、挑选和处理物品方面的表现仍然不够完美。但创业公司已经开始解决机器人拾取和处理精致商品时遇到的一些挑战。例如,RightHand Robotics 在 2017 年第一季度完成了 800 万美元的 A 轮融资,用于开发拾取机器人。重点关注制造业的 Rethink Robotics 也在开发用于物流和物料搬运的机器人。它得到了高盛、CRV、Draper Fisher Jurvetson、Bezos Expeditions 和 GE Ventures 等投资者的支持,并筹集了近 1.5 亿美元的资金。

(三)基础设施即服务:向其他需要的零售商出售其自动化解决方案而获利

最近关于仓储自动化领域最大的一个新闻来自欧洲。与亚马逊一样,英国的线上杂货超市 Ocado(提供类似于 FreshDirect 和 AmazonFresh 的服务)早期投资仓库自动化,并强调机器学习是公司的"核心竞争力"。Ocado 公司开发了大部分关于仓库自动化的软件与硬件。在 CB Insights 平台搜索发现,Ocado 在美国提交的专利显示了该公司一直在研究的仓库自动化技术的类型有：包裹分拣器、机器人物品处理、自动化包装处理等等。Ocado 围绕着这些技术构建了商业模式。除了运营电子商务业务之外，它还开始向英国的其他零售商提供软件和基础设施即服务。2017 年第四季度，Ocado 与法国食品杂货巨头 Groupe Casino 建立了合作伙伴关系，使 Ocado 的股价暴涨。作为合作的一部分，Ocado 将为 Groupe Casino 构建"最新一代、最先进的自动化仓库"，在软件方面，提供前端 Web 界面和最后一公里交付路线规划等解决方案。这笔交易使 Groupe Casino 拥有了超过像家乐福，甚至亚马逊这样的竞争对手的可能性。有传言称，亚马逊正在与法国各大超市巨头洽谈潜在的收购交易。2018 年，Ocado 进入北美市场，与加拿大食品零售商 Sobeys 就建立仓库自动化方面达成合作协议。

（四）消费者渠道：线上销售 VS.线下销售

对 50 多家美国顶级上市零售商（包括 Etsy 和 eBay 等电子商务网站）的 1 600 多份财报电话会议记录进行分析时，仅有 9 家零售公司提到了与其网站或实体店相关的人工智能策略[①]。一些零售商，如 Lowe's，专注于内部研发，而像丝芙兰和沃尔玛等这样的零售商，则通过与创业公司建立合作伙伴关系，来尝试新的基于人工智能的解决方案。线上的解决方案，如 eBay 是最早开始在线上业务中引入基于人工智能的解决方案的品牌。该公司第一次提到"机器学习"是在 2015 年第三季度财报的电话会议中，当时，eBay 刚刚开始强迫卖家编写产品说明，并使用机器学习来处理这些数据，以便在目录中找到类似的产品。快进到 2016 年第二季度，公司关于人工智能的动作开始频繁起来：在这一季度，eBay 收购了一家人工智能公司（Expertmaker），正在洽谈收购另一家公司（Salespredict，在第三季度完成了收购），在电话会议上提到人工智能大约有 15 次。最近，在该公司 2017 年第四季度财报电话会议上，首席执行官戴文·维尼格（Devin Wenig）谈到了基于人工智能的广告投放、个性化、可视化搜索，以及对 C2C 销售商的配送建议。在 eBay 之后，Etsy 是下一

---

① 我们的分析排除了像亚马逊这样的大型科技公司。

个提及人工智能战略的零售商。它在2016年第三季度的财报电话会议中首次提到了机器学习。在同一季度,Etsy收购了计算机视觉创业公司Blackbird Technologies。其他公司,如GAP,提到了人工智能技术,但尚未讨论强大的人工智能策略。对于一些零售商来说,与创业公司建立合作伙伴关系,在建立人工智能策略方面占有很重要的地位。图像搜索创业公司ViSenze与优衣库、Myntra和日本电子商务巨头乐天(Rakuten)等客户合作。ViSenze允许用户在商店内拍下他们喜欢的东西,然后上传照片在线上找到确切的产品。这家在加利福尼亚州和新加坡设有办事处的创业公司,在2016年从包括乐天旗下风险投资部门在内的投资者那里获得了1 050万美元的B轮融资。最近,它进入了联合利华的铸造厂,这个工厂允许这家东南亚的创业公司用其品牌测试试点项目。除了线上扩展个性化体验之外,零售商还希望了解消费者使用各种设备的行为。这种信息使得品牌不仅可以为每个用户量身定制营销信息,还能更具体地针对每个用户的设备进行个性化推广。一家专注于这个领域的创业公司是中国台湾的Appier,该公司在2017年第三季度获得了软银集团的支持。Appier的客户包括美国奢侈品制造商雅诗兰黛、日本护肤系列Naruko和联合利华的品牌AXE。其人工智能平台——Axion,可以识别设备所有权并创建相关的用户配置文件。这使得零售商可以选择最适用的策略与跨平台的用户群体进行互动。

  线下的解决方案,由于电子商务的增长,一些美国的商店被迫倒闭。这个过程中,最引人注目的要属于亚马逊了,一个以人工智能为核心的公司,在电子商务市场中占据了主导的地位。但与此同时,亚马逊正在进军实体零售业务。该公司正在将人工智能技术应用到实体零售世界中,利用人工智能来帮助实体店的运营。亚马逊在线下追踪消费者。亚马逊在西雅图开设了基于计算机视觉的、无收银员的"Amazon Go"商店。在人工智能算法的追踪下,顾客可以走进商店,随心所欲地选购商品,然后"不用结账",直接走人。顾客在进入商店时,要出示二维码,作为身份标识。然后,亚马逊使用人工智能支持的追踪系统监控顾客的活动。当顾客离开商店时,会留下一系列关于他的购买活动的数字足迹,亚马逊会据此进行结算。在亚马逊宣布推出 Amazon Go 商店的同时,中国也掀起了一场无收银员商店的热潮。在 CB Insights 平台上进行关键词搜索显示,2017 年,无人商店创业公司一共达成了 27 笔交易。相比之下,2016 年这一领域仅有 1 笔交易,而前几年没有交易①。总部位于广东的缤果盒子在 2018 年第一季度融资 8 000 万美元,总融资达到 9 400 万美元。其无人商店目前在很大程度上依赖于射频识别(RFID)标签,但该公司最近宣布正在向基于人工智能的图像识别解决方案迈进。其他零售商也一直在门店中测试与库存管理和客户互动协助的技术。Lowe's 的创新实验室与创业公司 Fellow Robots 合作制造了零售机器人 OSHBot 和 LoweBot,这些机器人可以帮助客户在商店里找到特定的产品。该实验室也正在尝试用 AR/VR 解决方案来帮助客户。

(五)供应链与物流:向消费者交付订单

物流公司正在使用人工智能和物联网来更好地跟踪全球货运。全球零售供应链正变得越来越复杂。卖家和消费者都想知道他们的产品/货物在哪里、处于何种状态、交付时间是多久等。但是,从物流代理和物流经营者到零售商和仓库所有者,涉及货物运输的人员规模庞大、网络复杂,这使得供应链可见性成为一个挑战。像 ClearMetal 这样的创业公司正在尝试使用机器学习来提高货运的可视性。该公司正在开发一个预测性智能平台,收集来自运输公司的数据,并汇总数据点,如实时天气和货币波动,以帮助预测运输事件、运输时间和运输需求。全球最大的集装箱航运公司马士基集团(Maersk)正在印度招聘 200 名专注于数据科学和人工智能的工程师。马士基此前与爱立信和 Maana 等公司合作开发工业物联网解决方案,该公司希望将其所有资产连接到云上。例如,可以为连接的船舶提供有关意外天气状况的实时信息。马士基公司还利用物联网在运输过程中提高冷藏容器中食品质量的可见度。

---

① 并非所有的交易都使用与人工智能相关的技术。

在最后一公里的交付中,亚马逊可能会颠覆物流行业。亚马逊是 UPS 等传统货运代理的最大客户之一。长期以来,人们一直担心亚马逊的内部物流和自动化工作将使公司成为 FedEx 和 UPS 等货运巨头的竞争对手。2016 年,亚马逊首次将自己描述为一个"运输服务提供商"。它还在美国和中国申请关于货运代理商的经营执照。亚马逊也在测试使用机器视觉的无人机交付服务,但是,在这成为主流的最后一公里交付选项之前,它将会受到严格的监管审查,尤其是在城市中。不过,亚马逊的下一代无人机专利表明,该公司非常重视开发这种技术,以便在配送中心和交付中使用。

(六)桥接线上和线下零售业

尽管许多零售商专注于线上或线下的解决方案,但其他零售商正在整合这两种解决方案。例如,阿里巴巴正在使用人工智能来更好地理解线上和线下的消费者行为是如何协作的。在某些方面,阿里巴巴在使用人工智能对线上和线下整合方面领先于亚马逊。它依赖于技术——如智能商店、深度学习和 AR/VR——并采用新的商业模式,来弥合中国线上和线下的鸿沟。阿里巴巴将此称为"新零售"策略。为了测试其零售一体化工作的效率,该公司在"双 11"进行了测试。2017 年,这家电子商务巨头的单日销售额达到了 253 亿美元。在高峰期,阿里云每秒处理 32.5 万个订单。这一天其他的亮点包括:一款类似于 PokemonGo 的"捉猫"游戏,激励线上客户去实体店抓虚拟猫,来获取折扣和优惠。在 12 个城市销售宝洁和雅诗兰黛等品牌产品的快闪店中,都配备了虚拟试用设备。在线上,聊天机器人和机器学习算法自动解析与购物门店相关的问题。在物流方面,阿里巴巴在 3D 立体包装方面使用了深度学习技术,目标是在尽可能小的空间内打包更多的东西。在一些实体店面,阿里巴巴实验了人工智能时尚顾问 FashionAI。一个屏幕会扫描客户所持产品上的标签,然后利用机器学习来提供如何配对产品相关的建议。阿里巴巴致力于将线下与线上的商业结合起来,并改善消费者的整体零售体验。阿里巴巴明确表示,新零售是全方位的,并用一种融合实体和数字购物体验的跨渠道的方式来完成这一目标。

(七)结论

尽管基于人工智能的解决方案正在兴起,但只有少数传统品牌在有效地实施人工智能策略来提高业务效率。但人工智能正在重塑零售业的劳动力队伍。从制造业到最后一公里的物流业,零售生态系统中的参与者将不得不适应这种变化,以保持相关性。像阿里巴巴和亚马逊这样的技术巨头将继续推进边界,将人工智能应用到零售业中,并积累大量的消费者数据集。前不久,阿里巴巴宣布,它将在量子计算、人工智能和其他技术方面投入150亿美元。规模较小的创业公司也在这里看到了机会并抓住了它。例如,总部位于加利福尼亚的创业公司AiFi最近筹集了400万美元,来实现"无收银店"自动化解决方案的大众化,帮助零售商建造类似于Amazon Go的商店。最后,还有一个趋势值得注意:随着人工智能继续在整个零售生态系统中蔓延,零售商可能会越来越多地与其他行业的高科技公司争夺与人工智能相关的创业公司和人才。

第二节 灵 活 用 工

"灵活用工"因何而火?其实,各类组织已经通过劳务派遣、业务外包等方式,自发地在使用"灵活用工",探索人力资源不同的配置方式。

一、灵活用工的分类

灵活用工从人力资源配置方式来看,可分为"非标准雇佣关系"和"非雇佣关系"两大类(图6.1)。

(一)非标准雇佣关系

非标准雇佣关系有别于企业直接聘用正式员工、与劳动者建立的标准全日制劳动关系,标准雇佣关系适用《劳动法》《劳动合同法》等相关法律法规。非标准雇佣关系有以下几种模式:使用劳务派遣员工;采取岗位外包/业务外

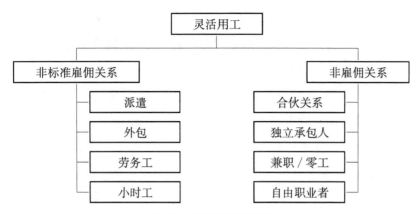

图 6.1 灵活用工的分类

包的模式,将标准化岗位或业务进行外包;使用实习生、退休返聘人员或其他类型的劳务工;使用小时工,即通过人力资源服务机构或者企业自身在符合条件的岗位上与劳动者建立非全日制劳动关系。

非标准雇佣关系用工的特点是:提供非标准雇佣关系灵活用工服务的,以人力资源服务企业居多。此类企业从招聘、代理、派遣到外包等业务一路走来,主要为企业非标准雇佣关系用工提供配套服务,最近2年不少人力资源服务企业借助移动互联平台实现业务快速增长。人力资源和社会保障部在2006年《关于我国灵活就业情况的统计分析》中曾将就业者分为三类:(1)自营劳动者。包括自我雇佣者(自谋职业)和以个人身份从事职业活动的自由职业者等。(2)家庭帮工。即帮助家庭成员从事生产经营活动的人员。(3)其他灵活就业人员。主要是指非全时工、季节工、劳务承包工、劳务派遣工、家庭小时工等一般劳动者。那么这些人力资源服务供应商提供非标准雇佣关系灵活用工服务,有什么特点呢?其优势为:熟悉中国人力资源法律法规,有多年的员工关系处理和业务操作经验;深谙中国人力资源服务市场和企业需求;以取得相关领域劳动力资源进行灵活配置为优势,并有客户积累,与客户的黏度高。劣势表现在重服务,新技术应用有限,需要不断磨合企业服务流程和各行业风险防控手段。业务成长需要时间和经验积累,成长速度相对较慢,同时易受国家政策影响。

行业成功模式难以复制,行业/岗位差异大。除了中智、北京外企、上海外服等人力资源线下服务巨头外,近两年不少人力资源服务机构以移动互联技术,不断升级改造自己的业务形态,特别是灵活用工相关服务。例如科锐国际,首家A股上市人力资源服务企业,市值37亿元人民币左右。其三大主营业务为:中高端人才访寻业务、招聘流程外包业务、灵活用工业务。2017年年报显示,灵活用工业务营收6.56亿元,占比超过64%,派出人员6 400人。主要聚焦前台、基础财务、基础人力等岗位,解决企业前台岗位外包,女性"三期"临时替补等需求。

斗米兼职2015年11月从58赶集集团独立分拆,以大学生兼职切入人力资源服务市场,提供在线招聘、RPO招聘、岗位外包、在线众包等灵活用工服务,主营餐饮酒店、零售快消、互联网、物流快递、教育培训、展览展示等服务业一站式灵活用工解决方案和服务。截至2017年底,用户求职量超5 200万,月访问量超2 500万。

(二)非雇佣关系

非雇佣关系其实已经存在一段时间了,在互联网新经济发展中,迎来了突破性的发展。非雇佣关系是指自然人与企业不建立任何形式的雇佣关系,而是以自我经营的方式,与企业达成某种形式的业务合作,适用《中华人民共和国合同法》《中华人民共和国民法通则》的相关规定。非雇佣关系包括:合伙关系(股权合伙、业务合伙、营销合伙等多种类型);以自然人承包企业定量、单项或标准化项目为方式的独立承包人;通过平台,尤其是分享经济平台,完成单项任务的兼职/零工模式,以及线上、线下为企业提供专业服务的自由职业者等类型。

非雇佣关系的特点体现在新兴移动互联和AI等技术驱动的共享经济平台,出于自身商业模式需要,客观上形成了采用"非雇佣关系"的平台与劳动者的合作模式,同时开放给企业和各类组织。国家信息中心分享经济研究中心及中国互联网协会分享经济工作委员会发布的《中国共享经济发展年度报告(2018)》提出:共享经济发挥了就业蓄水池和稳定器的作用。初步估算,2017年我国参与共享经济活动的人数超过7亿人,比上年增加1亿人左右。其中参与提供服务者人数约为7 000万人,比上年增加1 000万人。非雇佣关系的优势是它的创新商业模式,以大数据、人工智能等新技术手段颠覆行业。一旦商业模式确定,可快速复制,特别在 To C 领域实现了指数级增长;能够产生和抓住直播、微商、个人资源分享、个人时间分享等"新风口"。其劣势则为由于其是创新商业模式,无法可依,试错成本高;在劳动者合作以及支付等环节存在合规性问题;无法提供其他劳动保障和配套服务。很多互联网共享经济平台本质上就是在为企业或个人提供非雇佣关系的合作与服务。约单是一个个人买卖个性化服务/时间的平台,目前日均订单量突破 20 万笔,日总撮合金额达到 1 亿元,是目前国内最大的个人服务交易撮合平台。其提供的服务如图 6.2 所示。

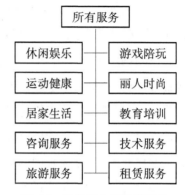

图 6.2 约单平台提供的服务

e 代驾从来不认为自己是做代驾的公司,它认为自己是个互联网平台。想找人开车的车主在 e 代驾平台发单,愿意帮对方开车的司机接单,最后是车主雇司机,跟 e 代驾没有任何关系。所以,e 代驾与车主或司机都不存在任何劳务或劳动等关系。e 代驾没有任何一个做代驾的员工,但是却是中国做代驾最大的公司,平台注册代驾司机超过 20 万。

(三) 结语

随着后工业时代,以互联网为工具的新经济时期,灵活用工将被越来越多的组织应用于组织变革过程中的人力资源多样化配置,顺应经济发展和商业模式的新需求。

二、一二线城市餐饮服务员起薪标准

(一) 北、上、广、深、杭等一二线城市餐饮用工缺口巨大

阿里巴巴旗下本地生活服务平台口碑联合国内最大的生活服务平台 58 同城旗下的 58 英才招聘研究院发布 2018 年 1—4 月全国重点城市餐饮业用

工分析报告。报告显示,北、上、广、深、杭等一二线城市餐饮用工缺口巨大,餐饮人员供不应求的现象显著。北京、广州的招聘规模和求职规模比更是超过5:1,也就是说,每5个空缺岗位只有不到1个对应的求职人员。旺盛的招聘需求直接拉高了餐饮企业的支付薪资水平。报告显示,餐饮企业支付薪资水平最高的十个重点城市依次是北京、南京、广州、上海、深圳、杭州、合肥、苏州、西安、武汉。其中,武汉最低,为5 376元;北京最高,达7 656元。对比中智咨询调研中心2017年9月发布的2017届全国应届毕业生起薪水平调查报告可发现,该薪资水平已普遍高于2017应届本科毕业生的平均起薪,尤其是北京,北京餐饮企业支付薪资水平甚至高出2017应届硕士毕业生的平均起薪近千元(图6.3)。随着城市服务业的持续升级,招人难、留人难已是餐饮业的常态化现象,一方面是因为餐饮业规模扩大,用工需求量增加;另一方面,受到外卖、快递等行业的迅速发展,相比餐饮业,这些行业工作收入更高、用工形式更灵活、工作门槛更容易,吸引大量外来务工人员加入。

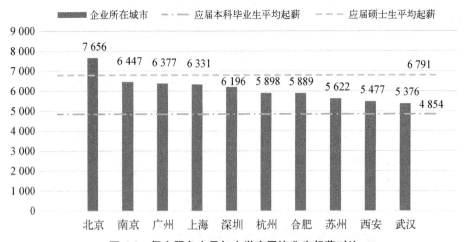

图6.3 餐企服务人员与大学应届毕业生起薪对比

资料来源:1. 58英才招聘研究院"2018年1—4月餐企服务人员起薪数据"
2. 中智咨询调研中心"2017年应届毕业生平均薪资数据"

(二)招工难、用工成本高影响着餐饮业发展

招工难、用工成本高成为影响中国餐饮业发展的重要因素之一。2017年

4月,中国连锁经营协会就餐饮业痛点展开问卷调查,90%的受访餐饮企业把用工问题列为影响餐饮业可持续发展五大痛点之首。如何有效缓解用工难题是当下不少餐饮企业共同思考的焦点。从劳动人口总量的演变趋势来看,至少在未来十年内,餐饮业用工难的问题都会一直存在。要缓解这个难题,一方面需要餐饮企业尽可能多地创造成长空间,让就业人员觉得有工作前景、有上升通道;另一方面则应该尽早布局,有计划地用新技术替代人工,比如用手机点单替代服务员,用移动支付替代收银员,用半成品预制菜实现门店的"去大厨化"。以手机点单为例,口碑平台有过统计,传统餐饮模式中,100平方米大小的店面大概需要13个人,而应用手机点单,同样的店面只需要6个人。而且在同一单位时间内,新模式可以同时服务的到店人数大概是传统餐饮模式的1.5倍。

三、快递外卖行业交通事故

（一）快递外卖交通事故悲剧频发

2017年12月27日16时52分,申通快递员庹某驾驶牌号为"浙AVU302"轻型厢式货车在金山区松隐镇南星村8组近松前路口倒车过程中,撞倒车后骑行的人力三轮车,三轮车驾驶人沈某在送医途中死亡。类似的悲剧不在少数。据上海公安交警部门披露,2017年全市共发生涉及快递、外卖行业各类道路交通事故117起,造成9人死亡,134人受伤(图6.4)。快递、外卖行业人员与非机动车或行人发生交通事故致非机动车或行人死亡的有4人、受伤的有82人,双方均受伤的28人,仅快递、外卖人员受伤的有2人(图6.5)。

（二）饿了么成事故大户

交警部门还公布了快递外卖行业事故较多单位的信息。饿了么发生交通事故43起,造成1人死亡(送餐员),分别占36.8%、11.1%;美团发生交通事故29起,造成3人死亡(其中,2人为送餐员,1人为事故另一方非机动车骑车人),分别占24.8%、33.3%;申通快递发生交通事故6起,造成1人死亡,为

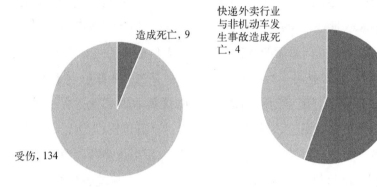

图 6.4 快递外卖行业发生交通事故造成伤亡情况

图 6.5 快递外卖行业发生交通事故造成死亡情况

事故另一方非机动车骑车人;圆通快递发生交通事故 5 起,未发生死亡事故;顺丰快递发生交通事故 3 起,造成 1 人死亡,为事故另一方非机动车骑车人(图 6.6)。

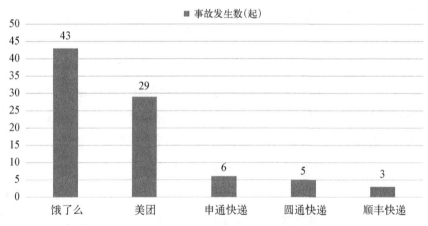

图 6.6 快递外卖行业发生事故较多的企业

第三节 "互联网+"的"劳动关系"

2017 年 12 月 30 日,我国灵活就业人口约 2.2 亿人,占城镇总人口的

63.2%。2014年,全国网络创业带动的直接就业规模近1000万人。2017年,分享经济的提供服务者人数约为6000万。劳动法领域的首要和核心问题自然是平台与大量服务人员是否构成劳动关系,如果不是,则构成何种法律关系。对于此,相信即便是经验丰富的司法工作者或劳动法律专家,也不会马上给出非黑即白的回答。

一、互联网的兴起改变了一切

互联网的发展最大限度地降低了作为个人获得外部需求方关注的成本。像在这么一个大市场里获得需求方的关注,个体需要付出的代价其实和企业没什么区别。那么,为什么还要依附于一个组织之下呢?所以,越来越多的个体脱离组织,在一个又一个的平台上展示自己,宣布自己能够独立交付服务的能力。高强度的劳动力维持成本,也倒逼企业寻求用工灵活化的出口。他们更希望的是:招之即来,来之能战,战之能胜,以及,挥之即去。但是,劳动法不同意。无固定期限劳动合同,加上只能法定的解除劳动合同理由,再加上几乎如刑事侦查般艰难的单方解除合同的证明责任,让每个企业在招用劳动者时就要做好"此缘绵绵无绝期"的心理建设。

(一) 代表平台不一定等于受雇于平台

"平台"二字在人们的认知中是指资源的集合或渠道,服务人员通过平台对外提供服务,似乎只是借用平台,并不为平台打工。但使用平台的广大用户一般会认为服务人员代表平台,是平台的工作人员。例如,在前段时间曝光的美团外卖配送员"偷吃外卖又吐回"的事件中,在舆论指责管理不到位的压力下,美团回应已"辞退"该员工,并表示会加强对配送员的日常管理。普通消费者可能直观地认为穿着制服的骑手一定是外卖平台的员工,但实践中,外卖平台几乎不会和配送员直接建立劳动关系、签订劳动合同。

(二) "互联网+行业"侧重前者还是后者

从商业模式看,许多平台企业是以技术为盈利核心的互联网公司,但除了开发和完善技术外,也会不可避免地对服务人员进行管理。例如,将自身坚持定位为互联网公司的滴滴对于司机有着较为严格的准入条件和规则约束;蜂鸟、达达等各类众包配送平台对于快递员也适用严格的规章制度和考核体系。从这个角度看,平台似乎已不只是专心做技术的互联网科技公司,同时也是管理着大量"员工"的传统的出租车公司、物流公司。

(三)模糊的身份认同

从平台和服务人员的关系本身看,许多平台的服务人员既不属于具有强烈从属性的劳动者,又不是完全的自由职业者。因此,虽然本书用了"劳动关系""劳动者""工伤"等具有劳动法意义的概念,但在共享经济环境下,对这些概念本身的界定就是值得探讨的。

二、平台与服务人员的法律关系

(一)对个体保护程度的不同

劳动法领域实行的是有限容忍原则,用人单位与劳动者之间的劳动关系一旦建立,就受到了以强制性规范为主的劳动法律制度的规制。劳动者享受法律的倾斜性保护,用人单位需要履行在社会保险、最低工资、劳动保护、工时休假、劳动关系解除限制和经济补偿等诸多方面的义务。如果平台与服务人员构成劳动关系,服务人员应享有作为劳动者的各项权利,平台则无疑需要承担更重的用工主体责任。相反,如果平台与服务人员仅构成雇佣(广义)、劳务、居间、挂靠等民事关系,则民法和合同法的主体平等、意思自治、契约自由等原则适用,法律不会对当事人间的权利义务作过多干涉。对属于相对弱势群体的服务人员来说,只能依据合同法、侵权责任法等法律以及与平台间的民事合同(在共享经济下,通常是平台提供的各类格式化的"服务协议""注册协议"等)来主张权利,受法律保护程度较弱。

(二)不限于个案的意义

共享经济覆盖的各种性质和商业逻辑的平台数量繁多,涉及的服务人员多达千万,对于平台与服务人员法律关系的认定,在实践操作中是较为困难和具有争议的。从可以直接适用的成文法来看,在认定劳动关系的问题上,国家层面的规定只有劳动和社会保障部在2005年颁布的一项通知,相关条文较为原则概括,界定疑难法律关系时已显现出缺乏效用;在监管政策方面,国家只对少数行业(如网络预约出租汽车行业)出台了相关规定,且出于保护互联网经济发展的价值取向,通常不会对劳动关系建立问题作强制性的规定,而是采取开放式的态度。

社会生活千变万化,服务人员在提供服务过程中一旦与平台产生争议,并寻求司法途径解决,审裁机构在"立法缺位、司法先行"的实践中其实承担了较大的压力。即便是在以判例为主要法律渊源的普通法法系国家,法官对新经济形态下的劳动关系认定问题也处理得小心翼翼。2015年12月,加州旧金山地区法院在一起Uber司机是正式雇员(employee)还是独立合约人(independent contractor)的案件中,判定该案为集体诉讼。根据法庭文件,集体诉讼将覆盖加州超过16万名Uber司机,一旦Uber败诉,意味着将至少有16万Uber司机能获取雇员的权益,仅美国Uber一年需要增加的雇佣成本可能达到41亿美元。该案法官的观点充分体现了司法谦抑的原则:"因为从传统的思路方式出发,首先要界定Uber司机法律身份,然后将其纳入某个法律体系加以保护,但是这样的思路似乎在Uber这样的业态上遇到了前所未有的障碍。当然,我们也可以像抛硬币一样选择一个法律身份,而不去深究原因和后果,但是这样的法律适用所带来的影响可能不仅仅是法律体系本身的混乱,更可能是法律社会现象的错误应用,从而对社会的创新、进步带来不可估量的负面影响。"

与劳动关系确立有关的争议属于劳动仲裁机构和法院审理劳动案件的受案范围,共享经济形态下任何一类平台与服务人员间的劳动纠纷都可能被推向风口浪尖,审级较高的法院的判决很可能成为代表性案例,影响力远远超过了个案的意义。近一年来,北京、上海等地的法院对于新经济形态下劳动关系的认定问题都举办了有关研讨会,所体现的整体态度是:支持"互联网+"下的灵活用工趋势,但又要平衡双方利益,尊重市场,审慎裁判。

(三)法律风险影响商业决策

许多新型互联网企业的风险意识和知识付费的意愿都非常强,作为法律服务提供者,建议从客户的商业模式出发,又影响着客户的商业选择。平台出于经营成本考虑,通常不希望与服务人员被认定为劳动关系,法律和政策的系统性风险是其在建立和发展商业模式的过程中必须考虑的因素。

同时,在一个完整的共享经济法律关系中,涉及的主体可能不止平台和服务人员。例如,网络约车行为法律关系中,当事方可能包括打车软件平台、汽车租赁公司、劳务派遣公司和司机;外卖订餐行为的法律关系中,当事方可能包括外卖软件平台、即时配送平台、商家和配送员。许多提供人力资源服务的公司也会参与到共享经济的法律关系中。因此,关心与服务人员是否构成劳动关系问题的主体也不仅仅是平台企业。

三、平台与服务人员劳动关系的认定

(一)从属性是认定劳动关系的最重要标准

现行《劳动法》《劳动合同法》等法律并未对"劳动关系"作出明确定义,司法实践中,审判因确立劳动关系产生的争议,主要法律渊源是原劳动和社会保障部颁布的《关于确立劳动关系有关事项的通知》(劳社部发〔2005〕12号,以下简称《通知》),该文件规定,用人单位招用劳动者未订立书面劳动合同,但同时具备以下情形的,劳动关系成立:

(1)用人单位和劳动者符合法律、法规规定的主体资格;

(2)用人单位依法制定的各项劳动规章制度适用劳动者,劳动者受用人单位的劳动管理,从事用人单位安排的有报酬的劳动;

(3)劳动者提供的劳动是用人单位业务的组成部分。

以上条文体现了劳动法理论对于劳动关系认定的主流观点,即从属性是认定劳动关系的最重要标准,其中包括:一是人格从属性,指的是劳动者服从用人单位的管理、受到劳动纪律或规章制度的约束,通常被认为是劳动关系的根本属性;二是经济从属性,指的是用人单位支付劳动报酬、提供生产资料、劳动条件等;三是组织/业务从属性,指的是劳动者提供的服务是用人单位的业务组成部分。

(二)从属性认定公式

然而,在探讨共享经济时,原劳动部的《通知》和三个从属性的标准却不再像公式一样万能地解决劳动关系的认定问题,生搬硬套很可能产生违背立法本意的结果。我们以滴滴的快车司机为例,可以发现其与约车平台的关系既有具备从属性的因素,又存在不具备从属性的事实:各类平台与服务人员在工作时间占有、报酬支付、日常管理等因素上的关系特征不尽相同,而通过对具体案件事实的分析,会发现很难断定哪一种因素是具有决定性或主导性的。例如,我们通常认为劳动关系的基本特征之一是用人单位对于劳动者有着时间上的完全占有,无论是全日制还是非全日制用工,在工作时间内,劳动者完全接受用人单位的约束。在共享经济中,许多服务人员已将通过平台提供的服务作为自己的全职工作,如快车司机、配送员、网络主播、保洁阿姨等,但许多案件的裁判结果并未认定这些个体与平台建立了劳动关系。在报酬支付方面,是否有固定的支付周期、报酬性质是分成还是付薪也不能作为唯一的考量因素。

在最能体现人格从属性的用人单位的管理方面,有观点认为可以将服务人员的工作方式划分为被动接受分派和主动争取订单两种。如属于前者,则证明服务人员受到平台的严格管理,具有强烈的从属性,认定为劳动关系的可能性较大;如属于后者,则说明服务人员有较大的自主独立性,不太可能存在劳动关系。但如此分类方式过于粗犷,以滴滴快车司机为例,除了预约车外,现在司机的接单方式大多是通过平台派单,虽然可以选择拒绝,但会影响其以后的成交率。如果因此就认定司机受到平台严格管理,与平台间构成了劳动关系,其实是忽视了平等民事主体间履行合同时的违约行为也需要承担违约责任的法律后果。也有人认为,既然司机受到平台制定的各项规则的约束,就足以证明其接受平台的劳动用工管理。但这种观点忽视了平台要求司机遵守各项制度,一方面可能是为了符合监管政策的要求,另一方面也是出于统一服务质量、维护交易秩序、提升用户体验的商业考虑,最终目的是扩大产品的市场占有率。如果将平台制定的"禁止恶意抢单或随意取消"等规则上升为劳动纪律或规章制度,未免过犹不及。毕竟,司机违反平台规则的后果是影响本人的载客率、好评度或收入,而非接受平台的劳动纪律处分。

(三)结论

总之,在认定劳动关系的"从属性"时,脱离平台商业模式以及平台与服务人员关系的实际,生搬硬套或武断地总结各类公式,很可能得出有失公允的结论。

第七章
上海商业的物流分析

【背景资料】

据美国物流地产普洛斯的调查报告显示,电商的销售额在各个国家GDP上的占比正在逐年上升。英国的电商销售额占到了其GDP的近6%,中国的电商销售额也占到了GDP的3%之多,并可能在2020年紧随英国,成为电商销售额占GDP比重第二高的国家。从人均的仓储面积上来看,与美国相比,我国的人均仓储面积不到美国的八分之一,物流地产整体的需求量巨大。用类似传统的零售生产率指标的方式来计算,在线零售商们在维持现有的收入水平下,至少还需要现有物流面积3倍的流通面积。城配行业发展迅速,新模式、新技术、新企业的大量涌现,有效满足了当今城市物流的需求,是我国物流充满希望的行业。首先,城市集中了我国60%以上的人口,80%以上的社会商品零售额和90%以上的工业产品,是一个巨大的市场;其次,城市配送涉及的领域众多,包括城市交通条件、物流节点分布和建设、物流技术装备、信息技术和信息平台、配送车辆工具和监管体制等等,是个非常复杂的体系;第三,由于存在相互关联而又相互竞争的企业关系,在一条条供应链相互交错的网络中,如何处理好权利和责任、利益分配、成本摊销、争议解决等问题,或许是城配最重要的问题,因为在现代经济中,任何一家企业都无法独立完成所有的物流活动。城市配送涵盖生产和生活两大领域。其中生活方面最吸引眼球的是快递行业,据统计,2017年快递量达到401亿件。为满足快的要求,快递行业使用了最先进的物流技术。运送物品涉及吃的如生鲜、饭菜,穿的如衣物鞋帽,用的如家电、家具等。有的人终日不出家门,一切需要均通过外卖和快递满足。生产方面包括零部件、办公用品、设备、原材料等,这个领域业务量巨大,有十万亿元以上的市场。

第一节 上海物流业整体状况

一、2017年我国物流业发展回顾

2017年,我国物流业全面贯彻落实党中央、国务院决策部署,坚持稳中求进工作总基调,贯彻新发展理念,以供给侧结构性改革为主线,推动结构优化、动力转换和质量提升,主要指标稳中向好、提质增效,实现了平稳健康发展。

(一)总体运行平稳健康

物流需求持续增长。全年社会物流总额252万亿元,同比增长6.7%;社会物流总费用12.1万亿元,同比增长9.2%;全国货运量471亿吨,同比增长9.3%。中国沿海散货运价指数呈逐月上涨态势,全年均值1 148点,较上年上涨22%。物流运行质量稳步提升。社会物流总费用与GDP的比率从2015年的16%、2016年的14.9%,进一步下降到2017年的14.6%;全年物流业总收入8.8万亿元,同比增长11.5%;12月份中国物流业景气指数达56.6%,全年均值为55.3%,始终保持在50%以上的景气区间。

(二)结构调整趋于优化

消费成为物流需求增长的重要推动力。消费物流与居民物品物流总额

同比增长 29.9%。消费物流中的电商物流增势明显,中国电商物流指数中的总业务量指数全年均值为 143.4。电商物流带动快递业务加速扩张,2017 年 12 月中国快递物流指数为 106.3%;全年快递业务量达 401 亿件,同比增长 28%。其中冷链物流成为吸引社会投资的热点,全国冷库总容量可达 4 775 万吨。与消费相关的快速消费品、医药、汽车、服装等细分市场增势良好。工业制造业物流仍然是物流需求的主要来源——全年工业品物流总额 235 万亿元,同比增长 6.6%,占社会物流总额的 92.7%。工业品物流中的高技术产业、装备制造业等物流需求增长较快,高耗能产品、大众商品物流需求走势延续回落。运输结构调整见效。多式联运上升为国家战略,交通运输部、国家发改委先后确定了两批、共 46 个示范项目。首批 16 家示范工程企业累计开行示范线路 140 余条,完成集装箱多式联运量 60 万 TEU。2014 年以来,重点港口集装箱铁水联运量年均增长 16.8%。2017 年,多式联运上升为国家战略,据《"十三五"铁路集装箱多式联运发展规划》发布数据,铁路集装箱日均装车量占比超过 10%,国家铁路全年货物发送量达 29.18 亿吨,较上年增长 10.1%。全年重型卡车销量首次突破 100 万辆,重型卡车车辆大型化、标准化、现代化步伐加快。全国四批共 209 个甩挂运输试点项目深入推进,试点企业货运车辆平均里程利用率超过 80%。挂车租赁、卡车航班、大车队等新模式试水,中物联公路货运分会组织"星级车队"评选。

(三)资本和科技助推物流升级

全年有 8 家物流企业跻身国内主板,5 家在境外上市,45 家登陆"新三板"。上市企业加大网络建设、设备购置和基础设施投资,增强自身实力。

企业兼并重组渐趋活跃。中国远洋海运集团收购东方海外;中国外运长航集团和招商局集团完成战略重组;铁路总公司 18 个铁路局完成公司制改革;东航物流"混改"启动;普洛斯完成私有化;海航收购扩充物流板块;顺丰控股与 UPS 成立合资公司等。

科技引领未来。我国已有超过 500 万辆载重货车安装了北斗定位装置,智能快件箱超过 19 万组,还有大量托盘、智能柜、货物接入互联网。交通运输部组织的首批283家无车承运人试点企业平均整合运力近2 000辆,平均等货时间缩短,车月均行驶里程提高,司机收入增加,传统货运交易成本有效降低。国家发改委开展骨干物流信息平台试点,规范和引领互联网＋高效物流发展。易流科技打造易流云平台,推动线下物流在线化。全行业以设施互联、人员互联、信息互联带动物流互联,互联网＋高效物流成效显著。

科技和资本助推企业提质增效,做大做强。"中国物流企业50强"主营业务收入达8 300亿元,进入"门槛"提至28.5亿元,市场集中度进一步提高。按照国家标准评审认定的A级物流企业近5 000家,一批批综合实力强、引领行业发展的标杆型物流企业不断涌现。

（四）"新物流"呈现短链、智慧和共生三大特征

国家发改委、商务部委托中物联评选认定首批10家智能化仓储物流示范基地。"智能物流"发展取得新进展,无人仓、无人机、无人驾驶、物流机器人等一批国际领先技术试验应用。国务院印发《新一代人工智能发展规划》（国发〔2017〕35号）,要求大力发展"智能物流"。无人仓、无人港、无人机、无人驾驶、物流机器人等一批国际领先技术试验应用——例如,全球最大自动化码头上海洋山港四期开港试运营;京东首个全流程无人仓投入使用;顺丰建设大型物流无人机总部基地;菜鸟网络将在雄安新区建设"智慧物流未来中心";圆通牵头设立物流领域首个国家工程实验室等。

现代供应链创新应用。2017年,国务院办公厅发出《关于积极推进供应链创新与应用的指导意见》（国办发〔2017〕84号）,现代供应链创新应用进入新阶段。海尔、华为、怡亚通等代表性企业强化供应链服务;宝供、南方、远成、德利得、佳怡等物流企业向供应链转型;物流领域互联网与供应链深度融合,服务模式正在由"链主主导型",向平台服务型、智慧供应链"生态圈"转型发展。

共享众包服务升级。继苏宁物流、菜鸟网络之后,京东物流实现独立运营,平台开放。神华货车驮背运输探索多式联运新路径;狮桥物流"超级大车

队"集中优质运力资源;东方驿站、中集挂车帮等助推甩挂运输发展;地上铁、熊猫新能源等推广绿色新能源车;日日顺物流搭建"车小微"开放的创业平台;中铁快运联手顺丰速运推出"高铁极速达""高铁顺手寄"服务产品;运满满、货车帮、天地汇、福佑卡车、中储智运、正广通等平台型企业线上线下增值服务延伸;美团外卖、饿了么、点对点直达的闪送物流等即时生活物流服务进入千家万户。

（五）综合运输体系加速成网

"五纵五横"综合运输大通道基本贯通。到 2017 年底,全国铁路营业里程达 12.7 万千米,其中高铁 2.5 万千米,占世界总量的 66.3%;公路总里程 477.15 万千米,其中高速公路 13.6 万千米,覆盖全国 97%的 20 万以上人口城市及地级行政中心;港口万吨级以上泊位达 2 317 个,通江达海、干支衔接的航道网络进一步完善;民航运输机场发展到 229 个,覆盖全国 88.5%的地市。排名全球第四、亚洲第一,以顺丰航空为主的湖北国际物流核心枢纽开工建设。

物流网络"节点"加快布局。我国各类物流园区超过 1 200 家,园区平台化、网络化、智慧化初步显现。传化物流打造覆盖全国的"传化网",卡行天下枢纽达到 200 家;由中物联牵头,林安物流等 17 家网络化经营的物流园区发起互联互通服务平台"百驿网";万科地产、普洛斯、深赤湾、平安银行等加大物流地产投入;德邦物流、安能物流、"三通一达"等服务网点不断下沉,编织城乡一体化服务网络;粤港澳大湾区写入政府报告,有望协同共建世界级港口群;中欧班列连接"一带一路"沿线国家,已累计开行 6 235 列,其中当年开行 3 271 列。

（六）政策环境持续改善

国务院办公厅发出《关于进一步推进物流降本增效,促进实体经济发展的意见》(国办发〔2017〕73 号),提出 27 条具体政策措施。大件运输联网审批、年检和年审"两检合并"、规范公路执法、减费清税等政策正在落实。交通运输部牵头促进道路货运行业健康稳定发展,提出降本减负 10 件实事。车辆异地年审、驾驶员异地考核、车辆异地年审提上日程。国家发改委等20个部门签署对严重违法失信主体联合惩戒备忘录,首批270家"黑名单"公布。工业和信息化部开展服务型制造试点,提升工业物流发展水平。国家税务总局、交通运输部连续发文,破解道路运输企业"营改增"后遇到的问题。国家质检总局联合11部门出台《关于推动物流服务质量提升工作的指导意见》,扩大高质量物流服务供给等。随着"放管服"改革深入推进,制约行业发展的制度环境逐步好转。

总体来看,我国物流业许多指标已排在世界前列,论规模已成为全球"物流大国"。但必须清醒地认识到,我国物流业运行质量和效率不高、服务供给能力不强、基础设施联通不够、创新能力不足等问题依然存在,其中发展不平衡、不充分的矛盾比较突出,体制政策环境有待进一步改善。传统的以数量规模、要素驱动的粗放发展方式难以为继,人民生活质量日益提高对物流服务的需求增加,以及距离实现"物流强国"的建设目标还有很长的路。

二、上海物流业发展方向

依托长三角和长江流域经济腹地,上海港辐射整个东北亚经济腹地的主枢纽港地位已经形成。上海港作为21世纪海上丝绸之路的桥头堡与长江经济带江海联运的重要枢纽,将形成更加安全、便捷、高效的物流路径,成为引领长三角、带动长江流域、辐射全国的"龙头"。

(一)洋山港区完成集装箱吞吐量创新高

集装箱吞吐量首次超越4 000万TEU,上港集团母港集装箱吞吐量自2010年起连续八年位居世界第一,2017年更是跨入了4 000万TEU的新阶段。2017年,上港集团母港货物吞吐量完成5.61亿吨,同比增长9.1%。其中,母港散杂货吞吐量完成1.64亿吨,同比增长11.4%。母港集装箱吞吐量完成4 023.3万TEU,同比增长8.3%。其中,洋山港区完成集装箱吞吐量1 655.2万TEU,同比增长6.0%,占全港集装箱吞吐量的41.1%。上港集团进一步深化和拓展水中转业务,水中转比例达到 46.7%。

(二)智能制造下的物流业政策效应

2017 年是推动"十三五"规划实施落地的关键一年。在国家层面,不仅出台了物流业各领域的发展规划,国务院办公厅近期还专门印发了《冷链物流的发展规划》,提出了物流业服务质量提升的规划意见。国家发改委也专门印发了《物流业的诚心体系建设的指导意见》,以及商务部出台的《"十三五"商贸物流业规划》《电子商务的物流业规划》。可见,在规划编制方面,领域越来越专业和细化。在发改委规划编制的指导下,上海各个委办也召开了第一季度上海物流业的规划实施落地意见。在国家和上海对物流业提出新要求的时代,就物流业如何更好地服务制造业、商贸业、国际贸易,特别是围绕上海落实自贸区建设发展以及科创中心战略发展提出了一张问题清单,即面对智能制造的快速发展,物流业应如何响应,用什么技术来支撑。先进商贸业的发展当中有三道题。第一,上海的大市场已经转型为大平台,面对这个大平台,物流业如何来对接?背后配置的不仅仅是上海长三角乃至国内的资源,还有全球的资源,物流业应当如何跨越整个国际国内,配置全球资源。第二,在电子商务物流业的发展中,生鲜配送冷链供应是目前越来越白热化的电商竞争领域,因此我们要对包装标准化,冷链链条有新的思考,在保证安全的同时,既要高效,更要绿色。第三,在试点企业中,通过循环化共用,使供应链的效率能够降低 10%以上的物流成本,那么在整个试点的过程中,如何扩大到全链条,整个快消品领域,也需要大家共同的推动和实践。在国内和国际两张市场网络中,物流业如何更好地组织资源,有效对接,也是跨境电商在发展中需要进一步优化的一个问题,也需要跨界协同,因为它不仅是一个物流领域,还要跟产业和贸易紧密结合。

(三)上海物流业的发展趋向

一是从规模数量向效率提升转变。当前,上海物流效率相对于发达国家仍有一定差距,降本增效仍然是工作重点。未来一段时期,优化经济结构、提升物流运作水平,降低制度性交易成本将是降本增效的重要途径。物流企业应把现代供应链创新应用，与相关产业深度融合，提升物流运作效率作为主攻方向。争取经过3~5年的努力，使我国社会物流总费用与GDP的比率再降低1~2个百分点。二是大力发展智慧物流。当前，新一轮科技革命和产业变革形成势头，互联网与物流业深度融合，智慧物流蓬勃发展。未来一个时期，物联网、云计算、大数据、区块链等新一代信息技术将进入成熟期，全面连接的物流互联网将加快形成，"万物互联"呈指数增长。物流数字化、在线化、可视化成为常态，人工智能快速迭代，"智能革命"将重塑物流行业新生态。三是创新应用现代供应链。随着经济转向高质量发展，产业升级、消费升级，服务经济、体验经济对物流服务方式和质量提出了新的要求。物流业与上下游制造、商贸企业深度融合，需要延伸产业链、优化供应链，提升价值链。互联网与供应链融合的智慧供应链将成为下一轮竞争的焦点，有望形成一批上下游协同、智能化连接、面向全球的现代供应链示范企业和服务平台。四是发挥物流基础设施网络的协同效应。加强水利、铁路、公路、水运、航空、管道、电网、信息、物流等基础设施网络建设。要促进各种运输方式合理分工，"线路"与"节点"衔接配套，实现全程物流"一单到底"，无缝对接。要推进物流园区、配送中心、末端网点等多级物流网络与综合运输体系互联互通。实施重点通道联通工程和延伸工程，打造国际、国内物流大通道，形成一批具有战略意义的国家物流枢纽，统筹推进国际性、全国性、区域性交通运输物流网络建设。

三、上海仓储用地需求井喷

（一）上海优质仓储物业平均租金已连续18季度上涨

上海处于21世纪海上丝绸之路与长江经济带两大国家战略发展带的交汇点，作为众多电商企业的必争之地、长江经济带的"龙头"和黄金水道的出海口，城市土地资源非常紧俏，根据戴德梁行的统计，过去五年，上海优质仓储物业平均租金已连续18季度上涨，仓储用地的投资价值已经超过了住宅、商铺和写字楼，成为近5年上海不动产投资中最赚钱的资产。在未来的三到五年时间,在上海拥有大片仓储用地的机构有望迎来"黄金时代"。

(二)外资主导的开发格局

目前国内的物流地产有三类开发主体:第一类是专业性开发商;第二类往往是从房产行业上下游转换而来,如物流企业转型或者商业地产开发商扩大业务范围;第三类是纯粹的政府行为。外资在早期主导我国物流地产的开发,目前仍是物流地产市场的主力军。主要分为两类,一类是主业为物流仓储物业开发的外资企业,在上海的代表是美国物流巨头普洛斯公司;另一类是有海外物流地产运作经验的投资商。外资投资物流地产的模式主要有两种,一是直接投资开发,通过出售或者出租物流地产来获取收益;另一种是采取"售后回租"模式,外资收购厂房后再回租给国内企业,国内企业可以获得资金用于扩大业务范围,外资则通过这一方式加快入市的步伐。外资拥有的主要优势是拥有畅通的国际融资渠道和成熟的融资模式。目前,在物流地产市场有所斩获的国际工业地产商普遍都有成熟的融资模式,这些企业的资本后盾就是房地产信托投资基金(REITs),比如工业地产巨头普洛斯就是一个整体上市的开放型 REITs,拥有通畅的国际融资渠道,这点是目前国内资本并不具备的。

(三)各路内资迅速起步

十年菜鸟网络计划:在全国设立了八个大型仓储物流基地,一度被称作"八大军区"。2017 年 3 月,马云开启代号为"NASA"的计划。预计在 5~10 年内,建造一个全国性的超级物流网,能确保在 24 小时内将货物运抵国内任何地区,支撑日均 300 亿元的巨量网络零售额。2015 年年初,平安集团在平安不动产旗下成立了物流地产的事业部开始大举进军物流地产,并在整个 2015 年取得惊人的发展。2015 年年中,万科正式成立了物流地产发展公司,将其作为一个独立的品牌来运作。在仓配服务一体化的需求下,顺丰、圆通、中通、申通、韵达等快递企业也加速了进入物流地产市场投资的脚步。随着竞争者不断地加入,规模的逐步扩大以及传统物流仓储的进一步淘汰,物流地产的行业洗牌正在加速进行。内资也有外资无可比拟的优势,由于政策受限导致融资渠道不成熟,目前国内很多物流地产投资商无法利用公开渠道进行前期融资,只能通过私募等非公开渠道做融资,这使得很多物流地产投资规模没有办法在短期内迅速扩大。目前内资主要的投资方式是通过成立运营团队购进土地,再嫁接给海外基金,持有一段时间后转卖给其他投资者完成资金回流。

(四)物流园区增值

三种主要加法:(1)租金。从资金面上,租金是物流园区最主要的收入。根据业界的研究,物流地产在目前地产行业内租金回报率最高,无论是国外的主要城市还是国内的北京、上海等一线城市,物流地产的租金回报率一般较其他形态的物业高一个百分点以上。此外,客户对于物流地产的租金敏感度相对其他物业形式更低,客户稳定性更高,租金上涨10%对应其物流总费用上升0.5%。(2)政策。除了租金方面的回报,物流园区的盈利还来自土地增值、服务费用、项目投资收益等方面。物流用地在国内外一般都能受到政府在政策上的支持,因而初期投资者能够从政府手中以低价购得土地,待完成初期基础设施建设后,所投资的地区将产生一定的升值,而到物流园区正式运营后,还将大幅上涨。对于这一类的园区,投资者一般能够在10~15年收回投资的成本。(3)运营。另一类园区则会选择出租加出售的运营模式。主要赚取前几年的租金回报,等待地价上涨或是运营成熟之后,转让给基金公司,目前市面上较大的物流地产商大多都采用出租加出售的方式来缩短投资回报的时长,增加整体项目的投资回报率。

(五)上海物流仓储用地的三大黄金区间:外环内、自贸区、临港区

目前上海仓储用地主要集中在各大工业开发区,一手土地出让数量在过去几年中不断下降。目前中国的物流地产更加市场化,越来越多的第三方开发商进行市场化运作,市场供需都呈现出蓬勃向上的发展态势,地价或将持续上涨。目前上海仓储用地的需求主要来自两类企业,一类以拥有高附加值或者对土地价格不敏感的制造企业为主;第二类是物流地产投资商,这类地产商目前对仓储用地的需求非常旺盛。目前上海成片仓储用地主要集中在郊县,而市区内的零散土地主要集中在部分地方国企手中。目前上海地方国

企持有的工业用地普遍存在两大问题,一是土地零碎、不成规模、开发利用难度较大;二是产权不清晰,很多地块都属于划拨用地,无法进入市场,一旦进入招拍挂流程,最终归属不得而知。但目前部分国企已经意识到这部分土地的潜在价值,目前资金想进入该领域,但是企业的土地没有市场化,产业链条没能打通。一旦政府出台对国企有利的、可以将土地进行市场化的政策,将是重大利好。目前外环内的物流仓储用地凭借其优越的区位条件,拥有很大的升值空间,但是由于土地变性要求弥补的差价较高,因此很多企业将自有资产用于仓储和办公出租,未来这部分企业囤积的土地或将升值。自贸区政策支持力度最高和大宗物流最活跃,一旦在自贸区内拥有土地储备,未来可作为仓储设备使用,价值极有可能看涨。如外高桥,根据其2013年年报,在自贸区已建物业325万平方米,在建物业建筑面积140万平方米,未建物业建筑面积384万平方米,同时其母公司外高桥集团还拥有外高桥保税区500多万平方米的土地储备,子公司重点发展第三方物流和危险品物流,在保税区内已经拥有5.2万平方米的专业仓库、1.5万平方米的露天堆场。又如,光明食品集团的控股公司海博股份拥有11万平方米的土地;锦江投资拥有6 000平方米的土地;浦东金桥拥有1.78万平方米的仓储土地。与自贸区发展类似的黄金地区还有临港地区,不少土地资产存在升值空间。如浦东金桥,在临港地区有20万平方米的土地储备。交运股份拥有临港产业区港口发展有限公司35%的股权,在临港也拥有土地储备。

第二节　智能社会公共仓发展情况

当前,以云计算、大数据和人工智能为代表的工业4.0新技术已经成为制造业提升效能的关键,这显然将提升中国在制造业和服务业方面的全球供应链中的地位,巩固其出口实力。事实上,中国在全球出口中所占份额已经高于发达经济体。凭借顶级的基础设施、技能熟练的劳动力以及依靠工艺创新蓬勃发展的工厂,再加上传统的物流基础设施包括仓储设施、物流园区、公共装卸区域设施等的完善,中国业已深深嵌入"亚洲工厂"这个庞大的供应链之内。随着互联网发展,国家大力推进互联网＋物流,以云、端、网为基础的互联网体系也成了现代物流基础设施,因此,全智能社会公共仓建设必须列入政府工作日程上。

一、仓储是供应链的核心

供应链是围绕核心企业,通过对商流、信息流、物流、资金流的控制,从采购原材料开始到制成中间产品及最终产品,最后由销售网络把产品送到消费者手中的一个由供应商、制造商、分销商、零售商直到最终用户所连成的整体功能网链结构。供应链由5个部分组成：计划＋生产＋仓储＋运输＋销售,其中仓储是核心。

（一）仓储是供应链中的库存控制中心

库存成本是主要的供应链成本之一,管理库存、减少库存、控制库存成本就成为仓储在供应链框架下降低供应链总成本的主要任务。

（二）仓储是物流与供应链中的调度中心

仓储直接与供应链的效率和反应速度相关,仓库不断提高精确度、及时性、灵活性以满足客户需求。

（三）仓储是物流与供应链中的增值服务中心

现代仓储不仅提供传统的储存服务,还提供与制造业的延迟策略相关的后期组装、包装、打码、贴唛、客户服务等增值服务,提高客户满意度,从而提高供应链上的服务水平。

（四）仓储还是现代物流设备与技术的主要应用中心

供应链一体化管理是通过现代管理技术和科技手段的应用而实现的,而软件技术、互联网技术、自动分拣技术、光导分拣、RFID、声控技术等先进的科技手段和设备的应用则为提高仓储效率提供了实现的条件。

二、供应链仓储发展趋势

仓储是供应链的核心,仓储的发展与供应链的发展休戚相关。考察国际上物流配送的先进国家与城市,为提高物流效率,政府往往采取各种措施扶持企业进行物流配送设施的共享与共建。如:日本政府积极推动城市中"流通功能区"建设,通过制定奖励制度和优惠价格制度,促进企业联合建立"发送中心""流通中心"等配送设施,将为数众多的中小企业组合到一起,使它们的经营规模"适度化",经营活动"联合化",集中接收货物和集中保管、加工、发送货物。日本政府还通过政府辅导、资金支持、政策扶持,推动中小物流企业在城市配送中共享其他物流配送设施,提高设施利用率,推动物流配送体系的建设。

供应链有 4R 管理之说,仓储作为其中核心想要获得更好地发展,就必须要满足相关要求,只有有效的管理才能帮助仓储企业赢得产品在成本、市场响应、经营效率等各方面的优势,增强企业的竞争力(图 7.1)。

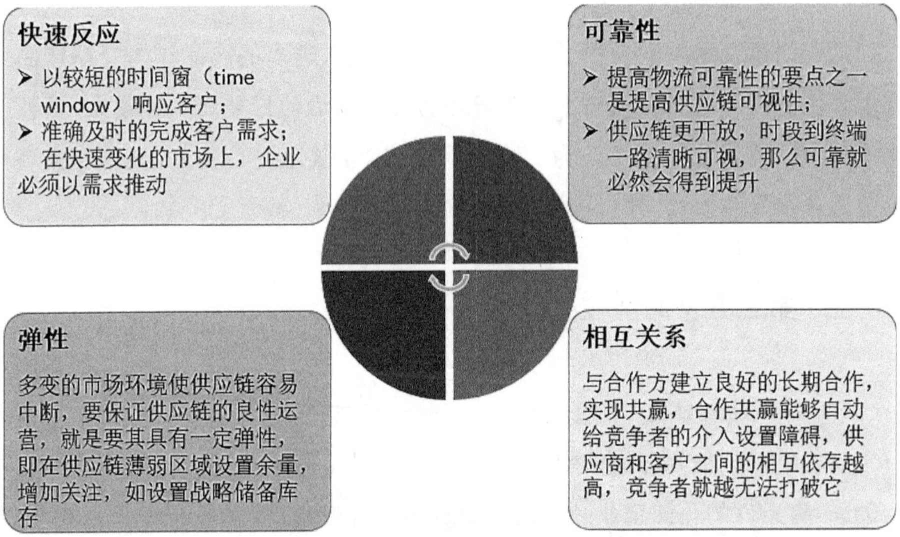

快速反应
- 以较短的时间窗(time window)响应客户;
- 准确及时的完成客户需求;在快速变化的市场上,企业必须以需求推动

可靠性
- 提高物流可靠性的要点之一是提高供应链可视性;
- 供应链更开放,时段到终端一路清晰可视,那么可靠就必然会得到提升

弹性
多变的市场环境使供应链容易中断,要保证供应链的良性运营,就是要其具有一定弹性,即在供应链薄弱区域设置余量,增加关注,如设置战略储备库存

相互关系
与合作方建立良好的长期合作,实现共赢,合作共赢能够自动给竞争者的介入设置障碍,供应商和客户之间的相互依存越高,竞争者就越无法打破它

图 7.1 "4R 管理"内容及关系

4R管理的要求体现在仓储行业上,可以对应以下发展趋势。

（一）仓储发展集约化、专业化、开放化

随着整个商业结构的重构和物流行业的发展,仓储企业为了自身的发展,正在不断更新迭代,渐渐走上风口。目前呈现以下如图7.2所示的发展趋势。

集约化	大部分仓储的面积和规模不大,自动化和信息化水平不高,运营成本高居不下,为了降低仓储行业运营成本,拆小仓、建大仓,建立自动化、智能化仓储,增加服务项目等集约化发展已成为仓储发展趋势
专业	早期的仓储往往不分货物品类,有货就接,使得仓储品类庞杂。而不同的货物品类对于仓储的管理有着完全不同的要求,庞杂的商品属性带来的往往是效率低下管理混乱。 因此,在一个领域内做精做专,成为仓储的发展趋势
开放	为了满足企业发展的需求,仓储逐步朝开放化发展,通过仓储系统开放化端口设置,链接仓储上下游生产、销售企业以及各种相关服务平台(如货运、金额等)。可以实现供应链内信息实时互通共享,更快的响应企业业务不断变化的需要,满足企业长远发展的需求

图7.2　仓储发展的三大趋势

（二）第三方仓储是发展趋势

随着信息技术的发展和经济全球化趋势,越来越多的产品作为全球产品在世界范围内流通,生产、销售和消费之间的物流活动日益庞大和复杂,降低物流成本的要求愈加迫切。为了降低物流成本,强化核心业务,改善与提高物流服务水平与质量,外包物流成为必然。

三、第三方仓储势在必行

（一）市场细分化

市场进一步细分,向仓储专业化发展。面对工商企业供应链的不断优化与创新,有条件的仓储企业必将改变同质化经营策略,转向各类专业仓储,低温仓储、危化品仓储、电商仓储、物资仓储、医药及中药材仓储的管理与服务将更加专业和精细。

（二）客户化

客户化是仓储增值服务的重要特点。动态的仓储环境、增长的顾客需求及对更佳仓储表现的需求，要求仓储企业只有不断地提供越来越多适应客户要求的仓储服务项目，才能在日益激烈的市场竞争中占有一席之地。面对不断变化的顾客需求，仓储企业需要的是主动迎合客户需求，尤其对于企业战略合作的大客户，要适当根据客户需求进行调整——对仓库进行改建，对设备作业方式进行调整，在更好地为客户服务的同时帮助客户拓展资源，实现合作共赢。

（三）开放化

仓储开放化的要义，是指仓储通过与上下游生产、销售企业以及各种相关服务平台（如货运、金融等）的链接，实现供应链内信息实时互通共享，从而更好地为客户服务，增加企业的利润点，满足企业长远发展的需要。

（四）智能化

智能仓储是仓储发展的趋势。通过仓储管理系统的应用，对数据的集合、运算、分析、优化、运筹，实现对现实物流系统的智能管理、计划与控制。智能化方式具体表现为"订单智能化＋设备智能化＋仓库自动化"。但是智能化过程是需要有基础的，如商品的条码、包装的规范化等。

（五）逆向物流

在市场充分竞争的情况下，售后成了商家的利器，也导致现在购物退货率一直在提升，而逆向物流也成了很多商家的头疼的事情，成本也悄然上升。这种成本包括：顾客沟通＋商品判定＋商品返良再销售＋报废处理。逆向物流的提升也大大有助于供应链竞争力的提升。

四、全智能社会公共仓

中国制造 2025 是政府实施制造强国战略的第一个十年行动纲领，AWMS＋云物流平台正迎合了未来制造业的升级趋势。该平台基于首创的

"一网三库多终端"云物流可视化设计模式,将产业链各环节无缝互联,形成一个基于核心流程、平衡、多赢的现代物流生态系统,在制造业、产业链上合理调配生产与需求的供求关系、高效分配物流任务,实现智能生产、绿色生产、创新研发的目标,有利于在创造更多的商业价值的基础上,帮助其实现经济效益与社会效益的统一(图 7.3)。

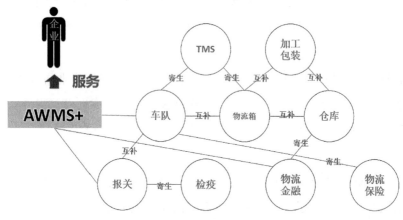

图 7.3 "物流系统生态圈"关系

(一)满足不同行业定制化物流信息管理的需要

之前由于技术、实施周期、成本、风险方面的限制,在物流信息平台服务产业链过程中,能够针对产业链中各环节企业开发符合个性要求的物流管理信息管理功能几乎是不可能的。然而,从产业链协同发展的需要看,只有发展基于同样标准又适应个性要求的 SaaS 平台才能形成有效而适宜的服务供给,才能真正做到资源有机联动和整合,从而提升整个产业链的效率与效益。AWMS+云物流平台基于知识元件库的可视化程序设计模式,在物流软件开发领域取得重大技术突破,达到了国际领先技术水平与前瞻地位,为产业链协同提供了可能。

(二)适应物联网时代仓储业务复杂多变的需要

物联网时代,产品定制化、服务定制化、无国界实时服务边际成本趋近于零,交易模式越变越快,这些变化给物流管理带来更多更大的挑战,这就要求物流系统在制造、运输、仓储、销售等各个环节上实现实时跟踪、实时监控等智能化管理目的。因此,如何确保系统灵活适应多变的业务变化,是当前物流信息管理领域的难点和热点。AWMS+云物流平台借助于物联器件库、云计算、大数据分析等技术,将物联网智能管理功能融入物流云平台中,可以实现全产业链基于物联网的物流信息管理需求。

(三)基于知识库的智慧型可视化程序开发平台

由于物流信息系统的复杂性和多样性,一直以来,如何根据产业链不同业态、不同层级、不同成长阶段的管理需求,快速有效搭建物流信息管理系统,是物流软件开发中的重大技术难题。AWMS+云物流平台将复杂物流业态、物流策略、物流流程切分为最小单元,构建物流业态、物流策略、物流流程三大知识元件库,通过业态、策略、流程元件的有效组合,实现不同的作业策略和物流活动执行步骤。由于元件库具有足够丰富的知识元素,可以便利地实现企业在不同的发展阶段对物流管理信息系统扩展的要求。

(四)实现多系统集成采用云端架构服务模式

AWMS+云物流平台基于 B/S 架构,建立了 PC、平板和手机等多终端使用模式,基于三大知识元件库通过 SaaS 云服务,可以为制造业、商贸流通业、第三方物流企业、物流园区、港口码头等企业实现各种精益化、数字化管理及连锁化、物流联盟运营需求,建立了信息化集成管理平台。尤其是通过手机协同,相关企业可以在手机端对业务数据进行查询、对账甚至审核等,实时关注业务情况,大大提高作业效率(图 7.4)。

(五)融合智能化管理推进全产业链一站式可视化服务

AWMS+云物流平台在传统的物流信息管理功能中集成了 RFID、IC 卡门禁系统、条码扫描管理、视频监控、自动化仓储设备、车辆感应器等一系列物联网设备管理及信息管理功能,做到从原材料供应、到产成品仓储运输、最后到商品终端销售的全过程管理,实现了全网仓储信息共享、供应链全面协同作业、供应链渠道扁平化、管理及服务信息全面可视化的作业能力。

图 7.4 AWMS＋整体系统框架

（六）AWMS＋云物流平台技术为全智能社会公共仓建设创造绿色环保新理念

仓储集约化、专业化、开放化的发展，以及降低物流成本的市场需求，导致了三方仓储的发展与壮大，三方物流已成为行业发展趋势。以 AWMS＋云物流平台技术为基础的全智能社会公共仓建设，不仅节约土地资源，便于物流配送提供全渠道服务，还为食品安全追溯系统奠定基础。据相关部门统计，至 2014 年末，上海全市建设用地总量已超过 3 100 平方千米，建设用地总面积已达到陆域面积的 44％。其中，工业及仓储用地 850 平方千米，约占建设用地比重 27％，而且单位面积的绩效偏低。对此，上海市新一轮总体规划编制的战略思考，必须将优化用地结构，工业用地占全市建设用地比例控制在 10％～15％。鼓励城市建设用地适度混合和立体开发，以促进用地集约节约发展。针对这个目标,必然需要用到 AWMS+云物流平台技术。

第三节　虹桥枢纽地下物流系统

地下物流系统是一种新兴的运输和供应系统,是现代物流创新发展的新技术,是一种具有革新意义的物流配送模式。在城市道路日益拥挤,城市拥堵情况日益严重的情况下,地下物流系统具有巨大优越性。

一、虹桥枢纽地下物流系统建设必须先行

虹桥枢纽汇集了航空、铁路和高速公路三大运输体系,18 千米高架道路、33 条地面道路,集铁路、磁悬浮、航空、地铁、轻轨、公交、客运站和出租 8 种交通方式为一体,是目前世界上独一无二的囊括空中、地面和地下的立体式交通集运体系。虹桥枢纽目前集散客流量为 48 万人次/日,预计 2020 年为 110 万人次/日。根据上海的"十三五"规划,大虹桥将为长三角城市群提供一个世界绝无仅有的综合交通平台、一个最有国际影响力的会展服务平台、一个产业发展和生产管理的企业总部发展平台、一个连接国内国际市场的贸易发展和资讯服务管理平台。它更将是一个全球的宜居之地,以交通枢纽为标志的人流物流,将会逐步形成向商务流、信息流、资金流的转化,并由流动转为聚集,由潜在财富蜕变为切实可见的城市红利。因此,虹桥枢纽地下物流系统建设必须先行。

目前,随着经济和技术的飞速发展,城市面临着交通拥堵、用地紧张、生存空间拥挤、环境恶化等问题。自 20 世纪末以来,地下物流系统的研究越来越受到重视。其中以英国、美国、荷兰、日本和德国等为主要代表的相关政府部门及学术机构,针对港口、机场等交通枢纽提出了建设地下物流系统的可行性研究。此外,西门子等一些高科技公司开始对地下物流系统的自动化货

运车辆及设备投入了大量研究。

与早期的地下物流系统相比,现代地下物流系统通过自动导航的 AGV 搬运机器人系统来控制和管理各种设备和设施,具有极高的自动化水平和精确性,实现了绿色节能,运输能力大,更能满足现代大运量的货运要求,这将是地下物流系统的主要发展趋势。

2014年,由我国自主研发的"LuGuo 种子输送分类贮藏智慧系统"面市,这一系统可以将不同种类的种子袋准确无误地送达指定地点。"LuGuo 系统"实际是针对城市物流"最后一公里"的一个解决方案,其地上轨道物流完全可以流畅衔接地下管道物流,可实现智能配送、精准分流,非人力自动送达入户,与传统物流相比可节能90%。其优势不可小视。

(一)地下物流系统可以有效地解决经济发展和环境污染、道路拥挤之间的矛盾,提高城市居民的生活质量

地下物流系统可以有效地解决交通事故的发生率,保护城市的历史风貌和各级文物古迹。另外,从投资成本来看,建设地下物流系统比地铁和地上高架路的投入低,其未来收益很大。因此,地下物流系统是一种可行的、新的绿色物流方式,是可以替代中短距离道路运输的一种有发展前途的运输方式,值得推广建设。

(二)建设地下集装箱物流运输系统,创新港口集疏运模式

从国外经验看,美国得克萨斯州交通厅 2015 年专门针对地下物流立项,研究综合运输体系中发展地下物流,项目以休斯敦港口、达拉斯机场等为例,系统研究了地下物流的规划设计、建设方法、成本分析、环境影响分析以及投融资等方面。其重点研究达拉斯至休斯顿长距离运输方案,系统设备上选择直线电机,通过大直径的隧道,满足集装箱运输要求。通过研究,并与高速公路等运输方式比较,地下物流运输在成本效益、环境影响方面具有综合优势。

(三)节约土地资源,同时能够提高货物运输效率

数据表明道路上33%集卡是空车运输,增加了交通拥堵和环境污染、道

路基础设施的损坏以及交通事故。在21世纪,Mole公司研发利用地下管道解决货物运输。地下管道运输是解决货物运输非常经济高效的途径。首先,运输设备可以使用简单且成熟的技术,保持低成本特点、可靠性和可维护性;其次,由于没有司机驾驶,所以运输成本低,且使用通过可持续的绿色电力供应,可实现能源高效利用。目前,在英国有探索应用案例,用于矿业运输,解决矿车运输对城镇客运交通的影响,建立地下货运系统,客货分离,同时还可以在地面上增设自行车道美化环境。

(四)地下物流作为地上物流补充,形成立体物流网络非常必要

从上海的物流近年来发展情况看,产业规模平稳增长,质量效率持续提升,制度功能突破,设施网络日趋完善,市场主体集聚越来越大。也存在着一些问题:物流产业支撑能力还有所欠缺,供应链管理水平与国际还有差距,信息化和标准化还有短板。地下物流建设的优势:完善集疏运体系,缓解港城一体化发展中的主要矛盾;物流的模式的多样化,地下物流作为地上物流补充,形成立体物流网络。

(五)很好解决制约电子商务发展的城市物流配送最后一公里"物流瓶颈"问题

一方面,地下物流能够对地面货运交通进行分流,促进货物运输的通畅性;另一方面,地下物流不受气候和天气的影响,可以实现智能化、无中断的物流运输,使运输过程得到有效衔接。未来,地下物流系统将作为一种可行的、创新的绿色物流方式,成为物流行业进行模式创新的重要方向。

二、地下物流系统智能技术与发展前景

(一)地下物流系统

地下物流系统是指运用自动导向车和两用卡车等承载工具,通过大直径地下管道、隧道等运输通路,对固体货物实行运输及分拣配送的一种全新概念物流系统。

在城市,地下物流系统可以与物流配送中心和大型零售企业结合在一起,实现网络相互衔接。客户在网上下订单以后,物流中心接到订单后迅速在物流中心进行高速分拣,通过地下管道物流智能运输系统和分拣配送系统进行运输或配送;也可以与城市商超结合,建立商超地下物流配送。

地下物流系统末端配送还可以与居民小区建筑运输管道物相连,最终发展成一个连接城市各居民楼或生活小区的地下管道物流运输网络,并达到高度智能化。当这一地下物流系统建成后,人们购买任何商品都只需点一下鼠标。所购商品就像自来水一样通过地下管道很快地"流入"家中。

(二)城市地下物流系统模块

城市地下物流(配送)系统可分为如下三个模块。

模块1:结合轨道交通完成从港口、火车站、高铁站、空港城到各城区的主干道输送。

模块2:结合综合管廊增加物流输送功能,一次开挖,共享复用,完成从区集散点、经次干道、再到各小区各建筑物的输送。

模块3:与园区地产结合,通过楼宇自动化完成到户到家的终极目标。以上三个层次的板块,也可以反向运行。

(三)智能化地下物流系统技术

地下物流系统技术开始向智慧化和自动化方向发展,出现了一些新的创新模式。如荷兰出现了有创新性的地下物流系统实施方案和概念。

(1)多核系统(Multi-core System):该系统是指在一个管道内放置几根小的管子和电缆,可以在其中传输不同的物质。采用这种多核系统的好处是,在该系统内增加一些小的管子和电缆的铺设,不会增加太多的成本。

(2)共同承运人(Common Carrier)。这也是一个新的组织概念,指管道由几家公司合资经营。这种方式避免了过去那种由每家公司独立经营自己的管道系统的弊端,把原来各个独立的管道连接起来,形成一个管道网,大家共同经营。

(3)开始使用卷桶型集装箱和托盘,实现了全自动运输和自动导航系统。

包括自动转换到无轨系统;管道长度扩展到 50 千米;形成一个独立的运输环境(例如地下系统,但是转入地上也运行良好)。这些新的概念和实施方案对我国的地下物流系统建设提供了很好的启示和借鉴。

三、城市地下物流发展应注意的几个问题

(一)政策可行性

"十三五"提出五大理念,创新、协调、绿色、共享,发展地下物流系统正好与战略需求符合,此外中长期的科学技术发展规划、新兴城镇化规划、物流业发展重要的规划、发展的重点都是适合于发展地下物流系统。但是,城市地下物流建设成本高,就企业来讲直接经济效益不明显,但社会环境等综合效益强,因此,如何鼓励企业和社会资本参与,如何平衡和保障各方收益,以及运营中如何地下物流系统收益最大化,都需要创新的投融资和运营模式。

(二)城市地下物流是多学科交叉融合的新事物,需要不同领域产学研各单位的横向合作,实现地下物流的技术成果突破,共享共赢

城市地下物流需要政府、社会与企业的纵向合作,实现地下物流由技术成果向应用转化,达到政府公共服务优化、社会环境改善、企业效益提升的各方共赢。

(三)地下物流系统建设三因素

在地下物流系统建设过程中需要考虑以下三个因素:首先在开发地下运输系统的过程中要提高自动化设备的使用情况,提高系统效率;其次地下物流系统的建设规划需要尽可能地减少对生态环境及居民生活产生的影响;最后地下物流系统所服务的产业仍需详细评估,危险品等不应通过地下物流系统来转运。在考虑上述因素的基础上,仍需考虑所建地下物流系统的寿命问题,根据地下运输距离、运输物品种类等因素选择地下物流系统建设所需的开发技术及系统的设备组成。

第四节　城市配送与"黄线"交通管理

上海市领导早在2017年全市电子商务发展联席会议上明确指出"相关部门要加强研究,加快破解城市快递配送'最后一公里'服务瓶颈,共同构建布局合理、功能完善、智能规范的快递末端配送体系"。然而从实践来看,这最后一公里却被"黄色禁停标线"压死了。

一、城市配送主要问题

（一）体制障碍："婆婆"众多,却找不到一个"亲妈"

企业反映,长期以来由于产业链条长、涉及部门多,致使物流形成了"婆婆"众多却找不到一个"亲妈"的尴尬局面。有企业直言不讳说,不仅部门之间职责交叉、重叠甚至冲突,而且政府与市场边界难以厘清,越位、错位、缺位的现象同时存在;并且物流企业为分得蛋糕而进"笼子",并未沉下心来开展城市配送业务,相关部门对物流车辆"通行难、停靠难、装卸难"等问题缺乏系统解决办法,只是不断扩大限制货车进城范围。

（二）城区空间与城市物流配送体系规划未能同步建设和强化

随着城区空间不断拉大和城市人车数量倍增,城市物流配送体系规划未能同步协调,基本框架还未搭建,离现代城市配送要求差距甚远。比如,部分物流园在规划之初用地偏紧,导致现在无法扩展;已有规划落实不力,"纸上谈兵"现象依旧存在;物流企业数量不少、规模太小、各自为战、功能单一;大小不一的仓库分散于城市各角落,大小不一的车辆重复迂回、逆向配送,空驶率与配送成本过高、交通拥堵等现象在所难免;不少企业乐于自营物流配送,导致社会化配送整体水平低下。

（三）上海"黄色禁停标线"遍地开花，压死了"最后一公里"

配送与交通原本就是唇齿相依的关系，四通八达的交通网络无疑支撑着城市配送的快速发展，但现实中，错综复杂的交通问题已经成为许多配送企业的一大瓶颈，城市通行限制是行业面对的一大难题。随着新增车辆的增多，城市交通问题日益严重，城市道路建设速度显然跟不上新增车辆的速度。交管部门为了保证城市生活的正常进行，由于货车占用道路资源较多且通过性相对较差，就将其列入了限制通行的范围。一时间，"限货令"成为各地交管部门手中一大"杀手锏"，进城难是摆在城市配送企业面前的首要问题。为控制车流量，几乎所有的经济中心城市均通过发放车辆通行证的方式控制货车进城。使用通行证对部分货车限行除了降低其效率之外，还滋生了部分企业通行证的寻租行为。目前，大型商超的收货时间一般集中在白天，但又缺乏货物接收的基础设施，对周边交通状况形成较大的压力同时也降低了物流效率。与此同时，供销商也不能用卡车来送，而是用面包车来送，这就带出了另一个客车载货的情况。

（四）基础设施及相关建设不完善

目前城市配送中停车难、装卸难的问题十分突出，由于没有物流专用停车位、缺乏专用停车场造成物流配送停车卸货十分困难。部分大型商业企业缺乏货物接收的基础设施对周边交通状况形成较大的负面影响：有的没有设置专用的货物接收停车场，卸货货车经常在周边道路排队，造成周边交通状况恶化对城市的道路交通与非机动车、行人的顺畅通行造成影响，同时降低了物流效率。与此同时，城市配送总体发展水平仍然比较低，经营分散，物流布局不合理，物流技术含量不高，现代化程度低、运作水平与物流效率不尽人意。

二、政策建议

最后一公里的服务取决于城市配送。即便人工智能如此发达，物流业的最后一公里在现阶段仍然无法绕过"城市配送"。"城配"这个往往容易被遗忘的边缘化行业，其实是一个非常大的行业。跟快递行业相比，上年的快递行业规模是4 200亿，但是仅"城配"就有1万亿，整整是它的2.5倍；而在从业人员上，中国有1 300万"城配"司机，而快递员只有203万；中国的快递业都依赖于"城配"。

（一）科学编制规划，创新建设管理方式

物流是一项庞大的系统工程，也是投资大、见效慢的基础工程、民生工程，公益性与市场性呈高度相关。城市配送直接面向终端消费者，是商品流通"最后一公里"环节，也是优化城市管理的重要环节，我们不能以"撵、限、罚"等粗劣手段管理城市物流，应以系统思维推进配送体系建设。破解物流最后一公里障碍要科学编制规划，要在摸清城市发展状况基础上，根据上海卓越全球城市发展目标进行科学定位，构建统筹协调的物流网，打造高效现代物流体系，既满足长远发展需要，又切实可行。编制完成后，还要抓好规划落实。物流是微利行业，投资大周期长，抗风险能力差。应积极探索建立"国企民企合资建设、引进龙头企业管理、吸纳中小企业参与、股份化智能化运营"的建管模式，提升物流功能，优化国企运营效益。同时，可尝试借鉴德国各级政府在物流园区建管中的做法，即政府作为物流园区基础设施和公共设施建设的主要投资方，并负责政策引导、运营秩序建立与维护；物流园区营运充分发挥物流龙头企业带动作用和市场决定作用。

（二）"物流强市"，构建智慧仓储物流中心

与城市配送最后一公里相比，仓储物流领域和配送过程则是另一番景象。上年，国家邮政局发布《2016年中国快递发展指数报告》显示，我国快递业务量规模稳居世界首位，在全球占比超过四成。众所周知，中国从前依靠着庞大的廉价劳动力成为世界物流大国，但是中国已经悄然走上物流强国之路，当亚马逊展示其全球智慧物流中心，渴望改变美国物流的时候，以申通"小橙人"机器人为首的中国四通一达智能物流机器人正在低调地分拣包裹，阿里仓库中的智能分拣系统、苏宁的"亚洲最大智慧物流基地"，京东智能机

器人仓和分拣中心正在按部就班地运行。此外,AR和VR技术也被应用到中国物流行业中,AR眼镜可以让物流工作人员瞬时掌握所有快件信息。上海要围绕国际消费中心建设,应正视"物流强市",构建智慧仓储物流中心建设。

(三)"城配"问题和快递网点建设应放入城市规划中

最后100米的末端配送给市民的出行生活造成不便的同时,实际上反映的是快递网点安家难、快递车辆行路难以及快递智能柜投放难等问题。相比起仓库的人工智能和大数据分析,在物流的最后一环仍然需要大量的人手和三轮来完成繁重的作业。快递柜虽然已经在上海推出两年,但是目前并未达到完全普及的程度,其推广起来难度大,仍然需要政府来协助主导末端城市配送体系的基建完善,将城配问题和快递网点建设放入城市规划中去。

(四)上海"黄色禁停标线"要"以人为本"

"黄色禁停标线"直接影响的是后端的供应链和物流环节。当下要考虑的是如何将解决末端服务体系的短板与保证城市生活的正常进行结合,要"以人为本"。如欧洲城市配送点都有像自助停车投币杆,一车一卡,刷卡管理。上海"黄色禁停标线"建设是城市基础工作,要多部门协调共治。

第五节　物流装备的后市场

目前,我国已成为世界上最大的物流装备市场,有专家预计,未来3~5年将达到千亿级的市场容量。但是在市场规模不断扩大的同时,物流装备行业竞争愈演愈烈,很多企业陷入价格战,导致利润下降。在此情况下,部分物流装备企业迎合市场需求,开始向服务要效益,从产品向服务转型,在物流装备后市场业务中获益。目前,围绕物流装备后市场服务的新理念、新模式、新技术开始涌现,值得关注。

一、物流装备后市场

（一）物流装备后市场

物流装备是指用于各个物流环节的设备，主要包括运输装备、储存装备、装卸搬运装备、包装装备、流通加工装备、集装单元化装备等。近年来，我国物流装备市场需求旺盛，整个行业得到快速发展。其中，叉车作为主要的装卸搬运装备，叉车后市场概念早就被提出。所谓叉车后市场，即叉车销售以后围绕其使用过程中的各种服务，包括维修、租赁、配件销售、二手车销售、旧车翻新以及相关培训、信息服务、技术支持等。目前国内叉车后市场已经形成了完整的产业链，并且成长迅速。而物流装备后市场还没有明确的概念，很多物流设备企业与系统集成商往往把售后服务作为一项必备的经营业务，主要服务方式包括：全生命周期管理、7×24全天候技术支持、定时服务、驻场服务、培训、运营支持服务等。我们认为，物流装备后市场也称为售后服务市场，是指物流设备销售以后，用户在使用过程中所需要的一切服务，即物流设备或物流系统从售出到报废的全生命周期内，围绕使用环节各种后继需要的一系列服务交易活动的总称。

目前我国物流装备后市场服务主要包括：用户使用培训与指导、维修、保养、备品备件供应、系统升级改造（包括软件与硬件）或搬迁、二手设备回收等，近年来新兴起的有物流中心代运营服务。随着物流装备企业对后市场服务重视程度的提升，服务内容还会不断增加。

（二）物流装备后市场基本状况

其实，单一物流设备的后市场服务已出现并渐成规模，如叉车后市场已形成完整的产业链。根据中国叉车后市场联合会对全国50家叉车租赁企业的数据进行测算得出的结论显示，2016年，中国叉车租赁市场的叉车存量接近8万台，比上年增长20%左右；叉车后市场带动的配件及维修服务市场超过200亿元，各类代理服务商超过一万家，服务人员预计数万人。此外，托盘租赁、工业门等领域也有少量公司提供专业化服务。

(三) 我国物流装备后市场特征

规模大,服务专业性要求高,但是除了叉车行业外,目前还缺少专业的第三方物流装备后市场服务商。

(1) 整体规模庞大。物流装备后市场整体规模与我国物流装备的产量、保有量密切相关。据不完全统计,截至 2016 年底,我国叉车保有量已经超过 150 万台,每年新增叉车 30 多万台;托盘保有量超过 10 亿片,工业货架年产量超过 60 万吨;以自动化立体库、自动化输送与分拣系统、AGV 与机器人等自动搬运设备为代表的物流自动化设备,连年保持近 30% 的增长。目前,我国累计已建成自动化立体仓库/物流中心近 3 000 座,在役近 2 300 座,每年约新投入 300 座。如此数量庞大的物流装备没有不需要维护、保养服务的,因此后市场规模十分可观。

(2) 专业化特征明显。物流装备后市场服务,不是简单的设备维护、保养、备件更换,还应该包括物流系统运作的支持性服务,如设备运行质量分析,以及系统升级和技术改进服务。由于物流设备种类繁多,一个物流系统项目不仅包含各种设备,还包括计算机系统和自动控制系统,涉及的软、硬件都具有极强的专业性,需要专业技术团队来提供售后服务。鉴于物流系统定制化程度高,而且系统越来越复杂,自动化程度越来越高,对于一般用户来说,很难自己来做物流系统维护,因为需要具有一定数量的经过培训的专业人员,但能够设置专职人员的企业属于极少数。因此,将售后服务外包成为大多数企业的必然选择。

(3) 缺乏专业的第三方服务商从运营主体来看,我国大部分物流装备的销售与后市场服务基本上都是由同一家企业完成的,几乎不存在专业的物流装备后市场服务商,只有极少量的标准备件供应或者简单维护是由第三方完成。主要原因有以下几点:一是物流装备标准化、模块化程度低,定制化程度极高。物流装备种类繁多,而且往往由于用户所在行业不同、项目不同,或者供应商不同,使用的物流设备千差万别,备品备件难以统一采购,维修困难,所以很难形成统一服务。二是多数物流装备企业将售后服务作为自己的核心竞争力之一，尤其是核心设备与软件涉及关键技术，更不会轻易告知第三方。三是捆绑销售。有些物流装备企业在给客户提供的装备或系统中的备件上并不标明具体参数详情，多为企业内部型号，一旦设备出现故障，用户只好向原供应商寻求服务支持。四是商业利益分配。如果后市场服务外包给第三方，各方商业利益该如何分配也是一大难题，而一个项目往往存在多家物流装备企业，涉及的利益主体越多越难协调。

二、新模式　新技术　新服务

在激烈的市场竞争中，越来越多的物流装备企业开始重视后市场服务，积极开创新模式，应用新技术，并不断增强服务能力。

（一）新模式探索正在继续

物流装备企业正在积极尝试开展一些新的后市场服务，主要有以下模式：一是物流代运营服务。2015年12月，兰剑与唯品会在其华南物流中心正式开始国内首例物流代运营服务，即"蜂巢式电商4.0系统"，由兰剑规划建设并运营管理，按照订单处理量向唯品会收费。随后，国内其他物流装备企业也对物流代运营服务进行了更进一步的探索。例如，苏州金峰物流设备有限公司（以下简称"金峰"）在后市场服务的核心理念是，为客户提供非核心业务的整体外包服务，其中就包括：按照所提供物流系统的处理能力、处理量、处理时效等不同的指标来收费，为客户提供物流代运营服务。二是公共服务平台。大型物流园区内正在构建公共物流服务平台，例如，建立共用备品备件仓库，提供叉车、托盘等租赁平台或者整体物流系统的租赁使用。目前，金峰公司也在此基础上在探索公共分拣平台的建设。这种模式一旦兴起，后市场服务将会呈现新面貌。

（二）新技术应用已有突破

智能技术与产品开始在物流行业被大量应用，目前在物流装备后市场服务当中,应用这些先进技术与产品的多为外资企业。如 AR 增强现实技术。上年 TGW 在售后服务领域推出 AR 智能眼镜,将其作为总部热线专家和 TGW 维护工程师或客户驻场工程师之间视频通信的"便携"工具。借助这种高效的沟通方式,TGW 可以远程精准地找到问题并提供相应的解决方案,为用户带来了可观的附加值,众多客户表示对该技术十分感兴趣,并且愿意尝试。这一技术的应用将会省去更多后市场服务过程中的人力成本、时间成本,并且能大幅提升服务效率。

(三)服务内容多元化

当前,物流装备后市场的服务内容与形式正在呈现多元化的趋势。整体来看,外资物流装备企业的售后服务内容更为丰富。以 TGW 为例,该公司可以通过电话热线支持、在线诊断、远程监控和现场维修的方式,为客户提供设备维护保养服务。通过升级改造(更新、改善、扩建)服务,实现物流系统全面现代化、机械现代化、控制系统升级、基础设施和服务器升级、软件升级、驻场服务等。TGW 提供了三种服务包:基础包,基础包+,整体服务包。其中整体服务包在基础服务之外,还包含了服务创新、定制化解决方案以及统一费率包,其主要目的是不断地找出那些可以改进的地方,并根据实际情况改进相关流程、程序和设备,提升合作的灵活性,保障系统的可用性。

国内物流装备企业服务定制化则更为灵活。虽然在服务内容丰富性上,国内物流装备企业可能不及外资企业,但是其服务形式更为灵活,也更多元化。例如,睿丰十分看重后市场服务,为此成立了上海睿丰自动化工程技术有限公司,为客户提供多种服务模式供选择,其中包括:总包,即对物流装备全生命周期内出现的任何运行问题及时解决,并随时根据客户需求,对系统进行升级改造。这种服务效率高,但价格也较高,独资、外资企业采用较多;按次响应,即用户报修之后,提供设备维修服务,其有可能存在服务/备件不及时的情况,但价格十分优惠;定时巡检,睿丰在用户方设立备件库,提供定期巡检服务,避免故障发生,在意外故障发生时也能够及时解决,服务价格居中。此外,睿丰还可以提供完善备件库、定时巡检、应急维护三种形式相结合的售后服务。

再如,招商路凯作为托盘循环共用领军企业,为了帮助客户更好地使用托盘等单元化物流载具,发挥其价值,建立了完善的后市场服务体系。其覆盖广泛的营运网点布局为保障客户长距离、跨区域运输以及实现异地起租、退租奠定了基础。自主运营的营运中心,提供载具的收发与维护保养服务(载具收发运输、优化运输跟踪、质量检验与分级、载具维修、清洗)。此外,服务内容还包括:托盘使用培训、租赁系统操作培训、日常跟进、每月对账、定期拜访等。另外招商路凯还会给每个员工发放《客户服务手册》等资料,以便员工发生人事变动时能够顺畅交接,帮助新负责人快速上手。此外,针对重大客户,会长期派驻工作人员进行载具的数量盘点、分拣、收发等工作。

(四)价值与前景

无论是对于物流装备应用企业还是供应商,物流装备后市场服务价值都不可小觑。对于应用企业来说,物流系统对其业务发展的支撑作用越来越重要,因此保证物流系统的正常稳定运行是其关注的首要问题。规范完善的后市场服务,不仅可以让其不必担心因物流系统发生故障而影响经营,而且可以得到物流系统的运营质量分析,从而提高系统运行效率,还可以得到技术改进和系统升级服务建议,使物流系统能够伴随企业发展而持续优化。同时,将服务外包,应用企业也不必设置专门的维护团队,可以把更多的人力、时间、资金等用于自身业务的发展。

对于物流装备企业而言,目前的后市场服务虽然不是创收的主要来源,却会逐渐成为重要的利润增长点。同时,它也是为应用企业提供附加值的重要途径,是赢得用户赞誉与信任的关键手段,有助于获得新项目。此外,良好的售后服务口碑更是树立品牌效应的有力法宝。

瑞仕格在一体化解决方案提供过程中,对于售后服务非常重视,建立了严格的管理制度、服务规范和收费标准。售后服务人员早在售前阶段就开始接触客户,了解并评估其专业能力。在系统上线后,按照与客户签订的售后服务协议提供相应的服务,例如,通过备品备件供应、日常维护保养,维持系统良好运行。过几年后,售后服务人员再对系统性能进行分析,根据用户的业务需求提供系统改造方案,助力其实现系统能力拓展等。可以说,完善的售后服务体系使瑞仕格与用户建立了良好的合作关系,有助于自身业务的长足发展。

从发展趋势来看,随着物流装备后市场服务的价值越来越受到用户的认可,物流装备企业也将逐渐完善其服务体系,以满足市场需求。目前,物流装备后市场正处于新模式、新技术创新,以及服务形式多元化的探索初期,包括专业第三方后市场服务模式已经有企业在尝试。随着我国物流装备市场规模的进一步发展以及市场竞争的日趋加剧,与之密切相关的物流装备后市场将会得到更为长足的发展,将来也会出现越来越多成熟的模式与先进的技术应用。根据客户需求提供多元化服务形式,后市场服务将会成为物流装备企业提升品牌竞争力、创造价值的重要途径,相信其前景将一片光明。

第八章
消费者行为与态度分析

【背景资料】

　　支付宝花呗发布的《2017年轻人消费生活报告》显示,和中国人传统习惯"储蓄消费"不同,90后正养成新的"信用消费"习惯。而且和人们认为90后消费不理性、挣钱少、信用低的刻板印象相反,他们对信用的珍视远超上一代人,99%的"90后"凭信用消费后会按时还款。数据显示,中国近1.7亿90后中,超过4500万开通了花呗,平均每4个90后就有1个人在用花呗进行信用消费。这种消费习惯的变化,在越年轻的人群中越明显。近40%的90后把花呗设为支付宝首选的支付方式,比85前高出11.9个百分比。花呗的报告显示,90后们的信用消费非常理性,爱花钱却并不任性。近七成(69.41%)的花呗年轻用户都能做到"月月有余",每月花销控制在授信额度的2/3以内。从花呗预先花完钱后,90后按时还款的人数比例比高达99%。统计显示,最爱信用消费的是上海、北京、浙江三地的年轻人,西藏、江苏、海南、天津、福建、辽宁、湖北地区的年轻人则紧随其后,成为花呗每月人均消费金额排名前十的地区。

第一节 消费降级下的商业升级

说了几年的消费升级之后,"消费降级"却开始频频出现,这在一程度也正反映了近两年中国社会的整体经济和人们消费心态的走向。看清趋势比埋头苦干更重要,在消费降级的趋势之下,诞生了众多人们"看不懂"的新物种,同时也带动了整个市场的商业升级。

一、消费降级

(一)消费降级其实是消费心态的降级

消费降级其实是消费升级的一种延展,两者之间是一种伴随的关系。在以前的商业环境中,高品质的商品较少,若某一家品牌产品做的品质好一些,故事讲得好一些,全面性好一点,服务好一点,就可以卖出更好的价格。然而现在,商业环境极度繁荣,所有的商业产品都开始成熟之后,为商品买单的消费者也在变得更加成熟,也不再盲目购买高品质、高价格的商品,不少人更倾向于"理性消费",他们为溢价买单的欲望也变得越来越小。在商品品质都有了极大提升之后,他们对价格又开始有更高的要求。如此,消费升级升到最后就是降级。在这里,我们可以发现,消费降级降的只是价格,而不是商品的品质。同时,消费者普遍追求物美价廉的商品,然而现实中,常常是"物美"与"价廉"难以兼得,故大多数消费者在"成熟了"以后,开始将目光转投至性价比上,那些品性较好、价格又不高的商品由此成了他们青睐的对象。

(二)哪些人落入消费降级?

消费降级主要表现为:在差距不大的情况下,不追求高价格、高效率、品牌性、优质服务,而是更多地追求物美价廉。消费降级的主要针对对象有两种群体：第一种，是对于低线城市里收入不高的消费者，他们不大会购买那种价格高的大品牌产品，他们的购物态度大部分为实用主义，比如在拼多多上买一双几十元钱的鞋，而非到商场买一双上千的鞋。另一种，是对于一二线城市里收入不低的消费者，在经历了收入飙升和物质极度丰富之后，他们对大部分商品的态度转变为够用就好，理性消费思想盛行，不再对品牌趋之若鹜。此外，一二线城市生活压力也是这些"新城市中产"们选择消费降级的一大主因。与生活在其他较小城市的中高阶层相比，一二线城市的中高收入阶层，有着截然不同的生活状态和相距甚远的幸福指数，甚至已经退化成了一个"弱势群体"。他们面临的买房还贷、养娃教育、医疗养老等多座大山，持续缩水的可支配预算形成了挥之不去的消费降级的压力。这在根本上来说，是刚性支出对日常消费的抑制，让这一群体更倾向于选择高性价比的商品（图 8.1）。

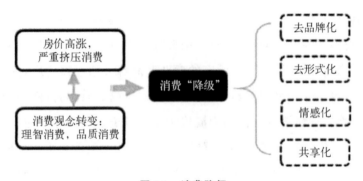

图 8.1　消费降级

大城市里的新中产们一边大量地"趋优消费"，收藏爱马仕的新款丝巾、在冰箱中冷藏进口矿泉水、不时去米其林星级餐厅犒赏自己，也会大量地"趋低消费"，比如购买优衣库的平价衣物、在便利店里堂吃速食、"双11"在淘宝上一次性折价大量采购如卫生纸等日用消耗品等。此时，迎合这些人群消费降级的需求，就催生了众多能够满足消费者们追求性价比的商业新模式。

二、"消费降级"下的新商业模式升级

那么,现在商业市场中到底有哪些品牌的主流化,体现了消费降级这一趋势?出现了哪些新的商业模式?

(一)快餐化消费模式

在一二线城市,快餐化的消费模式越来越受到市场和资本的青睐。一方面,快餐化的消费对应着更广泛的受众人群,另一方面,快餐化正在逐渐成为一种文化内容、消费习惯和娱乐方式的主流形态。一个案例是喜茶。2017年喜茶在上海的受欢迎程度,多少有点"现象级"了。产品层面,喜茶强调自己使用的是 8g 茶包,用原叶高温冲泡底茶,再经过 60 秒高压萃取,选用的辅料是澳洲进口的块状芝士和欧洲进口的鲜奶,采用流水线以保证产品的稳定性等等。定价层面,喜茶饮品价位主要在 20~30 元,尽管高于普通奶茶店,但低于星巴克等咖啡店。让消费者感到相较于品质相似的竞争者,喜茶有一定价格优势,而跟价位更低的竞争者相比,品质更为高端。再拿迷你 KTV 举例,最简单的装修加上最简单的服务,一间只能容纳两到三人的小玻璃房实现了唱 K 这件事的随到随唱、唱完即走,是一种非常典型的快餐化消费。唱 K 的消费门槛,被拉低至了十几元。除了迷你 KTV,从大型健身房到按小时计费的 mini 健身房、从重形式的牛排高级餐厅到现煎立食的快餐牛排、从高昂的鲜花到"99 元包月"花店,都是"消费降级"的缩影。

(二)去品牌化商业模式

线上:严选电商。网易严选主打的是去品牌化战略,定位于高质量产品,主要针对消费的中高端人群,采用 ODM(original design manufacture),即原始设计制造商模式。网易只需要向服务商提出产品的性能、功能甚至只是产品的构思,产品的研发、设计、制造、售后等全部工作都交给 ODM 服务商。在网易严选上购买日用品,已经成为一二线城市消费者的潮流。网易严选的 Slogan 就是:"好的生活,没那么贵",击中了很多人的需求痛点,用低价商品

取得高品质生活。有网友评论,曾经想买无印良品又觉得略贵的消费者,在网易严选这里找到了"极高的性价比之选"。换句话说,对他们而言,经济实惠又不失档次,何乐而不为呢?网易严选可以说做到了"销售升级、消费降级"的结果。在网易严选推出之后,其他电商也不甘落后,于是小米在2017年4月推出了米家有品,阿里巴巴在2017年5月推出了淘宝心选,京东在2018年1月也上线了京东京造。

线下:名创优品。在消费升级概念大火的时候,主打低价优质的名创优品却好似一股清流,让人眼前一亮。即使从来没有脱离"抄袭无印良品和优衣库"风波,但现如今越做越大,在不到三年时间,开出近2000家店,年销售规模近100亿。这在线下零售市场堪称奇迹。它的商品种类繁多,且制作工艺精致,价格也不贵。尤其是大部分商品的品牌对于很多人来说闻所未闻,这也反映出其"无品牌化"的显著特点,而这些刚好符合消费降级人群的口味。

(三)共享和二手经济

近年来,共享经济与二手经济爆炸式发展,诸如滴滴、共享单车、闲鱼、转转等事物如雨后春笋般涌现,侧面证明了消费降级这一庞大市场的客观存在:用更低的价格成本来满足消费者对商品使用价值的需求。虽说共享工具或二手货物无法像崭新的商品那样,带给人们崭新的使用体验和心理满足感,但是它们能够带给用户最基础的使用价值功能,对于那些并不在意商品气质的人群来说,已经足够。

(四)低价低质的便宜货经济

谈到消费降级,就不能不提异军突起的拼多多。虽说仅仅成立三年不到,但凭借"团购+低价"策略以及对微信平台社交属性的运用,拼多多从三线以下城市快速崛起。在这里,消费降级扮演了极其重要的角色。根据极光大数据的统计,拼多多用户70%为女性,65%来自三四五线城市的低收入人群,她们属于价格敏感型客户。拼多多的低价牢牢抓住了这些人的核心需求,再加以一系列的商业运作,崛起也就自然而然了。事实证明,凡是拼多多首页推荐产品,大部分销售量均达到了几十万件,百万件的爆款也不罕见,这对传统电商而言是难以想象的数字。如今,拼多多模式的成功已经普遍获得业内认可,诸如苏宁乐拼购等业态也已开始流行。

三、消费降级趋势之下蕴藏哪些商业升级新机遇?

消费降级这一大趋势,对整个市场而言也是一次新的逐利机会。倘若能够把握住消费降级的大势,必然能够在商业赛道上抢占先机。那么,综合消费降级的种种特点,这背后蕴藏着哪些我们可以把握住的商业升级机遇呢?

(一)利用大数据洞察用户偏好,提升购物体验

就以不断扩张的名创优品为例,无论是选址还是 10 大品类 4 800 多种商品,皆是经过精心考量,从而确保品质的过关。此外,名创优品还基于全球 1 800 家店铺,200 多名买手和数据化管理平台,对后台海量数据进行扫描分析,不断加深对目标群体偏好和购买习惯的了解,提升产品开发的精准度,进而做到不断推陈出新,满足消费者需求。如此一来,名创优品不仅可以做到巩固增强消费者黏性,还能通过"以量制价,买断供应"使优质低价成为可能。而这些,都是商家可以参考的模式。

(二)改造商品供应链,改造定价机制

拼多多的成功表面看来是低价、社交、电商结合下的结果,但若是仅仅看到它的"社交化""游戏化",不免略显浅薄。其实拼多多成功的本质,是"改造商品供应链,改造定价机制"。举个例子,当用户进入拼多多客户端界面,会发现一个重要的变化:尽管还能看到不少品牌的官方旗舰店,但它的根子上却是以"货"为中心的。它并不是以店铺为核心,或以搜索为核心,它所强调的,是高性价比的"货"。拼多多改造了企业供应链,特别是中小企业供应链,以性价比"好货"为中心,以平台高压严管作支撑,实现了好货不贵的愿景,也就引来了用户趋之若鹜的盛况。

(三)主打性价特质,满足用户趋优消费

如今,生活水准提高的人们不是将钱袋子捂得更紧,而是更趋于理性,更强

调消费的性价比。消费降级是市场经济发展过程中消费者需求变化的呈现。然而,无论是消费升级还是降级,未来的消费市场分化将更为复杂,既有升级维度上的"竞品市场"角力,也有降级维度上的"竞价市场"博弈,而最终的走向,则是"趋优消费"。此时,人们对商品就有价格优惠、品质优越、服务优秀等多方面"优"的期待。基于这样的消费心理,还有更多的商业新模式等待创新。

四、结论

在消费心理成熟以及生活中N座大山的重压之下,很大一部分人们开始转变为实用主义消费者,开始追求最低成本最高效率的生活方式。此时,若想在消费降级的趋势之下寻求新的突破口,就必须变革旧有的商业模式,做好用户洞察、商业产品供应链以及定价机制,满足用户正在不断期望的"趋优消费"需求。

第二节　亚洲消费者行为分析

UPS发布的《网购消费者行为调查》报告显示,在竞争激烈的零售业市场环境下,随着亚洲网购消费者的数量不断增加,其日益增长的预期推动了对免费配送、加急配送以及以客户为中心的退货政策纳入行业标准的需求。2018年是UPS第六年进行《网购消费者行为调查》研究。

一、总体分析

(一)中国跨境电商总量

2017年,中国跨境电商整体交易规模达7.6万亿元人民币,增长20.6%。随着亚洲消费者逐渐张开双臂迎接"新零售"时代,中国企业需要打造以消费者为中心的零售环境。更好的灵活性和便利性是影响消费者购买行为的关键因素,企业可以利用 UPS Accces PointTM 和 My ChoiceTM 等物流解决方案为消费者提供无缝的零售体验,并从激烈的行业竞争中脱颖而出。

(二)亚洲网购消费者满意度低

值得注意的是,仅有 57% 的亚洲购物者对网购体验表示满意,此比例与其他调研地区相比为最低,并自 2015 年起(当年调查满意度为 46%)该指数仅提升 11 个百分点,这表明亚洲地区针对客户满意度问题的改善进程非常缓慢。零售体验其他方面的重要性逐年递增,影响网购者的购买行为,包括免费的快速配送,以及免费且简单的退货政策。值得关注的是,亚洲网购消费者的订单中平均有 85% 享有免费配送,这说明免费配送能为提供该服务的零售商带来竞争优势。近三分之二的亚洲网购消费者表示免费配送是结账过程中的一个重要因素,46% 的消费者会因此购买更多的商品来满足这一条件。另外,约有半数亚洲网购消费者曾因为无法提供配送日期或配送时间过长而放弃购物,平均配送等待 11 天将导致消费者放弃购买。与此同时,方便易懂的退货政策可提高销售额和客户满意度。67% 的亚洲消费者表示:选择在线零售商时,免运费退货非常重要。虽然仅有四成亚洲网购消费者在过去一年内有过实际的网购退货行为,但只有 47% 的购物者对退货的便捷度表示满意。亚洲零售商必须采取更多措施来改善这方面的服务。此外,对 79% 的消费者来说,他们的退货订单比例仅为 10% 或更少。在这其中 69% 的消费者在门店退货网购商品后会购买新的商品;而 67% 的消费者则选择在网上退货后购买新的商品,这证明了无忧退货服务带来的巨大商机。

(三)亚洲消费者消费习惯

亚洲消费者越来越习惯使用智能手机购物、选择门店自提。智能手机的使用在亚洲购物者中越来越普及,使用智能手机购物成了寻常之事。77% 的消费者在手机上下单(此比例为全球最高),较 2015 年 55% 的比例有所上升。相比之下,仅有 48% 的美国智能手机用户在其设备上进行网购。门店自提越来越受到欢迎(上年有 37% 的消费者采用这一方式,其中 59% 的消费者计划明年将更多地采用这一方式)。值得注意的是,这可能会为零售商带来丰厚的利润。在过去一年内采用门店自提方式的亚洲网购消费者中,有60%在店内购买了其他商品。这一比例在中国内地甚至更高,达到了74%。根据调研发现,现在的亚洲网购消费者会在更加多元化的零售商处购物,从大型商城到精品店,从国内到国外的商店,不一而足。重要的是,这告诉我们,亚洲小型企业拥有拓展国际市场的可行机会和客户基础,生意注定只会越做越大。研究发现,55%的亚洲网购消费者欣然接受国际零售商。其中,49%的消费者在海外零售商处购物是因为品牌或产品无法在国内买到,或是因为海外市场存在更好的质量(39%)或价格(38%)。值得亚洲企业注意的是,亚洲网购消费者强烈倾向于在亚洲零售商处购物。77%购买国际商品的亚洲消费者都是在本地区内的零售商处采购,而31%曾在美国零售商处下单。中国香港地区的网购消费者购买国际商品的比例最高,达82%;其次是中国内地,为64%。与此同时,仅有21%的日本地区消费者从本国以外的地区购买商品,这表明他们对本国商品具有强烈的偏好。

二、新兴趋势:未来零售新领域

(一)快递备选配送站

与其他地区相比,快递备选配送站在亚洲最受欢迎。71%的消费者,特别是千禧一代和城市消费者,他们更愿意为节省运费而选择更长的时间将包裹递送至快递备选配送站。购物者对备选配送地点的偏好已经从2015年的46%显著增长至2018年的59%。

(二)网上商城购物

亚洲消费者也非常喜欢网上商城,其中98%曾在一家网上商城购物,超过三分之一的消费者表示明年将更多地使用网上商城。更优惠的价格(64%)和运费减免(42%)是消费者选择在网上商城而非直接在零售商处购物的主要原因。UPS《网购消费者行为调查》报告反复指出,随着网购消费者受益于更加丰富的选择,他们越来越强调购物体验——知道如何迎合和适应他们不断变化的需求,对于零售商来说至关重要。

第三节 中国消费者购物分析

近期尼尔森与中国连锁经营协会联手组织调研并首度起草了《2017年度中国购物中心消费者洞察报告》。这是我国迄今发布的第一份立足于购物中心业态的消费者研究报告,填补了中国零售市场分业态消费者洞察的空白,是中国购物中心市场发展的阶段性指标。报告旨在为各地政府和各市场参与主体提供参考性意见。

一、消费者指数

(一)中国购物中心消费者指数

中国购物中心消费者指数综合指数为65.85。报告从消费者视角,通过量化指标衡量出当前中国购物中心消费者指数,并为今后进行数据追踪奠定基础。同时,通过洞察消费者行为态度、消费习惯和特征,为购物中心未来发展提供用户端数据支持。本次调查覆盖了中国大陆31个省、自治区、直辖市范围内的261个城市。报告基于各项指标的综合性加权得出中国购物中心消费者指数,该指数区间为0至100,以50作为基准线。数值越大,消费者指数水平越高。指标架构上,在一级指标-消费者指数之下,设有客群人气指数、消费意愿指数和受欢迎指数共计三个二级指标。数据统计显示,2017年全国综合指数为65.85,高于基础线15.85,表明整体购物中心消费者指数情况中等偏上。在二级指标上分析,受欢迎指数的得分最高,达到73.58,表明目前购物中心在消费者中受欢迎程度较高。不过,影响总体指标权重最大的消费意愿指数只达到62.74,低于客群人气指数和受欢迎指数,说明在高企消费意愿的背景下,购物中心应紧密把握消费趋势的变化和新消费时代的特点,将消费意愿转为实际的消费行动(图8.2)。

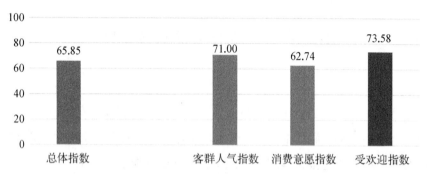

图8.2 全国购物中心消费者总体指数情况

(二)上海、深圳、北京、成都四城市消费者总体指数领先

报告研究发现,从购物中心的城市发展情况来看,上海、深圳、北京、成都四个城市在消费者总体指数分值上领先。总体而言,城市的梯队划分与城市发展水平基本匹配。具体来看,作为特大城市之首的上海,其凭借雄厚的顾客消费实力和高水平的购物中心质量,在总体指数上的得分位列榜首,在全国具备绝对优势。深圳则在购物中心的受欢迎指数和满意度指数上位居全国第一,遥遥领先其他城市。成都购物中心近年来蓬勃发展,出现了一大批高质量、有特色的新兴购物中心,其作为西南重镇的经济地位得到展现。此外,武汉、广州、南京、杭州、郑州、西安、重庆、沈阳也获得了比较好的总体指数得分。

二、消费趋势

(一)消费人群结构

从购物中心的消费者发展趋势来看,2017年以来,逐渐回暖的消费市场和前所未有的新消费浪潮带给了购物中心等商业地产新的活力。报告指出,一二线城市中老年消费者经济有待挖掘；三线及以下城市男性消费者的需求不容忽视，年轻客群或成购物中心主流消费者。

（二）消费意愿

从消费者的消费意愿上来看，华北消费力及消费意愿最为强劲，华南最爱休闲娱乐，华东注重自我关爱，东北重视形象及下一代教育。

（三）消费渠道

从消费渠道上来看，新消费驱动下，线上与线下互通成为趋势，消费者越发明确如何选择不同品类的高效购买渠道。此外，在购物中心消费者黏性提升方面，从多元化商业需求的满足入手，增强消费者满意度和打造消费者对于购物中心的归属感尤为重要。

（四）消费主体

目前全国一线城市的购物中心消费者在餐饮、娱乐等体验业态的消费大幅高于其他线级城市，且其在购物中心停留的时间普遍为1~3小时，高出整体水平4个百分点。更多一线城市消费者已将购物中心视作承载其大部分生活场景的目的地，因此现有及增量购物中心如能以改变消费者生活方式的角度对于项目进行持续优化，打造消费者除工作生活外的"第三空间"，将是增强消费者黏性的全局性思路。

第四节　年轻人消费趋势分析

近年来，消费升级与新消费概念日益从宏观政策用语走向大众日常生活中，变得切实可感。尤其是随着年轻一代消费者的迅速崛起，他们的消费观念、偏好与方式正越来越多地影响着消费升级的走向与趋势。那么，正在成长为社会主力的年轻一代，都有哪些独特的消费观念？其消费行为表现出了哪些鲜明趋势？对未来又有着怎样的诉求？通过对近两年发布的众多相关消费数据报告的梳理，我们可以一窥消费新世代的力量、诉求与主张。

一、新消费与消费世代的崛起

（一）2012年是中国宏观消费数据的重要拐点

根据新生代市场监测机构中国市场与媒介研究(CMMS)1997—2017年的统计数据，2012年是中国宏观消费数据的一个重要拐点。在中国城市家庭税前月收入分布图上，中低收入者占比的下降趋势与中高收入者占比的上升趋势在该年形成交汇，而后差距日益扩大，中国消费者收入出现质的飞跃，消费升级由此全面爆发，消费对于GDP的贡献率也开始稳步提升（图8.3）。

图8.3 改革开放以来的消费升级趋势

资料来源：TalkingData《2017新消费趋势洞察报告》

（二）个性化消费升级

如果放在改革开放四十年历史进程中来看，那么新一轮消费升级代表了继必需品消费升级、小康消费升级、品质消费升级之后一个新消费时代的到来——个性化消费升级。这意味着，与工业化时代的标准化产品相比，人们的个性化需求将随着信息资源的整合和社会生产能力的大幅提升而得以满足，消费者能够更多地通过需求逆向推动商品的原创设计、需求定制和服务供给,小众消费日益受到重视。由阿里研究院和波士顿咨询公司(BCG)2017年5月联合发布的《中国消费新趋势》指出,崛起的富裕阶层、新世代消费者和全渠道的普及将成为2016—2020五年间的三大主要消费驱力。其中,80、90与00后新世代消费者在此期间的年均复合消费增长率将达到14%左右,比上一代人高出一倍,他们的观念和偏好势必影响着消费升级的风向和趋势。

(三)年轻一代消费者人群结构

年轻一代消费者对于消费升级的重要推动作用,同样为中国银联与京东金融于2018年2月联合发布《2017消费升级大数据报告》所证实。通过对银联及京东网络随机抽取的40万活跃样本用户近三年消费数据的交叉分析,该报告指出,70后虽仍是社会消费总额的首要贡献群体,但其对消费的贡献度却在逐步下降,80、90后对消费贡献度则持续上升;而从消费金额上看,90后消费迅速崛起,同比增长73%,增幅是70后的近两倍(图8.4)。成长于市场经济蓬勃发展、网络与数字技术广泛应用的时代,享有更好物质条件的年轻一代不仅拥有更高的消费起点,同时在消费的渠道、场景、观念与方式方面都表现出了与上一代人截然不同的风格。他们在消费领域的迅速崛起,既是其独特成长环境的结果,同时也构成了重塑社会消费习惯与观念、推动消费升级的重要动力。

(四)年轻一代消费者方式

随手记联合易观等十家机构基于2亿年轻用户的财务大数据形成的《2017年轻人消费趋势报告》指出,月收入4 000元以上的年轻人办理信用卡的比率超过76%,而18~25岁和26~35岁的年轻人贷款比例分别为29.6%、49.1%,贷款消费最多的是电子产品;此外,京东白条、天猫分期、校园贷在年轻人中也甚是普及。显然,年轻一代享有上一代人的财富积累,却并不像父辈那样节俭,消费能力更强,超前消费和信用消费较为普遍。而在消费渠道上,移动互联网已成为90后的首要购物渠道,超过了线下实体渠道的消费比重。随手记报告显示,全国年轻人2017年月均网购次数为3.2次,月均从消费诉求上来看,90后新生代消费者非常注重消费体验感受,效率、自由、科技感是他们最希望得到的体验;从消费品类上来看,休闲娱乐、生活服务等服务类消费成为新生代消费者的主要消费去向。

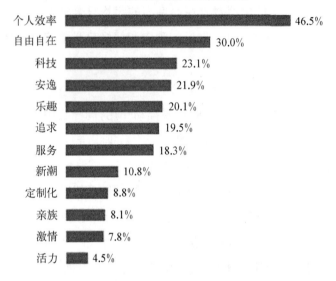

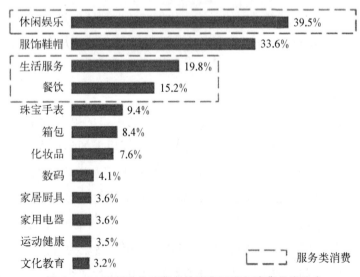

图8.4 90后新生代消费者的消费诉求和消费品类分布

资料来源:TalkingData《2017新消费趋势洞察报告》

网购消费 324.2 元。尤其是近些年来，随着 80、90 后日益成为社会各消费领域的主力人群，角色的转变、收入的增长、理念的更新都在不断催生着新的消费需求、带动旺盛多样的消费欲望，这在衣食住行和娱乐等各个领域都有相应表现。比如，餐饮业近年来正在加快与互联网的融合，2017 年外卖 App 的使用率已超过 30%，健康餐饮逐渐成为基本诉求和常态化消费理念，餐饮社交需求的探索（如星巴克的社交礼品）也不断得到挖掘。

总之，品质生活、互动体验、个性定制、便捷高效、绿色健康等众多新消费理念正在新生代消费者中逐步普及推广，推动着社会消费升级的整体步伐。除了消费渠道的改变、观念的更新外，新世代消费者消费结构的升级也极为明显。

二、年轻一代消费参考要素

（一）品质要素

在租房市场中，价格为王已让位于新生代租户对效率、服务质量、生活环境等因素的关注，自如、蛋壳公寓等高品质服务型公寓应运而生，品质生活成为租房人群的新诉求。

（二）体验要素

随着年轻一代对商旅住宿提出体验感、个性化等更多需求，民宿短租开始蓬勃发展，商旅住宿不再仅是居住场所，更成为民俗文化体验的一部分。在出行领域，交通与互联网深度融合，移动互联网、共享经济（网约车、分时租车、共享单车等）等新技术、新模式开始改善和优化出行体验，更好满足了年轻一代对于便捷、舒适、高效的追求。

（三）从温饱型向发展型升级

由 TalkingData 推出的《2017 新消费趋势洞察报告》表明，以衣食住为代表的生活刚需消费占比在年轻一代消费者中明显下降，以教育文化娱乐、交通通信、医疗保健和生活用品及服务为代表的品质消费占比则显著提升，新生代消费者正日益从温饱型向发展型升级,成长发展、品质生活和身份表达等需求正在成为重要的消费驱动力。而从消费诉求上看,90后新生代消费者非常注重消费体验感受,效率、自由、科技感是其最希望得到的消费体验。2017年年轻人人均运动消费1 743元,其中健身卡人均消费1 001元,运动装备人均消费704元左右。而阿里研究院与波士顿咨询公司发布的《2017中国消费趋势报告》表明,当今生活在城市中的年轻男性消费者——80、90后男性青年们,已经与他们的父辈大不相同。73%的一线城市男性消费者认为个人仪表对于求职和约会非常重要,88%的一线城市男性消费者会上网查看美容和时尚信息,而83%的一线城市18~35岁男性认为使用护肤品很有必要。他们会翻阅男性时尚杂志,愿意花钱打理自己的衣着和发型,每天平均花在整理仪表上的时间长达24分钟;他们注重健康,会出入健身会所和各种俱乐部,等等。城市年轻男性消费者对自身形象的关注,及其时尚化、个性化需求的提升,正推动着"潮男经济"的高速增长。

(四)为兴趣买单:年轻人的新玩儿法

与上一代相比,新生代消费者拥有更好的教育水平、更为开阔的视野,他们好奇心强烈、感受力丰沛,能更敏锐地捕捉和尝试新潮流,消费品位的进阶极为迅速,为兴趣买单已成为年轻消费者的重要特征之一。随手记发布的数据报告显示,2017年年轻人月均宠物支出为631.7元,年度宠物支出最高达11.5万元,他们给宠物剪毛一次平均花销达69元,远高于自身理发的平均消费47元。而在二次元动漫领域,年轻人2017年的消费额共计8 168.3万元,月均消费60.3元,花费主要在动漫影视、手办模型和周边活动等项目中,其中腾讯动漫旗下的《狐妖小红娘》《从前有座灵剑山》《妖怪名单》消费金额排名前三。

三、结论

总之,在兴趣驱动之下,年轻消费者正在创造着众多个性化、多元化小众消费潮流,无论是宠物消费、二次元消费,还是健康消费、潮男经济等,年轻一代正在用消费特定产品与服务的形式构建属于自己的精神领域,表达他们所认同的品位、观念和态度。

第九章
上海商务环境分析

【背景资料】

营商环境是一个地区、一座城市的重要软实力,也是核心竞争力。过去一段时间,上海在优化营商环境方面所做的努力有目共睹,各种制度创新层出不穷。同时也应该思考,上海营商环境再优化,还有哪些方面值得努力呢? 近年来,随着产业结构的不断优化升级、自贸试验区创新改革的深入实施,上海引进外资的领域、方式都在发生变化,总部经济、研发、"互联网+"、金融、高端制造等领域的投资占比不断增加。在金融开放领域,2017年上海外资银行数量继续增加,机构集聚效应进一步增强,国际市场对中国和上海的信心持续显现。就在上半年,四家外资银行分行获批开业,同时还有三家外资银行分行累计增资5亿元,均为增加人民币营运资金。截至目前,上海共有来自28个国家和地区的外资银行分行67家,以及来自22个国家和地区的外资银行代表处68家。在全球投资、消费和增长中心向亚太地区逐步"东移"的过程中,外资银行在沪集聚,不仅为上海带来全球化的金融理念、人才和产品,更将助推上海金融服务转型升级。以"开放度最高"为目标,上海自贸区发挥着吸引外资的"窗口效应"。来自浦东新区商务委的数据显示,2018年1月至6

月,浦东新设外资项目数972个,利用合同外资120.4亿美元;实际到位资金41.2亿美元,同比增长16.2%,占全市总量80.55亿美元的51.1%。其中,自贸区54项制造业和服务业扩大开放措施推进成效明显。截至6月末,已有31项落地,累计落地项目数2175个。正是看中了自贸区这块试验田的热度,越来越多国际知名外资机构选择在此扎根。全球最大的资产管理机构——贝莱德目前管理的资产规模高达5.4万亿美元。

第一节　上海营商环境现状

上海要着力打造"城市服务"能力,而在服务能力中,营商环境是重要软实力,也是核心竞争力。那怎么评价营商环境呢?很简单,看企业来不来这里发展。为了研究这个问题,我们使用了启信宝提供的上海全量企业数据,进行了一组抛砖引玉的观察和思考。

一、上海企业的增长情况

(一)企业增加量

从图9.1可以清楚地看到:在改革开放的40年里,上海的企业数量增长非常明显,而且处于不断地加速当中。具体来看:1992年,上海当年的新注册企业数量首次突破1万家;2004年首次突破10万家;而在最近的2016年和2017年,每年的新注册企业数则接近30万家,比较十年前翻了三倍。当然,市场竞争是残酷且激烈的,并不是每一家企业都能生存下来。2005年前注册的企业存活至今的不到50%。因此,假如只看存续企业的总量,在1998年左右,上海存续企业数突破10万家;2013年左右,存续企业数突破100万家;截至2017年年底,存续企业数达到188万家(图9.1)。

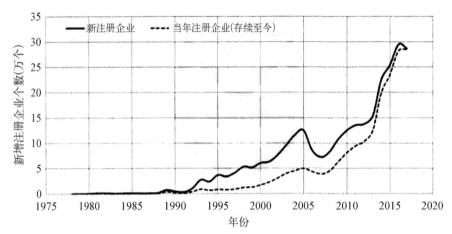

图 9.1 上海历年新增注册企业数量

注：虚线是指在当年注册、并且存活到 2017 年年底的企业数量。
资料来源：城市数据团、启信宝

（二）上海的产业结构

在这风起云涌的企业发展图景中，上海的产业结构也发生了剧烈的变化（一般来说，产业结构变化有企业数量比例、产值比例等多种统计方法，这里使用的是企业数量比例）。如图 9.2 所示。

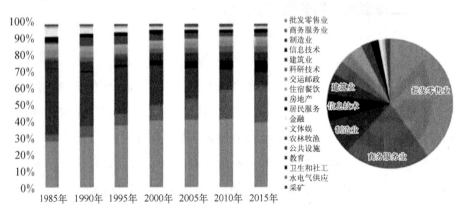

图 9.2 上海历年产业结构变化及上海 2017 年产业结构

资料来源：城市数据团

具体，从存续企业数量来看：1985—2017 年，增长最快的行业是商务服务业（从 3.5% 到 22%）和信息技术服务业（从 0.2% 到 7%）；批发零售业则从

30%上升并稳定在40%;与此同时,制造业的份额却大幅缩水,从40%减少到9%。截至2017年年底,从企业数量占比的角度,top5的行业分别是批发零售(40%)、商务服务(22%)、制造业(9%)、信息技术(7%)和建筑业(5%)。[若按产值排名,截至2015年年底top5的行业则是制造业(29%)、金融(17%)、批发零售(15%)、房地产(7%)、商务服务(6%)]的确,从企业的角度看,上海市的商业环境也发生了比较明显的变化,不同行业的企业冷暖自知。

（三）上海企业分布结构

上海市企业的注册地还比较均质,市区和郊区新城同样密集,而最大的两个高峰分别出现远郊区的长兴岛和临港上。经营地与注册地的分布截然不同,临港和长兴岛的高峰消失了,郊区新城的企业密度也大幅度降低,而市中心开始高度集聚,且越往市中心密度越高。很显然,上海企业的注册地和经营地存在严重的分离现象。具体而言,经过我们的计算和统计:在上海市的所有存续企业中,大概2/3的企业的注册地和经营地不一致;而在这2/3的企业中,跨行政区分离的又占了大约一半。(说明:我们对"分离"的计算方法是,先通过一定技术手段筛除掉空壳企业,再对正常存续企业的注册地和经营地之间的距离进行计算,距离在3千米以上的视为"分离")实际上,企业注册地和经营地的分离往往是一个企业运营的常态,从企业的角度我们可以这么理解:注册地往往反映了注册地所能为企业提供的政策和服务;而经营地往往反映了该地区所能提供的经营环境(交通、商务环境、租金、人才集聚等多种要素),一个企业为了同时得到最优惠的政策(或服务)和最适合的经营环境,不得不进行两次选址。

（四）不同企业双重选址的具体特点

首先,企业的注册年份如图9.3所示。

显然,越是新企业,分离情况越严重。2005年以前注册的老企业:注册地高度集中在市区、少量在嘉定青浦新城;经营地高度集中在市区。2010年以后注册的新企业:注册地在市区的密度并不高,高密度地区全在郊区;经营地高度集中在市区。

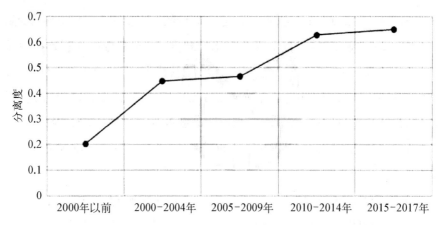

图 9.3 上海不同年份注册企业的经营地与注册地的分离程度

资料来源：城市数据团

很明显，2010 年后的新企业，大部分选择注册在郊区新城；但在经营地上，它们却依然选择市中心。由于新企业的数量级极大，因此，它们总体拉高了上海市企业注册地经营地的分离程度。既然决定了要在市区经营，那这些企业为什么都要去数十千米外的郊区注册呢？很明显，这些郊区的招商服务和政策扶持在吸引企业注册上起到了重要的作用。那么，这些政策与服务对哪些类型的企业会更有吸引力呢？我们来看按注册资本分组的注册地经营地分离情况（图 9.4）。

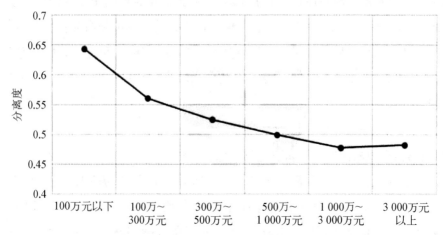

图 9.4 上海不同注册资本的企业的经营地与注册地的分离程度

资料来源：城市数据团

可以看到,注册资本小于100万元的小企业更多地接受经营注册分离,而大企业的分离比例相对较低。注册资本小于100万元的企业:注册地在市区的密度并不高,高密度地区全在郊区;经营地高度集中在市区。注册资本大于500万元的企业:注册地全市分布较为均匀,外高桥(自贸区)较为密集;经营地高度集中在市区。很显然,相较于财大气粗的大企业,郊区注册的吸引力对于中小型企业具有更强的吸引力,它们的注册密集地几乎全都在郊区。

(五)不同行业的双重选址特点

从图9.5中可以看到,各个行业的注册地和经营地都有不同程度的分离。下面我们重点关注一下近年来上海市增长最快的商务服务业,以及较为关注的三大行业:科研和信息技术服务业、金融业和文化业。

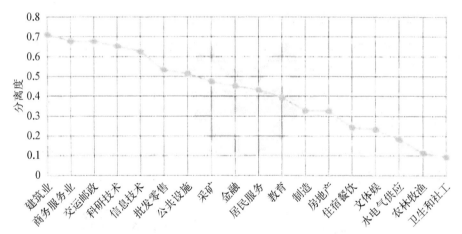

图9.5 上海不同行业的企业的经营地与注册地的分离程度
资料来源:城市数据团

商务服务业的分离情况最为严重。商务服务业的注册地在全市的分布较为均匀,但在崇明岛、长兴岛、外高桥、临港等远郊均有多个高密度的亮点。然而,在实际的经营地上,商务服务业则高度集中在内环线以内,呈现出极其明显的差异,分离度达到70%。

其次是科技信息行业(我们对科学技术服务业和信息技术服务业进行了合并,统称为科技信息行业)。科技信息行业的注册地有五个高密度集聚点:

浦东张江、杨浦五角场、闵行紫竹、南翔-嘉定新城区域和长兴岛；而其经营地也有五个高密度集聚点：南京西路、漕河泾、五角场、陆家嘴和张江。很明显，从注册地来看，除了五角场和张江既是注册集中地又是经营集中地外，南翔-嘉定新城、长兴以及闵行均不是经营地密集区；尤其是南翔-嘉定新城区域，分离情况尤为突出。而从经营地来看，不仅市中心和漕河泾有明显的集聚现象，包括陆家嘴同样是科技信息企业经营的集中地。

相比之下，金融行业的分离情况相对要少一些。金融行业的集聚程度非常之高，其注册地仅有外滩、陆家嘴和外高桥（自贸区）三个高密度集聚点；其经营地则更为集中，只有外滩和陆家嘴，自贸区则被排除在外。

最后是文化行业。文化行业的注册地已经非常集中了，主要在中环线以内；它的经营地的高密度集聚区则进一步收缩到了内环线以内。

通过上述分析，我们可以看到一个清晰的现象：虽然郊区的政策及服务吸引了大量中小型企业、商务服务企业、科技类企业、文化创意企业、包括金融企业（主要被自贸区吸引），但在对经营地的选择则不约而同地一致：去市中心、去市中心的中心。

根据具体行业的经营地特点不同，我们可以做出几个行业从市中心向外的企业经营密度衰减曲线（图9.6）。

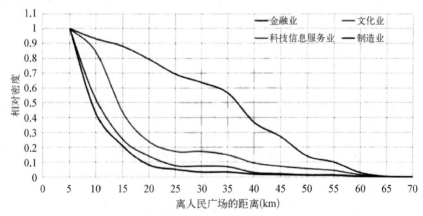

图 9.6 上海四大行业企业密度衰减（2017年）

资料来源：城市数据团

可以看到,对于金融、文化行业来说,距离市中心 10 千米处(东西向约到内环,南北向约到中环),企业密度已衰减至市中心的 1/2 或更少;距离市中心 15 千米处(约到外环),企业密度已衰减至市中心的 1/5。科技信息行业在郊区的生命力相对较强,其 1/2 和 1/5 的衰减距离分别是 14 千米和 22 千米。只有制造业能相对顽强地在郊区生存。

二、上海的"营商环境"到底哪里好?

(一)营商环境指数

很显然,对上海"营商环境"的评价,至少应包含"注册环境"(或者叫"政策环境")和"经营环境"两个方面。其中,注册环境的营造主要依靠税收政策和人才政策,经营环境则是办公载体、交通便利程度、商务氛围、餐饮住宅娱乐等生活设施的配套程度、企业间交流便利程度等多要素综合作用的结果。为了对不同地区的营商环境进行综合评价,我们设计了营商环境指数:营商环境指数=ln(该区经营企业数/该区注册企业数)＊(注册或经营在该区的企业总数)/该区建成区面积。根据这个公式,我们计算出上海各区的营商环境情况如图 9.7 所示。

图 9.7　上海各区企业营商环境指数
资料来源:城市数据团

(二)营商环境排名

我们可以看到,郊区的注册环境更好,市区的经营环境更好,而相对比较均衡的则是:杨浦、闵行、松江、浦东和宝山(图 9.8)。但是问题来了,有些区横跨市区和郊区,那么具体来看呢?于是,用同样的方法,我们计算了各个街镇的营商环境指数并制作出前 20 街镇的排名(图 9.9)。

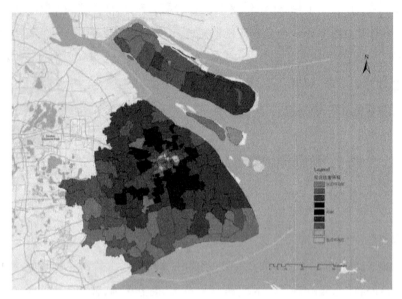

图 9.8 上海市各街镇企业营商环境指数

资料来源：城市数据团

排名	注册环境最好	经营环境最好
1	横沙乡	天目西路街道
2	张堰镇	南京东路街道
3	万祥镇	徐家汇街道
4	新海镇	长寿路街道
5	长兴镇	石门二路街道
6	马桥镇	潍坊新村街道
7	四团镇	陆家嘴街道
8	亭林镇	静安寺街道
9	枫泾镇	田林街道
10	庄行镇	淮海中路街道
11	廊下镇	外滩街道
12	南汇新城镇	南京西路街道
13	朱泾镇	曹家渡街道
14	新村乡	芷江西路街道
15	海湾镇	华阳路街道
16	石化街道	虹梅路街道
17	三星镇	长风新村街道
18	南翔镇	宜川路街道
19	泥城镇	江苏路街道
20	漕泾镇	四川北路街道

图 9.9 营商环境最好的街镇 top20

资料来源：城市数据团

从营商环境排名靠前的街镇中，我们选出了两个典型案例，观察它们的企业分布去向。案例一：南汇新城镇。注册环境很好，注册企业数量很大，但在此注册的企业往往不在此地办公，这些企业主要去往陆家嘴、惠南、天目西路、徐家汇、花木等地经营。案例二：南京东路街道。经营环境很好，经营企业数量很大，吸引了大量外街镇包括郊区的企业来此经营，其中有较多都注册在南桥、南翔、四团、亭林、朱泾等地。

回到最初的问题：上海到底哪里的"营商环境"更好？其实，对于这个问题,上海市的这188万家企业已经用脚进行了精准的投票。它们或者投给注册地,贡献它税收;或者投给经营地,贡献了上下游关联的经济产出。无论如何,服务好这些企业,是上海打造"城市服务能力"的核心路径。因此,在讨论"服务"之前,有一系列必须值得我们的思考和问题:我们是否真的读懂了这些企业?是否真的了解这些企业?我们是否真的知道它们到底需要一个什么样的营商环境?我们的政策制定、资源配置,是否真的符合它们的需求和期待呢?我们又该如何根据它们的需求与期许去制定更好的土地、空间、产业的规划和政策,如何去经营更好的园区与城市?

第二节 商务成本与科技创新

在新一轮总体规划中,上海是这么定位自己的:国际经济、金融、贸易、航运、科技创新中心和文化大都市。从概念上看,一个上海,好多个中心;而从城市空间上看,上海也的确有好多个中心,既有老牌的市级商务中心如外滩、陆家嘴,也有区域型商务中心如徐家汇、五角场,还有新兴商务区如大虹桥、世博等。我们选取了上海中心城区最有代表性的25个综合商务区作为样本,看看上海的这些中心到底发展得怎么样(图9.10)。

一、25个综合商务中心比较

(一)商务中心租金比较

虽然商务区很多,但从租金角度看,可以简单分为两种"中心":租金很贵的中心:以二号线沿线和浦西市中心的商务区为主,租金8元(元/平方米/天,以下同)起;租金一般的中心:以内环外各大商务区为主,包括五角场、虹桥、徐汇滨江等。虽然新旧有别,入驻率也各有差异,但一致的规律是相对便

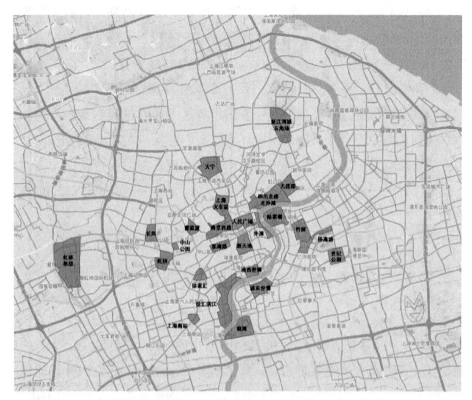

图 9.10　上海商务区样本选取
资料来源：城市数据团

宜,最贵也就7元多,便宜的4元多也能搞定(图9.11)。

（二）商务中心辐射范围

当然,租金只是一个观察的窗口,而商务区的本质是人和企业的空间载体。那我们就先从人的角度来看一下吧。一般来说,商务区的能级可以体现在能吸引住在周边多大范围的人来上班。

我们来看四个典型的案例(图9.12)。

可以看到,较高能级(市级)的人民广场和陆家嘴的员工住地不仅围绕在商务区周围,也呈现出了沿主要地铁线路向全市扩散的趋势。相比之下,较低能级(地区级)的五角场和大宁的员工大多居住在工作地附近。我们将这

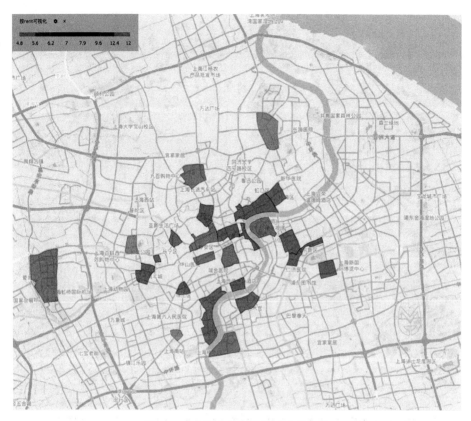

图 9.11　上海商务区甲级写字楼租金
资料来源：城市数据团

个计算逻辑叠加扩展到全市，就可以得到图 9.13。

我们将上海市划分为小区尺度的格网，计算住在每个格子里的劳动年龄人口（20～60 岁）前往各个商务区上班的比例（比例最大的称为该地居民的首选商务区）。然后将通勤人口总数高于一定阈值、首选商务区比例大于一定阈值的格子，标识为该首选商务区的辐射范围。可以看到，25 个商务区各自有一块领地（以不同颜色标识），而根据领地形态的不同，上海也自然地形成了三类"中心"：

（1）集聚型中心。包括辐射范围最大的五角场新江湾城、陆家嘴和虹桥枢纽等；它们的就业群体有明显的区域特征，并形成了相对完整的领地空间。

图 9.12 在人民广场、陆家嘴、五角场新江湾城和大宁工作的人居住地密度分布
资料来源：城市数据团

其中，陆家嘴是浦东的绝对大佬，而五角场和虹桥枢纽分别位于市区的边缘地带，在各自区域内鲜有敌手。

（2）竞争型中心。以浦西市中心颜色斑驳的商务中心为主，如人民广场、南京西路、虹桥等。这些商务中心在激烈竞争中各自争得一席相对完整的地盘，但面积都不大，其余的领地就分散在全市的各个角落。

（3）离散型中心。还有一部分商务区的领地不明显，其就业群体呈现了相对分散的特征，如徐汇、外滩、淮海路等。

图中还有一些没有首选商务区的黑色区域。这些地方或者是竞争太过激烈、多个商务区平分秋色，或者是现有的商务区尚未能触达。

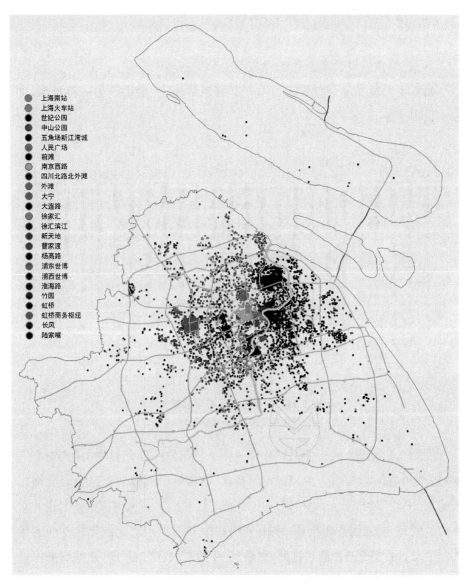

图 9.13 上海商务区辐射范围
资料来源：城市数据团

二、综合商务中心企业要素比较

（一）工作人群的年龄结构比较

如果我们观察每个商务区工作人群的年龄结构，会看到另一种景象，如图 9.14 所示。

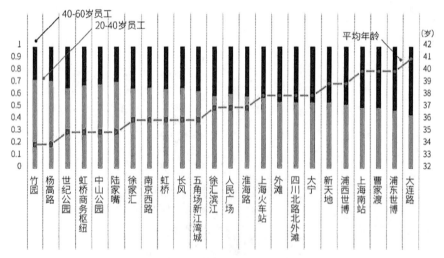

图 9.14　各商务区员工年龄情况

资料来源：城市数据团

由图 9.14 可知，从工作人群年龄上看，上海又可以分为两大类"中心"：年轻人的中心：以浦东为主，最为"年轻化"的竹园、杨高路、世纪公园全部位于浦东（平均年龄 34～35 岁，20～40 岁的人员占比 70%），陆家嘴排名也非常靠前。同时，浦西的虹桥枢纽、中山公园和徐家汇也相对比较年轻。中老年人的中心：如大连路和浦东世博，都是"中年油腻大叔"的乐园，这些商务区恰好是某些类型企业的集聚区。

（二）通勤距离比较

当然，我们也可以将以上两个维度交叉起来，以通勤距离作为 x 轴，平均年龄作为 y 轴，画出散点图 9.15。

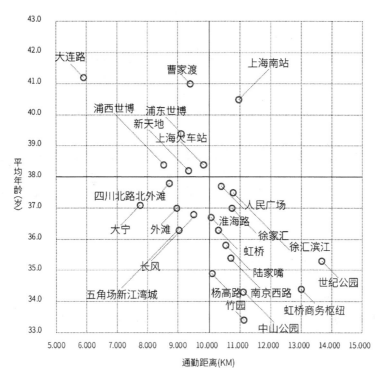

图9.15 通勤距离与平均年龄
资料来源：城市数据团

根据图9.15，我们将上海的商务中心分为四类：年龄大、上班远（第一象限）：上海南站。年龄大、上班近（第二象限）：大连路、浦东世博等。年龄小、上班近（第三象限）：大宁、五角场新江湾城、长风等。年龄小、上班远（第四象限）：南京西路、陆家嘴、人民广场。从每个象限的商务区样本分布来看，我们也可以读取到另一个信息：年龄越小的，上班距离越长；年龄越大的，上班距离越短。这也许就是这座城市的典型画面吧：一批又一批的年轻人住在市郊，把大量时间花在路上，只为了能在最"中心"最光鲜的地方出人头地，直到他们慢慢成长老去，有了财富积累，就搬到中心一些的地方，并选择一个离家近一些的工作。

（三）综合商务中心企业比较

从企业的角度看，上海的中心则呈现出完全不同的一种场景，如图9.16所示。

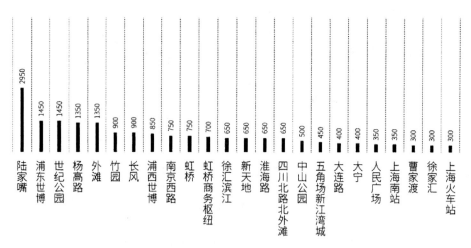

图 9.16　各商务区企业平均注册资本(千万元)

资料来源：城市数据团

从规模企业的集聚看,上海形成了与工作人群完全不同的三种差异极大的"中心":巨型企业集聚中心:陆家嘴,再没有第二家了,平均注册资本约3 000万元,约是第二名的两倍。大型企业集聚中心:浦东世博、世纪公园、杨高路、外滩等商务区,它们区域内的企业平均注册资本在1 000万元以上。中小型企业集聚中心:最典型的为上海火车站、徐家汇、曹家渡,其区内企业以中小型为主,平均注册资本300万元。

(四) 各综合商务中心产业比较

再看产业结构。根据《上海市城市总体规划(2017—2035年)》,上海的城市性质确定为"国际经济、金融、贸易、航运、科技创新中心和文化大都市"。据此,我们选择了与上海发展目标较为契合的四大高端服务业(金融产业、文化产业、信息和科研服务业、商务服务业),统计了各个商务区的高端服务业总比例,结果如图9.17所示。

可以看到:排名第一的陆家嘴,高端服务业比例达到74%。世纪公园、杨高路、淮海路、南京西路的高端服务业占比均在60%以上。人民广场、中山公园、大连路的高端服务业最少,接近40%。

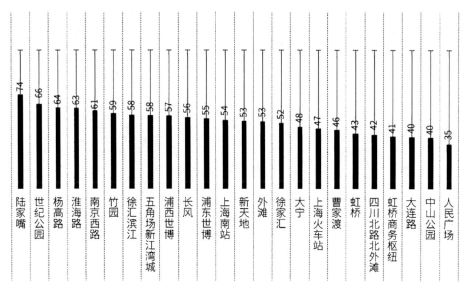

图 9.17　各商务区高端服务业比例(%)
资料来源：城市数据团

(五)平均注册资本与高端产业占比分析

同样的,我们对平均注册资本与高端产业占比进行交叉分析,可以得到图 9.18。

在图 9.18 中,我们可以看到四类"中心":注册资本较高、高端服务业较多(第一象限),也就是站在商务中心鄙视链顶端的,最典型的商务区就是陆家嘴。注册资本较高、高端服务业较少(第二象限),这一类型商务区可能有非高端服务业型的产业(比如房地产),虹桥和大虹桥都是该类型的。注册资本较低、高端服务业较少(第三象限),位于商务中心鄙视链的最低端,典型商务区是上海火车站、四川北路等。注册资本较低、高端服务业较多(第四象限),这是中小企业和创新性企业集聚的地区,尽管注册资本较低,产业却相对很高端,五角场和徐汇滨江都具有此类属性。

(六)行业的承租能力分析

我们在商务区租金和行业的研究中发现,几大行业的承租能力差异是很大的(承租能力的数学含义是行业占比与租金的相关性)。结果如图 9.19 所示。

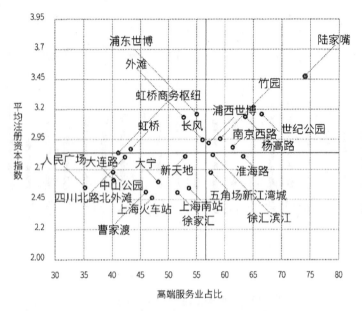

图9.18 商务区企业平均注册资本指数与高端服务业占比

资料来源：城市数据团

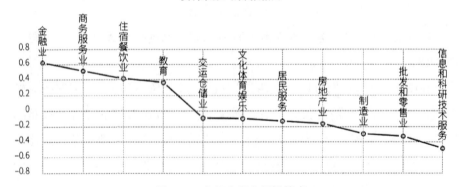

图9.19 各行业租金承受能力

资料来源：城市数据团

我们可以看到，上海最为引发关注的两个重点行业："金融"和"科技"，同时却非常有趣地位于承租能力的顶端和底部。我们再把这两个行业的"企业占比-租金"关系单独提取出来，分别绘制图9.20(a)和9.20(b)。

可以看到，结果很清晰：租金越贵的地方，金融企业占比越高；租金越低的地方，科技企业占比越高。

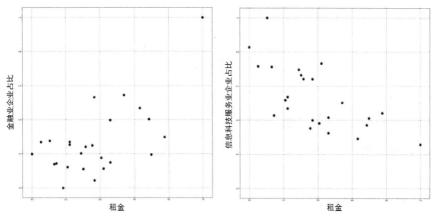

图 9.20(a)　金融业企业占比及租金
注：左为金融，右为信息科技服务业。
资料来源：城市数据团

图 9.20(b)　信息科技服务业企业占比及租金
资料来源：城市数据团

（七）新增科技行业的空间趋势分析

我们再把数据放置到时间轴上，观察下新增科技行业的空间趋势，可以得到图 9.21。

可以看到，按经营地测算，越是高租金的商务区，科技企业的增量越低（占所有新增企业的比例越低）。所以，无论规划和愿景如何完美，但现实的情况就是如此：上海几乎每个"中心"都吸引了高大上的金融行业，而那些暂时看上去矮穷矬的科技行业（尤其是创新型的初创公司），就不得不被高租金挤压到离市中心更远更便宜的郊区。金融和科技，看上去离得那么近，但现实却又把它们逼得那么远。这的确是一件让我们担心的事：上海希望成为科技创新中心，

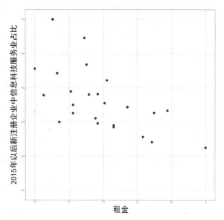

图 9.21　新增信息科技服务业企业入驻商务区情况
资料来源：城市数据团

但上海的"商务中心"却容不下科技创新。

第三节 上海营商环境改进方向

以上海来说,优化上海营商环境,对于聚合优势的科技创新资源、提升产业链、优化产业体系,进而去促进上海经济向服务经济转型,具有积极的意义。理念先行,也需要制度改革,需要理顺部门管理和流程,否则先进工具、手段的使用也会打折扣。

一、营商环境评价体系

(一)不能止步于现有评价体系

从字面上理解,营商环境应指商业事务营运的环境,对应于企业战略环境分析中的外部经营环境。但是,按照世界银行2001年开发的营商环境评价指标体系来看,其所界定的营商环境专指(私营)企业面临的政策法规这一制度环境。通俗地讲,就是指企业在商事活动中与政府监管机构及相关公共服务部门打交道的难易程度,具体体现为花费的时间长短及费用高低。世界银行的营商环境评价主要是对企业从创建、到日常运营、再到关停破产等全过程的业务活动中,严格遵循政策法规所需要付出的精力大小,进行国际排名。首先,从评价内容看,这些活动基本涵盖了企业全生命周期各阶段与政府部门接触的活动环节。其次,从指标体系看,世界银行设计了11个一级指标和42个二级指标,而在实际评价时,又把"劳动力市场法规"这个指标剔除了,最终形成了10个一级指标和41个二级指标的综合评价指标体系。最后,从评价方法看,世界银行在对这些二级指标进行具体测度时,主要考量流程数量、走完流程的周期、相关流程所产生的费用,并对这些时长和费用进行国际横向比较——比较时一般采用相对值,比如这些花费与人均收入的比例,或者费用支出占企业财产总值的比重。

除了世行报告对营商环境的界定,我觉得衡量营商环境还应该包括更多方面,政治、经济、法律、文化、生活等这些要素都很重要,企业做出投资决定,不会不考虑这些关键因素。现在我们讲营商环境,大多还停留在政策层面,集中在提高政府办事效率这一层面上。但是,对营商环境的理解需要更宽泛广义一些,应该包括以下三个方面:一是公平、客观、公正的环境,这是基本的,谁来做生意都应该一视同仁,外地来的企业不能受歧视、不能有地方保护主义;二是公共服务;三是要素层面,包括自然资源、劳动力资源、技术资源等等。

(二)营商环境体系的评价新要素

在新时代下,对于营商环境体系的评价还有可完善之处。首先,评价的内容体系尚有待丰富和完善。为什么?我们一般理解的营商环境,是一个相对宽泛的概念,除了政策法规以外,还包括政治、经济、社会及技术等宏观环境及产业运营环境。因此,对企业经营的安全性起决定作用的宏观经济稳定性,以及产业竞争有序性、产业配套完善度、本地化服务便利性等产业生态环境,也应该成为我们所理解的营商环境的重要组成部分。同时,评价方法也有改进的空间。世界银行要做国际比较,特别强调数据的可靠性以及指标的可比性,但这样就会忽略一些控制变量,比如说国情差异导致的制度环境差异,还有产业体系的差异,这些差异造成企业对政策法规的敏感性实际上是不一样的。由于这些差异性并没有被体现出来,所以评价结果也就有可能出现显著差异。

二、提升营商环境,上海要有紧迫感

以上海来说,优化上海营商环境,对于聚合优势的科技创新资源、提升产业链、优化产业体系,进而促进上海经济向服务经济转型,具有积极的意义。

(一)以自贸区为平台,吸引外商投资

帮助上海在新一轮产业变革中发展先进制造业,壮大服务经济,实现产业链升级。

（二）促进民营经济发展的政策要素

以科创中心建设为契机，形成有利于创新创业的环境和氛围，促进民营经济发展。民营经济通过新业态、新模式，带动传统产业转型升级。讨论营商环境，应该更多地关注民营企业，尤其是初创企业，他们往往可能处在一个不利的位置。这也涉及如何界定政府跟企业的关系，政府应该干什么，企业应该干什么。第一，政府是管理者。政府是规则的制定者、执行者，要管就要有规矩，做到有法可依，有法必依，依法办事。第二，在有法可依的基础上，做好公共服务。第三，政府要协调各个部门、各个层面，协调和利用手中的资源，更好地促进当地的发展，做有为政府。

（三）提升产业竞争力

通过降低企业运营成本，激发企业活力，从而提高产业运营绩效，提高上海产业的竞争力。上海在这个新时代提出优化营商环境，总体上就是要进一步巩固上海地区的综合竞争力，促进上海经济的创新转型发展。

（四）改善营商环境的龙头地位

从地区层面来看，上海是长三角和长江经济带的龙头，方方面面一直走在全国前列。但是最近几年，其他地区、其他城市的发展很快，我们不能盲目自信。上海在产业层面的定位是先进制造业和现代服务业，围绕这个目标需要做一系列的工作，不是简单地停留在办事快、办事容易这个层面。比如，在吸引和集聚人才方面，上海、北京常住人口呈现净流出状态，对人才的吸引力在下降；相比较，杭州的吸引力则在大大增强，因为杭州在互联网相关产业和业态方面有良好的发展氛围。

（五）营商环境也要"加减乘除"

营商环境要做减法，就是降本提速，减少时间，降低成本。也要做加法，要增加政府的服务内容，加大服务力度，做服务型政府。乘法就是推行"互联网＋监管"，探索互联网经济条件下监管模式与方式的创新，把互联网与审批监管等行政管理相融合，通过跨界合作产生乘数效应。除法就是数据信息及资源在政府各个相关部门之间共享,资源共享就是做大分母,提高资源的利用率,这就降低了数据信息等资源收集与处理的平均成本,所以做除法就是要共享。

(六)确立行政管理地位的"店小二"

目前行政管理方面本位主义比较严重,各自为政、各管一摊现象比较普遍。从提高政府管理和服务效果来看,有些企业的做法有非常值得借鉴的地方。"店小二"这个提法很好,理念先行,也需要制度改革。未来在我们营商环境的优化中,需要特别注意的有三点。首先,要树立真正的服务意识。优化营商环境不是做表面文章,不能只是为提高营商环境这个排名而去做,而是应该以提高企业对政府公共服务的满意度为目标。排名应是检验我们服务效率的测试剂,为优化营商环境提供方向和动力。其次,我觉得改善营商环境,不能只盯住评价指标体系当中的关键指标来发力,而应该从更系统的、整体的视角来展开,也就是说,我们应该重在解决企业痛点,对相关政策法规政策进行梳理,与时俱进,对内容进行修订。第三,改善营商环境,政府要有创新意识。互联网时代,各种商业模式创新层出不穷,对监管创新也提出了新要求。对于一些新事物、新业态、新模式,政府也要不断去学习,与时俱进,要对监管做创新,不仅仅要有"店小二"的低姿态,还要持续学习,要有学习与创新能力。

第十章
全球化背景下上海商业发展策略

【背景资料】

从9年前的5 200多万元,猛增到2017年的1 682亿元,天猫"双11"的成交额,以2 400倍的爆炸式增长,它见证了中国经济的发展和互联网经济的飞跃,它从中国互联网独有的电商庆典,发展成全球的电商狂欢节。在全球经济低迷,全球化遭遇重大挑战的当下,"双11"的"全球买、全球卖",成为联通中国与世界的网上贸易平台。天猫首次带着超过100个中国品牌出海,目标是亚洲和全球其他地区超过1亿的海外华人消费者。中国产品行销海外,海外特产风靡国内,天猫已成为一个超越国界的商业平台。在这场全球狂欢的背后,已不是中国一国的商业力量的ALL-IN(全要素融入),而是演进成为从生产、营销到物流、支付的全球整个商业力量的大协同。"双11"只是一个象征,象征的是背后强大的电子商务的全球整合能力,包括除天猫之外的电商平台、快递业巨头以及无数的商家、产业工人,还有新零售所代表的线下实体商铺。

第一节　全球化与上海国际化发展策略

布鲁金斯学会认为,重要的全球城市作为具有竞争力的世界经济行为主体,其发展也受到国际经济的影响。当前,影响国际经济的主要力量包括三种:城市化、全球化与技术变革,这些力量对于全球城市的未来发展方位具有重要的影响作用。

一、全球城市经济发展的主要力量和特征

(一) 全球城市经济发展的主要力量

1. 城市化

随着世界城市化进程的发展,城市日益成为全球经济发展的主体。大都市区人口在全球人口中的比例已从 1950 年的 29% 增加到当前的超过 50%,这一比例在 21 世纪中叶有望达到 66%。城市化与工业化在人类近现代史上呈现相伴而生,互动发展的态势。目前,这种互动也在亚洲与拉美区域表现得如火如荼。从 2010 年起,非洲与亚洲的城市人口年增长率为全球前列,分别达到 3.55% 和 2.5%,远远超过北美的 1.04% 和欧洲的 0.33%。大都市区在全球层面体现出更为强大的经济实力。总体上看,一方面,全球 50% 人口居住在城市区域,这些人创造了全球近 80% 的总产值。另一方面,城市化的无序发展也带来一系列风险。非洲、拉美、东南亚的巨型城市中的高速人口流动,使地方政府在提供基础住房、交通、能源、水务、排水等基础设施方面的能力捉襟见肘。到 2030 年,全球范围需要新增 57 万亿美元的基础设施投资,以满足发展中区域的快速增长需求。

发展中国家大都市区的快速发展,也同时为发达国家城市带来了机遇与挑战。尽管在企业和人才方面的竞争加剧,发达经济体的大都市区仍可以在

发展中大都市的人口与财富增长中收获更多需求。布鲁金斯学会指出,尽管中国与印度当前只贡献了全球5%的中产阶层消费份额,但到2050年,两国的该消费份额将达到50%,而这些消费基本发生在城市中。

2. 全球化

全球化是第二次世界大战后不断强化的重要趋势。国家间的商品、服务与投资流动量从1990年的5万亿美元增长至2014年的30万亿美元,其同期占全球GDP的比例从24%增至39%。但是,这种全球交流的内涵正在发生变化。在近期商品贸易状况低迷的同时,跨境的数据与信息流动却急剧增长。全球化对国家经济实力的变化起到重要的影响作用,城市也同样受到全球化背景下,空间压缩带来的影响。例如,中国加入全球贸易网络带来对美国就业市场的重要影响,特别反映在制造业行业。在发展中国家,劳动力、贸易与资本市场的全球化趋势与新知识和技术等因素相叠加,导致国内的经济不稳定以及不平等问题持续受到关注。事实上,即便是那些深深卷入全球化浪潮中的城市,依然面临收益不均等问题的困扰。正如萨斯奇雅·萨森指出的"无论是在发达国家抑或是发展中国家,全球化城市的崛起也伴随着不平等城市的崛起"。经合组织的研究表明,由于高收入群体和高技能劳动者的集聚,大城市的不平等情况相较周边区域有更快的发展趋势,如果这种不平等阻碍了对于社会中下层收入群体的教育与技能培训的投资,这可能对于社会的向上流动性以及整体经济发展造成限制。

3. 技术变化

信息技术革命、数字化以及自动化正在改变交流方式,企业创造与提供该产品与服务的方式,以及工作自身的性质。这些技术变化的规模十分巨大,发展速度惊人。麦肯锡全球研究院预测,到2025年,12项新兴技术将引致年均33万亿美元的经济产出。布鲁金斯学会的近期研究表明,这些新技术中很大一部分将被应用于50种"先进产业"。这些产业的发展主要依靠高水平研发以及大量科学、技术、工程与数学(STEM)雇员。先进产业的重要性在于其能够大大提升生产效率。由于大量应用新兴技术及相关平台,先进产业生产者的平均劳动生产率能够达到其他行业的两倍。这种劳动生产率的差异化也带来社会意义上的重要影响,其使得在先进产业就业的劳动者能够获得超出其他行业工人两倍的薪资。对于城市而言,那些具备吸引高生产率企业及就业者的环境的大都市区,便能充分利用相应的红利和资源。

(二) 全球城市发展的主要特征

1. 全球城市发展路径具有多样性特征

由于每个城市发展的起点都有所不同,并没有成为"全球城市"的华山一条路。但全球化的迅猛发展使得大都市区经济体被纳入一个国际性的网络之中,这一网络的重要特质在于"竞争-合作"的同时存在。城市的地位很大程度上取决于其在国际生产与交换体系中的功能。相较于以往,技术创新在更多的城市中涌现,但一部分美国与欧洲的中等规模城市区域在推动技术进步方面表现突出,这些城市集聚了国际顶级的研究型大学以及专利研发型企业。来自发达国家和崛起于中亚洲区域的两类巨型全球性中心城市分别扮演了全球金融与投资领域的双重支柱角色,这两者都得到了一批商业、教育与交通枢纽城市的有力支撑,后者承担了面向大国与中等收入国家的全球门户职能。中国令人瞩目的全球性崛起,则反映在一批二线与三线制造业与外向型经济城市的发展上。此外,还有两类分别位于美国以及英联邦、欧洲、日本的经济进取型大都市区,这些城市以受过良好教育人口、制造业与商业服务业的专精体系、高校与机场等基础性设施为依托,着力面向全球发展。总而言之,城市的全球性发展,具有多种模式和路径。

2. 全球化融入情况决定城市经济表现

城市融入全球体系的不同路径也反映在其经济表现中。123个大都市区,在人均GDP、就业者平均GDP以及经济增长率的表现大相径庭。2000年以来,以中国制造中心城市为引领的低收入大都市区实现了最快速度的人均GDP增长。发达国家的知识中心与全球巨型枢纽城市不仅具备更高的平均收入水平,而且具备更快的人均GDP和生产率上升速度,而美国和国际上的中等规模城市则在收入和增长率方面都稍逊一筹。这种差异性反映出在全球生产网络结构变化的情况下,城市的表现也受到相应影响。

3. 要素的全球分布状况影响全球城市发展方向

国家与地方领导者在设定经济战略时,必须明晰城市-区域的全球化发展起点。在全球化、城市化与技术剧烈变动的世界中,推动经济增长与繁荣的要素(贸易网络、创新要素、人才、基础设施)在全球层面乃至国家内部的分布都并不均衡。全球城市的类型决定了其自身的特点以及发展问题的解决方式。

二、上海城市国际化更多的启示与借鉴

(一)注重全球城市发展的多样性趋势

长期以来,对于全球城市的理解,我们更多关注的是城市对于全球流量的控制力和排名,这种竞争性的视角使得对于全球城市的理解上,更多被顶级明星城市的若干特性所局限,而忽视了全球城市发展路径的多样性。布鲁金斯学会对全球城市的类型划分基于经济范畴的诸多指标,并进行了地域性的划分,具有一定新意,也更为全面。在这一背景下,中国相关城市在推进全球城市建设的过程中,应关注全球城市发展路径的多样性以及评判标准的综合性趋势,避免以狭义的全球城市概念为标准设定参照系。

(二)关注科技创新要素对于全球城市的重要意义

美国智库的全球城市研究成果日益关注创新要素的重要作用,在对于全球大都市区的指标分析中,对于高校、专利、劳动者受教育程度、国际期刊发表等创新领域数据给予了高度重视,甚至提出知识中心城市的一类城市群组。这种对于全球城市地位的理解在以往国际经济视角之上,又增加了创新的维度。中国的全球城市发展,也应切实关注创新要素的集聚,特别是跨国创新要素以及有国际影响力创新基础设施的吸引和塑造,同时应关注创新要素对于全球城市地位提升的潜在推进机制和规律。

（三）重视全球城市制造业与服务业融合发展的产业发展方向

美国智库对全球城市产业结构的分析，更为关注产业的多样化状况。全球城市及国际化大都市区的制造业发展情况，已经成为衡量城市国际影响力的重要指标。布鲁金斯学会的研究甚至将中国的外向型制造业城市单列为一类进行专门分析。同时，部分全球城市在制造业方面的专精特色和专业服务业的配合程度也被视为相关城市经济多样性的重要表现。因此，中国相关国际大都市在转型升级过程中，应关注全球城市制造业与服务业有机互动、融合发展的趋势，在先进制造业、专业服务业的培育和建设方面，应更多进行引导和规划，着力提升经济结构和产业结构的多样性。

（四）上海要稳固亚洲支柱城市地位、紧盯全球巨型枢纽目标、固化中国制造中心的利益共同体

亚洲支柱城市主要指北京、香港、莫斯科、首尔-仁川、上海与新加坡5个亚太及俄罗斯地区的大规模商业、金融节点，是区域内的主要投资支柱区。2009—2015年，亚洲支柱城市吸引的绿地国外直接投资（FDI）高居7类城市之首，达到459.7亿美元，为位居第二的全球巨型枢纽的将近2倍。其中，香港、新加坡吸引的外部投资量最大，北京、上海紧随其后。同时，亚洲支柱城市的人口规模和经济体量也迅速提升，其平均人口达到1 610万人，平均GDP为6 680亿美元，在7类城市中居第二位。从2000年起，这些城市的人均GDP保持了4.2%的年均增长率。

上海离全球巨型枢纽距离巨大。全球巨型枢纽主要为伦敦、洛杉矶、纽约、大阪-神户、巴黎、东京等6个巨型且繁荣的全球性枢纽，集聚大量企业总部，承担全球最大发达经济体的指挥和控制中心。这些城市的平均居民规模为1 940万人，平均经济产出超过1万亿美元。如果六个城市被视为一个国家，则这一国家是当前世界第三大经济体。其人均名义GDP为5.8万美元，就业者平均GDP为11.6万美元，仅次于知识中心城市。此类大都市区的经济结构呈现出高度服务业化的特点，其商业服务业与金融产值平均占城市总增加值（GVA）的41%。20%的福布斯财富2000强企业总部集中在这些城

市。相比之下,上海应更加注重全球巨型枢纽的功能建设。

中国制造中心:东莞、佛山、福州、无锡、温州、郑州等中国的22个二、三线城市,其发展依赖于外向型制造业与国际经济往来。这些中国的城市有的位于东部沿海地区,也有位于内陆地区,城市平均人口规模为800万,GDP为2 050亿美元。2000—2015年,这些城市的经济产出量和就业量的增长幅度分别达到令人咋舌的12.6%和4.7%,高居7类城市之首。同期,其人均GDP增长了5倍,从2 500美元增长至12 000美元。使这些城市进入全球城市体系中的"中产阶层"队伍。顾名思义,中国制造业中心城市对于制造业有巨大的依赖,其经济产量的40%为制造业。但这些城市的商业、金融与专业服务业发展相对滞后,在总资产值中仅占12%的比例,而其他类型城市的这一比例平均达到32%。经济多样性的缺乏使得这些城市的FDI流动、风险资本、国际旅客数据在7类城市中位居末席,城市的专利拥有情况也仅达到每万名雇员0.03个专利的水平。其中,长三角城市就有两个:无锡、温州,上海理应与其组成利益共同体。

(五)上海在对外合作上应更加注重聚集国际知识中心、连接新兴门户城市

知识中心是指费城、旧金山、西雅图、苏黎世等欧美19个中等规模、具备高层次知识创新力的创新中心。这些城市往往具备高技能劳动者与高水平研究型大学。知识中心城市堪称最具经济效率的城市典范。19个知识中心城市的平均人口规模偏小,为420万人,位居7类全球城市的倒数第二,而其平均经济产值则达到2 830亿美元,位居7类全球城市第三;人均GDP和职工人均GDP高居第一,分别为69 000美元和136 000美元。知识中心城市在科教方面具有强大的优势,其41%的15岁以上人口拥有本科以上学位。全球100所最具实力的大学中,有20所位于这19座城市中。同时,上述城市极大地促进了知识要素的应用转化,2008—2012年,这些城市以占全球1%的人口,贡献了全球16%的专利。信息技术和生命科学方面的这一比例更高,分别达到22%和19%。

新兴门户城市包括了安卡拉、开普敦、重庆、德里、广州、约翰内斯堡等28个新兴经济体主要国家的大型商业与交通枢纽点。三分之一的新兴门户城市为所在国家的首都，有8个城市为所在国家的金融中心和最大证券交易场所所在地。这些城市的突出表现为其国际门户的连通能力。2014年，这些城市的机场承担了8亿旅客的流量，这一数字2004年仅为2.73亿。城市年均旅客增长率为3.5%，仅次于中国工厂中心城市，居各类城市中的第二位。同时，2009—2015年，这些城市的国外直接投资规模达到580亿美元，其人均投资量为7类城市中的首位。

第二节 上海国际消费中心发展策略

国际消费中心是国际化大都市的核心功能之一。从国际经验来看，发达国家在达到中等收入水平、进入工业化和城镇化中后期阶段，都走了一条依托国际化大都市形成国际消费中心，来聚集全球消费资源、实现消费创新，增强对全球消费的引领和带动的路。世邦魏理仕发布的报告显示，上海全球零售商集聚度达到54.4%，在全球城市排名中位列第三，上海已经具备成为国际消费中心城市的潜质。然而，上海的国际消费中心建设依然力有未逮，缺乏有国际影响力的商圈和本土品牌、消费升级和体制机制创新中的一些障碍没有得到有效解决等问题依然十分明显。因此，上海须"多管齐下"升级城市消费功能，进一步提升上海商业在国外的影响力，从而助力全球卓越城市建设。

上海是一座因商而兴的城市。上海曾经是海上丝绸之路的重要一站，开埠之后更一跃成为远东地区最繁荣的商业中心，无论经历怎样的历史变迁、兴衰起伏，商业始终是上海的支柱之一。然而，在面对上海建设全球卓越城市和"五个中心"的新任务上，目前的上海商业尚不足以体现出国际消费节点城市的面貌，这其中很大一方面是上海的国际消费中心城市地位尚未确立，国际影响力有限。因此,我们应着眼于提升自我软硬件水平,升级城市消费功能,进一步提升上海商业在国外的影响力和辐射作用。

一、国际消费中心的主要特征

(一)国际消费中心三大特征

根据建设国际消费中心的国际经验来看,国际消费中心的形成发展,需要一系列有利于提升消费聚集、配置和创新能力的政策支持。国际消费中心具备三大特征:一是全球消费市场的制高点,具有强大的消费实现功能;二是全球消费资源的集聚地,具有高效的消费配置和带动功能;三是全球消费发展的风向标,具有突出的消费创新和引领功能。

(二)国际消费中心发展趋势

从全球范围看,国际消费中心的形成发展具有一些共性条件和趋势:一是国际消费中心的形成与经济发展水平密切关联。二是国际消费中心是消费全球化的推动者和受益者。三是国际消费中心发展日益多样化和层次分化。四是国际消费中心发展依赖于开放包容的环境与完善的制度政策。

二、上海已具备建设国际消费中心基础和条件

(一)消费市场规模进入全球前列,消费驱动增长作用开始显现

2015年,上海已进入全球50个最大消费城市行列。其中,上海社会消费品零售总额均超过1万亿元,成为位居前10位的全球最大消费城市,地区生产总值中最终消费支出所占比重达59.1%,高于全国7.5个百分点,消费对经济增长的贡献率达到70%左右。

(二)高端消费资源聚集加快

根据"全球跨境零售吸引力指数",上海已经成为全球10大最具消费吸引

力的城市之一。近年来,国内外知名消费品牌、企业总部加快向大型消费城市集中,形成了一批全球知名商圈。如上海南京西路商圈已汇集跨国公司地区总部22家,国内外品牌近1 600个,其中国际知名品牌1 000多个,吸引了大量国内中高端消费群体及国际游客消费。

(三)国际消费中心建设开始起步

例如,静安区作为上海国际消费城市示范区,围绕提升外来消费,建设国际一流消费市场,重点在建设优秀品牌集聚区、品质消费示范区、上海特色商旅文体验区和智慧商圈实践区等方面加快探索;发展文体、旅游、邮轮游艇等新兴消费的创新探索加快进行。

三、上海建立消费城市道路中存在的问题

(一)从消费群体看,外来消费中境外消费有所提高但仍占比不足

据万事达卡发布的全球目的地城市指数报告,2016年上海境外过夜游客数量排名第19位,为612万人,远低于伦敦(1 988万)、纽约(1 275万)、东京(1 170万)等城市,甚至低于伊斯坦布尔(1 195万)。

(二)从国际消费城市的基本构成要素来看,世界级商圈、具有国际影响力的本土消费品牌的供给不足

南京路、淮海路虽在国内名气不小,但同巴黎香榭丽舍大街、纽约第五大道等国际知名商圈相比仍有很大差距。截至目前,上海的"中华老字号"和"上海老字号"共计220个,是全国老字号品牌数量最多的城市。然而,其中具有国际影响力的本土品牌商品和特色产品发展不足,本土零售商品牌的国际化程度不高,"走出去"的力度也不大。

(三)促进消费升级和创新面临体制机制障碍,相关法律法规不健全

在新业态、新模式不断涌现下,一些现行法律法规已不适应创新发展需要,或者在执行过程中存在配套法规不完善、与其他法律缺乏协调等问题。

同时,网络诈骗、假冒伪劣、虚假宣传等问题依然存在,消费信息安全、金融支付安全、消费者权益保障等问题依然突出。具体表现为:一是标准体系建设滞后。与近年来服务业快速发展相比,服务标准体系建设明显滞后,新兴行业标准缺失,现行服务标准和规范整体水平不高,可操作性不强,宣传力度不够等,也导致一些标准在实施过程中效果不明显。二是市场监管有待进一步改革。部分服务行业依然面临行政审批过多、相关限制性条件过严等问题。部分服务行业还存在垄断,民营资本进入文化、教育、医疗等新兴服务消费领域仍受到一定限制,很大程度上影响服务行业供给、结构和质量的提升。此外,重审批、轻监管的情况依然存在,有的部门虽然加强了事中事后监管,但基于大数据的监管、社会共治的理念尚未形成,政府部门之间的监管缺乏有效协调,也造成不少新的风险隐患和监管盲区。

四、建立国际消费城市的发展策略

(一)打造具有全球影响力和美誉度的标志性商圈

彰显国际时尚与历史人文的核心商圈,是国际消费中心的主要标志,也是国际消费中心的发展龙头。为此,许多国家和相关城市政府都高度重视核心商圈的发展,通过规划、基础设施完善、商业街区保护等方面给予支持,有效改善了核心商圈的发展环境。同时,通过开展国际时尚主题活动,进一步使商圈从单纯的购物场所变为体验、社交的中心,吸引了世界各地的消费人群。以巴黎为例,围绕著名的香榭丽舍大街形成了蒙田大道、奥斯曼大道、圣·奥诺雷街多个著名商圈,这里不仅聚集全球最著名的国际品牌和不同业态的上千家商铺,还汇聚了大量展览、演艺、娱乐活动,让人们能够近距离感受法国文化,领略全球消费时尚。

(二)营造多行业融合互动的消费生态

国际消费中心的发展不是以单一行业为支撑,而是商业、旅游、文化、体育、会展等诸多行业联动发展的有机整体,从而实现消费的规模效应和整体优势。例如,东京在六本木新城发展中将商业与文化、旅游观光相结合,通过引入东京电影节、森美术馆等文化活动和设施,提升了六本木在文化艺术消费方面的品牌形象,并成为重要的旅游景点,年接待国内外游客3 900万人次。

(三) 以文化为基准点,形成具有代表性的特色本土品牌、商品

一个国家的文化与精神内核不可复制。"橘生淮南则为橘、生于淮北则为枳",只有在当地文明的滋养中,"风格"才是特有的、鲜活的。因此,许多国家都着力打造其特有的民族品牌、特产、地产。随着网络与交通技术的发展,这些"特产"被越来越多的人了解与"种草"。例如,日本动漫已经成为日本文化的一张重要名片,全世界有数目可观的青少年乃至成人因动画主题而选择去日本旅游。同时,日本也积极发展自己的本土品牌,在商品中冠以"简单、人性、舒适生活"等生活哲学,形成代表出产国的独特商业风格。很多人性设计的家用器具等都受到各国消费者的认同与喜爱。

(四) 完善高效便捷的消费环境

首先,要提升上海交通网络的通达性。国际消费中心普遍重视加强基础设施建设,密切与国内外城市的互联互通,完善以空港、海港为枢纽的网络化交通体系。同时,强化城市内交通设施与商业消费空间的结合。以东京为例,地上地下形成了四通八达的立体交通网络,无论何种方式都能实现便利出行。在主要商业街区,通过建设相互连通的地下廊道,人流可以便捷地穿梭于不同消费场所。另外,满足老年人以及特殊群体的公共设施也相对健全,且人性化程度高。其次,要加快利用现代信息技术,提升消费便利性和智能体验。在伦敦、巴黎、东京等国际消费中心,免费WiFi几乎覆盖城市中心区,可随时定位显示位置、寻找目标商户、即时获取促销信息、使用移动支付、实现车位引导和反向寻车等。

(五) 实行有利于消费集聚和实现的税收政策

目前,国际消费中心的所在国基本都开征了消费税,其目的不是筹集财政收入,而是引导特定消费行为。虽然2008年国际金融危机爆发后不少国

家都有扩大消费税征收范围或提高税率的情况,但还都能与本国消费习惯和消费水平相适应,保护相关生产者的积极性,尽可能为企业生产经营及居民消费升级减轻税负。国际消费中心大都建立了较为完善的免税购物和离境退税制度。人们能够在免税店购买全球著名的高档消费品,更重要的是,可以买到独具特色的国产商品。一些国际消费中心免税店的国产商品销售份额占到30%~40%,既扩大了出口,也提高了本国品牌的知名度。例如,新加坡2012年就实行了离境电子退税,入境游客购物时只需一张信用卡作为支付手段,离境时可在3分钟内完成退税流程,为国外游客提供了便利。

第三节 上海购物品牌发展策略

发展现代经济需要优先提高供给制度的质量,结构合理的进口有助于改善国内生产要素的供应。我国自2018年起举办的中国国际进口博览会是世界上第一个大型进口展览会,在全球贸易促进活动中独树一帜。举办国际进口博览会不但能促进生产要素的自由流动,更能优化资源配置和全球供需匹配。进口博览会上,各国所展示的优质、有特色的产品,也有利于上海打造购物天堂。然而,"买手制"的缺失,会变"溢出效应"为"挤出效应"。因为海外的出口商需要我们"买断"商品,而我们却"买手"匮乏。

一、"买手制"

(一)"买手(buyer)"的起源

"买手(buyer)"类似于"采购",这一职业起源于20世纪60年代的欧洲,但绝非我们所认知的一般意义上的"采购"。"买手"对市场的嗅觉更敏锐、对趋势的洞察更独到、对行业的运作更熟稔、对货单的买断更果敢,他们具有设计师的天赋、弄潮儿的本能、外交家的潜质、经理人的素养,他们在世界各地奔波、在谈判桌前斡旋、在陈列场内冥想,他们不是"猎人"便是"超人",不是"时尚控"便是"工作狂"。零售是"坐商",坐落的位置往往决定了它的经营业绩,因而"一是地段,二是地段,三还是地段"成为业内的老生常谈。正是这一特性,决定了零售业重要的不是"卖"而是"买"。

(二)"买手制"的好处

"买手制"的好处是:零售商能有的放矢进货,商品适销对路,减少库存;与生产供应商谈判具有较强的议价能力,批量买断商品,降低成本;融入了"生活美学"的眼光,使得零售成了一门艺术,进而形成了商业特色,顾客忠诚;以市场化方式对上游的生产进行引导,提高了供给质量,满足需求;提升了整个产业链的组织化程度,促进贸易,等等,不一而足。诚然,由于"买手"的稀缺,贸然采用买手制的风险很大。但若举棋不定,始终不迈出这一步,我们的商业将乏善可陈。

二、上海缺乏"买手"

(一)"二房东"的利益驱动

改革开放前,长期存在于商贸流通领域内的一级批、二级批等计划经济模式,无所谓"买手"的存在;改革开放后,"忽如一夜春风来,千树万树梨花开",市场爆发式增长,商品暴多,渠道为王,于是我们的商业便做起了"二房东",出租柜台、引厂进店,无须进货当然也无须"买手";占了渠道的黄金宝地,我们的商业也很少自营或创设自有品牌,几乎就没有了"买手"生长的土壤;互联网时代,这种经营模式继续复制到了网上,网上开店还是"出租柜台",也许阿里与亚马逊最大的区别就在于此。商业资本沦为物业资本,商业的竞争力从何谈起?

(二)"外贸转内贸"的偏差

2008年国际金融危机爆发,我国出口受阻,国内一些专家提出的"外贸转内贸"建议也收效甚微,原因是在国际贸易中通常采用的是国际通用的跟单信用证结算方式,这种结算方式的优点是银行居间为买卖双方授信,甚至还可以通过押汇、打包贷款、贴现等方式实现对买卖双方的融资,并保证买卖双方资金占用,更保障了应收款的安全。然而,在国内贸易中缺乏如此的结算方式,三角债越清越多,断不了根。银行不愿意做信用证的原因在于国内缺乏有实力的大贸易公司,大多是"小批量多品种"地进货,甚至只愿意代理或代销,而做惯外贸生意的生产商也不太愿意做内贸。看来,症结还是在"买手制"上。

三、"买手制"的春天

当下,要打响"上海购物"品牌,就必须把"上海购物"的差异化体现出来,品牌差异化在商业领域亦指商业特色。通常,我们以"买手制",即"买手"通过其敏锐而又独到的市场眼光进货(敏锐——能把握市场脉搏、做到适销对路,独到——能黏住目标客户、做到经久不衰),久而久之便成就了店家的商业特色。人们常以"人无我有、人有我优、人优我精、人精我新"等顺口溜来概括"商业特色"。所谓"商业特色",是指商家为消费者提供可以识别且能增值的商业活动特征,通常需要同时具备以下三大属性:差异性、显著性、认同性。

(一)品牌最大的特征就是差异化,而"买手制"是商业企业获得差异性的基本手段

即商业资本通过"买手"开展采购销售、买断经营、获取价差、从而实现增值。另一个获得差异性的方式,就是创建"自有品牌"或称作为"中间商品牌",其实质是一个升级版的"买手制",它使商业特色从采购筛选型跃升为自主创设型。国际上有实力的大型零售企业大多在全球范围内整合资源,订单采购、买断经营、自营销售,并自主开发系列自有品牌,其自主、自营比例一般高达40%~60%,它们依靠自有品牌和定牌监制,促进了都市工业发展,并激

发了消费需求。如,美国沃尔玛有50多个自有品牌,日本7-11的自有品牌经营业务占了55%。相比之下,目前我国企业的商业自营部分普遍不足总收入来源的5%,自有品牌更是寥若晨星。

(二)"买手制"可提升商业的显著性

这种商业特色的差异性是显著的,最好是那种消费者不经提醒就能感知、识别并可以获得的东西。"海底捞"一个普通的服务员就能做出给消费者赠送生日蛋糕等原本需要经理决定的事情,她的"家"文化是不经提醒就能感知、识别并获得的。值得提醒的是:"识别"很重要!任何消费者无法识别的所谓特色都是浮云。快时尚是21世纪以来在中国市场布局迅猛、发展超常的一个商业领域,它以"快、狠、准"的特点赢得了消费者,其中最为典型的就是ZARA。ZARA的产品从设计到销售,平均只用3周时间,最快甚至只要1周,即从0~1的"需求捕捉"到1~N的"市场投放",靠的是快速反应的供应链。ZARA产品的快速更新,使得"衣柜里永远缺一件"的女性,成为其经常光顾的重要消费力量。所有这些,显然离不开敏锐而又独到的"买手",是他们让ZARA形成了显著的差异性。

(三)"买手制"可提升市场的认同性

市场认同是商业特色最终的立足之本。没有认同,就没有市场;认同越强,其市场空间也就越大。除了消费者认同外,其他利益相关者的认同,也是非常重要的。例如,我们常常不明白那些"独角兽"企业的估值为什么那么高,其实,高就高在投资者认同其创业团队的战斗力和商业模式的竞争力。如今的上海,往往是"万店一面",你在这家店能遇见的风格,几乎在别家都能遇见;你能买到的商品,几乎在别处也能买到。这是出租柜台、缺乏"买手"的必然结果。而今的商家已鲜有这种"买手"的能力。无论是"买手制",还是"自有品牌",都是凭借其雄厚的自有资金、敏锐的市场触角、规模的主营业务,不仅在市场中具有很强的议价能力,而且还在产业链中占有主导地位。商业资本如果不能回归其职能的本源,那么它在产业链上的分工功能就难以体现,更遑论提起顾客的消费欲望和购买兴趣来了。

当然,商业特色的形成不仅仅是"买手制",只是"买手"是其不可或缺的基本功能,我们才不惜"挂一漏万"地加以强调。

第四节　上海亚太供应链发展策略

习近平总书记在十九大报告中提出:"赋予自由贸易试验区更大改革自主权,探索建设自由贸易港。"上海自由贸易港建设是深化改革开放、优化资源配置和整合的重大探索。自由港建设的实质是国际消费中心、货物转口中心、区域金融中心的建设,这三个中心建设的根本就是供应链中心建设,因此,上海要以亚太供应链中心建设为自由港建设的核心抓手,以"五链融合"模式为工作重点,明确监管边界,夯实产业基础,以国际交流实现强边战略,从而实现上海对标国际最高水平的自由港的最终目标。

一、上海自由港建设的意义

(一)有助于形成内外贸"泄压区"

随着经济全球化和区域经济一体化持续深入发展,亚太已成为世界上最具活力的地区。然而,亚太经济也面临多方面的挑战,全球金融危机的冲击与后续影响依然存在,亚太部分经济体的复苏缓慢。反观当下诸多地区的竞争,实质是合作主导权之争,因此,亚太地区经济体之间如能应通过建立供应链伙伴关系、共享供应链价值增值的成果,让每一个经济体都获得价值增值的机会,进而推动亚太地区一体化的进程,将大大有利于我国在该地区的话语权。现在正可借自由港建设之机,将中国内地(尤其是长江流域)的广阔制造业腹地与世界经济紧密地联系起来,向北结合东北亚贸易一体化建设战略,联合韩国共同制定统一产业标准;向南结合"海上丝绸之路"建设,谋求在南亚方面进行产业链布局,充分利用已有的经济合作基础进军东协和南亚市场,通过利益共享机制实现经贸实体利益的捆绑。同时利用口岸地位在国内,内接武汉、重庆等内陆工业地区,形成了内陆-上海-国外命运共同体,不但可带动内陆同国外的转口贸易和产能输出,同时也可以为我国内抵挡产业风险,起到连接产业链和预防风险的"泄压区"作用。

(二)港口也是国家实力体现,彰显"中国名片"和地区话语权

中国港口不断走向世界,带动的是中国建设标准走出去、中国技术走出去。目前,中国的港口建设已经实现了全产业链、全要素的比较优势,技术水平已经是当之无愧的全球第一,为国际贸易提供物流支点,成为另一张闪亮的"中国名片"。更重要的是,现在中国已经是世界第二大经济体,但是亚太金融中心却没有一个在中国,这和中国的国际地位是不匹配的。上海理应打出"中国牌"、打响"上海牌",为提升城市功能与地位展现中国自信。

(三)自由港要突出"港"和"点"的概念

自贸区承担着新时期改革探索的任务,在初期即明确"自贸区改革试点经验能在其他地区推广的要尽快推广,能在全国范围内推广的要推广到全国",因此不难理解目前自贸区横贯东西南北、联动各大区域的"面"的形式存在。而自由港作为现阶段最高层次的开放区域,一定是以"点"的形式存在,相关的政策探索未必会进行复制扩大,更多的是通过贸易红利外溢使区域受益。因此,上海自由港建设必须举国家战略旗,聚上海区域发展之利。

二、亚太供应链中心建设

(一)自由贸易区向自由港发展是商品交易的回归

自由贸易区向自由港发展的过程实质是回归商品交易的本质的过程,即商品通过贸易形成物流、在物流的基础上形成现金流,同时通过信息流和金融流的支撑协调促进发展。随着一个城市的企业数量和生产规模的迅速扩张,集群竞争力更多地依赖于市场营销能力、创新能力而非生产能力,从而对现代服务业供应链集成与整合能力的需求日益增加。因此,自由港建设的实

质是三个中心的建设：国际消费中心、货物转口中心、区域金融中心，而这三个中心建设的根本就是供应链中心建设。

（二）贸易是航运中心的基础

目前，上海是集金融、航运、贸易为一体的现代化大城市，没有贸易的聚集与繁荣，航运中心是不可能形成的，而没有运输的集中、运输工具的改善和运输效率的提高，也不可能有贸易的大发展。这种相辅相成的关系就是供应链生成的基础，同时也证明了供应链的中心建设在上海自由港建设中的重要地位。并且，供应链自身所具有的内在创新机制能够促进上下游企业之间进行广泛的信息交流和共享，尤其是基于战略联盟、伙伴关系之上的长期合作使得企业之间、产业之间形成了默契，支持了供应链的不断创新。可见，供应链同企业之间、同产业之间和同城市化建设之间的良性互动能够带动整个城市的产业节点建设，塑造城市产业生态体系，因而，亚太供应链的中心建设是上海自由港建设的核心。

（三）"五链融合"模式是上海自由港功能建设的重要体系

所谓"五链融合"是指供应链、消费链、金融链、信息链、产业链。这五链的关注点各不相同：供应链关注的是如何连接城市产业上下游形成生态体系；消费链关注在内外贸一体化背景下如何拉动城市消费板块综合体，以消费促动供给侧改革；金融链着重于如何让资本自由兑换和加强事中监管；信息链则是指企业、甚至产业的宏观决策机制如何运行；产业链则是强调以上四链的运行载体，强调关注产业链各环节的配置。从这个意义上说，当前国际上诸如新加坡、鹿特丹、迪拜等传统意义上的自由港不完全是我们学习和参照的榜样，而是我们扬弃的对象，我们应当吸收它们在贸易转口、规则制定及运行方面的长处，同时赋予我们自己的利益驱动点，让上海自由港成为具有中国色彩、中国意义的自由港。

三、政策建议

（一）明确自由港建设的定位，明确监管边界

自由港是一个区域概念，必然更多地考虑如何从区域层面更好地起到服

务区域、扩大开放的作用。因此上海自由港不是"上海的自由港",而是中国的自由港。在自贸区的建设中,已经反映出了一些政策从文件字面上非常超前,但是由于实际操作中碰上问题就束之高阁的情况,典型的就是上海自贸区区内的货币可自由兑换,一开始进行较为顺利,但是后面因为发现了自贸区内几个公司的违法问题,就导致政策实际上变相后退了。因此,首要目的即是要明确自由港的政策区域、国际地位和历史方位,明确自由港的功能完全可以打破行政区域,该给中央管的就交给中央,通过权力制衡实现权力的高效运行。

(二)加强基础建设和产业摸底,夯实产业发展基础

要营造自由港,必须先期营造自由港的产业生态和生活宜居生态。以香港的维多利亚港为例,其既是一个具备庞大吞吐量的港口,又是一个闻名的旅游景点。因此,上海一方面要加强区域产业储备,围绕中央精神重塑制造业凝聚点,明确区域产业分工,诸如临港要大力打造制造业,以振华港机之类的能军民共用、军民融合的装备业为抓手,奠定区域产业技术根基;另一方面,要强调产业园区"宜居、宜人"的整体风格,通过贸易、消费、科研、会务等多功能形成对人才的区域黏性,避免通勤人口所产生的产业空心化问题。

(三)区域上"远交亲邻",以国际交流实现强边战略

中国其他区域能够同上海港竞争自由港地位的,除上海之外尚有天津-青岛港区域和粤港澳区域。对比该两个区域,上海有独特的优势:相比北方港口,上海具有更好的营商环境和法制环境,更容易被国际所接受;而粤港澳地区的港口辐射功能尚未到达东南亚,且东南亚制造业水平、消费水平行业大陆板块一时之间是无法匹配的。因而,构建釜山-上海-高雄港之间的交流机制上,具备相当程度的产业匹配度。建议一是仿效上合组织的经验,创建"港口联盟",利用世界前三十大港口中有多个港口在该区域的契机,先行造成国际舆论影响力;二是利用上海港同欧盟方面的贸易量为理由,促进上海港同鹿特丹港、南安普顿港等传统港口城市加强交流,以交流促了解,以"远交"挑

动同"近邻"日本的关系,谋求地域话语权。

第五节 上海"一带一路"供应链数据中心发展策略

英国经济学家克里斯多夫早就指出,"市场上只有供应链而没有企业,真正的竞争不是企业与企业之间的竞争,而是供应链与供应链之间的竞争"。一个城市的管理是商流、物流、信息流、资金流、人文流等各种资源的优化组合,在经济全球化不断深入的今天,全球供应链战略更应成为上海建设全球卓越城市的必备环节。大力推进"一带一路"供应链数据中心建设是一把既能推动改革又能推动发展的"金钥匙",不但能为我国在全球化竞争中取得先机,更能为我国的产业转型提供数据支持。

一、建设上海"一带一路"供应链数据中心的意义

(一)供应链竞争已经进入全球化时代

当前的经济竞争全球化、广泛化,已使得产业供应链呈现三大特点:一是供应链已不再是简单意义上的纵向一体化,而是与众多上下游企业组成的战略伙伴关系;二是供应链内部的企业之间已不仅是简单的竞争关系,而是既有竞争又有合作,形成相互协作、相互依赖、相互作用的系统;三是市场竞争已不仅是企业的单体竞争,而是更具主导性的供应链之间的竞争,竞争范围也由国内市场逐步延伸到区域市场乃至国际市场。这样,供应链的竞争就具有了全球性的特点。由于竞争的全球化,迫使企业在产业供应链(也是价值链)的每一个环节寻求最低成本,而制度上贸易和投资的自由化为这种全球大跨度的分工合作提供了政策的可行性,技术进步则保证了这种全球维度的供应链生产网络运行的效率。

（二）有利于上海构筑具有权威影响力的国际供应链采购中心

国际供应链采购中心建设离开不了数据库建设为支撑。要构筑具备影响力和权威性的开放型、实用型"一带一路"供应链数据中心，就是要实现以下三个目标：第一，汇聚资源。以线下资源为基础依托，通过无限广阔的线上网络平台，吸引、凝聚更多供应链知识资源，逐步探索供应链研究数据服务的运营发展模式。第二，促进共享。提供操作便捷、内容丰富的供应链数据中心服务界面，充分满足政府、企业、研发机构的信息检索、下载、调用以及互动和交易需求。第三，加强协作。支持开放式的创建平台，通过共享、合作和经营模式，形成多方共建、快速积累、各取所需、互动协作的大型"供应链百科全书"。只有当同时实现了以上三个目标，做到多方共享和集中共享，上海的"一带一路"供应链数据中心建设才能成为集数据仓库、供应链知识共享与成果推广为一体的枢纽。

"一带一路"供应链数据中心的建立，将对四类对象产生效益。首先，对商务部主管部门而言，供应链数据中心将成为他们集聚供应链的数据资源，进行整合再研究的数据支撑平台；其次，对地方政府部门而言，供应链数据中心将成为他们辅助政策制定、加大扶持供应链管理企业的依据来源平台；此外，对供应链研究机构与研究院校而言，供应链数据中心将成为他们搜集研究资源、权威文献，进行多方协作的科研攻关平台；最后，对社会企业而言，供应链数据中心将成为他们获取共享数据、进行信息交互、案例借鉴的模式推广平台。

二、上海建设"一带一路"供应链数据中心的方案设计

"一带一路"供应链数据中心建设是一个长期的系统建设工程，兼具权威性、全面性、开放性和共享性，通过线上线下的资源聚合以及功能的不断丰富完善，数据中心将对供应链领域研究、政府政策制定、模式实践等层面带来标杆性示范意义。

(一)方案总体规划与使用对象

该项目的总体功能及架构主要由外网和内网两个不同的方面构成,由防火墙隔开。内网主要负责数据的交换、整合与采集,由数据交换系统、供应链数据管理与维护系统以及资讯采集与后台管理系统组成;外网则主要是供应链数据检索应用系统,主要涉及的是数据的应用,也是大部分用户主要使用的模块,包括政府相关职能部门、社会企业、科研院校、行业学/协会、媒体/出版机构、行业专家、数据服务机构、其他访客、注册会员等。针对不同的用户,该系统有不同的使用权限。最外沿的平台访客只能使用该平台浏览对外开放的国内外供应链资讯、评论文章等,但同时也可申请注册为本平台的会员;当升级成为普通会员后,就能共建共享普通密级的资源信息支持上传、下载、也可以参与资源维护;权限内的会员则可以共建共享相关刊物、文献、研究报告、科研成果、统计数据等较高密级的资源;此外,与该平台建立合作关系的单位则拥有进一步的权限,比如共建共享高端密级资源,可根据合作模式进行设置等;而作为开发部门则享有最高权限,能共建共享所有资源,并可对资源进行统计分析、二次挖掘,逐步形成最具研究价值的成果中心,从而支持数据资源对接。

(二)数据的主要来源

数据采集的途径一共分为三步。第一步,整合现有资源,具体表现为梳理研究院现有资源以及采集以及购买相关资源等;第二步,联合合作伙伴,通过与数据中心合作伙伴的联合互动,建立数据中心平台长期的资源采集、更新和共享机制;第三步,多方引入及融合,伴随着平台影响力的扩大,通过该平台吸引国内外多方合作资源进行基于供应链模式研究的联动;同时,通过开放式平台,实现登录用户的知识创建、编辑、上传,以广泛参与的形式共同丰富"供应链数据中心"的内容。

(三)"一带一路"供应链数据中心平台的组成模块

"一带一路"供应链数据中心平台组成可主要分为以下三大系统:其一,供应链数据检索应用系统(图 10.1)。该系统主要是数据的检索与应用,具备完善的栏目规划,提供多种分类的组合逻辑检索,以便用户快速找到贴合需求的文献资料,同时具备在线阅读、全文下载、相关文献、联系作者、文献评价等其他功能,其主要内容包括供应链资讯、供应链政策法规、供应链研究等,力求做到与时俱进,给用户完善的数据使用体验。

1. 栏目规划

图10.1 供应链数据检索应用系统

其二,供应链数据管理与维护系统(图10.2)。该系统主要由期刊文献管理系统、研究成果管理系统及政策法规管理系统三方面组成,通过在后台对期刊文献、研究成果、政策法规的导入与采集,在前台加以展示与分析,为数据检索应用系统提供基本的数据来源与管理。

其三,国内外资讯管理系统(图10.3)。通过对各大知名网站动态资讯采集,通过定义采集规则、定义分配规则进行资讯的审核管理,最后集中分类发布,从而达成信息门户的系统应用。

(四)建设"一带一路"供应链数据中心的实施步骤

"一带一路"供应链数据中心的政策实施可分为四个步骤:第一阶段,通过现有资源的分类、充分的前期调研与总体设计,梳理功能需求,进行数据库架构设计与外部门户界面交互性设计;第二阶段,依托政府、学院以及现有合

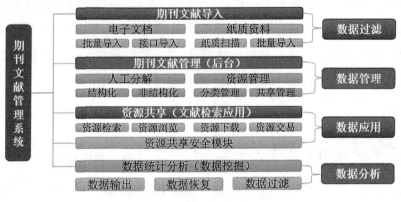

图 10.2 供应链数据库管理与维护系统

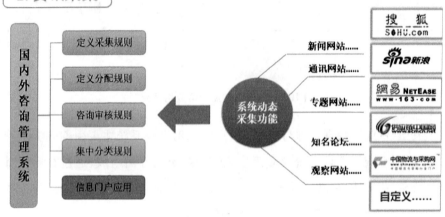

图 10.3 资讯采集与后台管理系统

作资源,逐步扩充数据中心资源内容,不断完善丰富功能;第三阶段,引入科研单位、供应链企业、知名媒体、出版单位、数据服务机构等合作资源,形成多方共建共享的研究联盟;第四阶段,依托不断集聚的供应链研究数据,发挥多方科研力量,加强供应链领域课题研究和攻关协作,打造国内一流的供应链数据中心。

后 记

经过前后近半年的工作,这本以上海商业的年度发展分析为主要内容的《上海商业发展报告(2018)》总算是定稿了。一本反映实际情况的发展报告缘何做得如此吃力?原因不仅在于数据的获取与整理甄别比较花费时间,更为主要的却是上海商业在2017年的发展现状颇有可说可评之处,这就需要反复的商讨,同时需要不断地平衡——对那些新名词、新提法、新做法等都需要有一个学术化的定位。好在,参与本报告的同事们充分利用了大数据的平台和可以使用的分析工具,齐心协力,最终完成了定稿交付出版社。

本书的出版是上海商业发展研究院多项科研成果的结晶,在这里我们要提及的是:上海商业发展研究院副院长刘斌教授对报告的全面指导,在国际化方面写作上做了大量的资料提供和修改工作。上海商业发展研究院的常亚杰同样为本书的完成付出了辛勤的劳动;上海商学院的学生承担了校对工作;上海商业发展研究院为本书提供了大量数据支撑;复旦大学出版社的编辑王雅楠为本书的及时出版夜以继日地进行各种出版和编辑工作,在此我们一并感谢。

本书的顺利出版,也得益于上海市商务委的大力资助和上海商学院领导的关心。上海市商务委在报告的调研工作上给了大力支持,对各位领导的关怀和厚爱,我们永远铭记在心。

由于本书的特点,我们尽力做了资料收集的标注工作,有所遗漏不是我们的本意,还请谅解和指正。

最后想说的是,不论何种书籍,都是给你看、给你读的,能够给予读者舒畅、有趣、有收获的阅读体验,是写作人的最大幸福,对此,我们尽力了。我是一个有自知之明的人,我只把这个报告作为一个无字碑,如果是出于这种原因的话,我这种做法无疑是聪明之举。自己不妄加评论功过是非,一切交由他人评说。

冯叔君

2018 年仲秋之夜

图书在版编目(CIP)数据

上海商业发展报告. 2018/冯叔君,吴文霞主编. —上海:复旦大学出版社,2019.12
(尚商系列丛书)
ISBN 978-7-309-14753-7

Ⅰ.①上… Ⅱ.①冯… ②吴… Ⅲ.①商业经济-研究报告-上海-2018 Ⅳ.①F727.51

中国版本图书馆 CIP 数据核字(2019)第 269216 号

上海商业发展报告(2018)
冯叔君 吴文霞 主编
责任编辑/王雅楠

复旦大学出版社有限公司出版发行
上海市国权路 579 号 邮编:200433
网址:fupnet@fudanpress.com http://www.fudanpress.com
门市零售:86-21-65642857 团体订购:86-21-65118853
外埠邮购:86-21-65109143
江苏凤凰数码印务有限公司

开本 787×960 1/16 印张 17 字数 223 千
2019 年 12 月第 1 版第 1 次印刷

ISBN 978-7-309-14753-7/F·2653
定价:50.00 元

如有印装质量问题,请向复旦大学出版社有限公司发行部调换。
版权所有 侵权必究